高等院校学术研究专著系列

U0695468

基于文献计量的植物活性成分研究趋势分析

纵 伟 陈淑慧 著

郑州大学出版社

图书在版编目(CIP)数据

基于文献计量的植物活性成分研究趋势分析/纵伟,陈淑慧著.—郑州:郑州大学出版社, 2021.9(2024.6 重印)

ISBN 978-7-5645-8110-7

Ⅰ.①基… Ⅱ.①纵… ②陈… Ⅲ.①文献计量学—研究 ②植物—生物活性—化学成分—研究 Ⅳ.①G250.252 ②Q942.6

中国版本图书馆 CIP 数据核字(2021)第 167307 号

基于文献计量的植物活性成分研究趋势分析

JIYU WENXIAN JILIANG DE ZHIWU HUOXING CHENGFEN YANJIU QUSHI FENXI

策划编辑	袁翠红	封面设计	苏永生
责任编辑	杨飞飞	版式设计	苏永生
责任校对	崔 勇	责任监制	李瑞卿
出版发行	郑州大学出版社	地 址	郑州市大学路 40 号(450052)
出 版 人	孙保营	网 址	http://www.zzup.cn
经 销	全国新华书店	发行电话	0371-66966070
印 刷	廊坊市印艺阁数字科技有限公司		
开 本	787 mm×1 092 mm 1 / 16		
印 张	13.25	字 数	316 千字
版 次	2021 年 9 月第 1 版	印 次	2024 年 6 月第 2 次印刷
书 号	ISBN 978-7-5645-8110-7	定 价	68.00 元

本书如有印装质量问题,请与本社联系调换。

前　言

近年来,超重、肥胖、心脑血管疾病和癌症等发病率不断上升,不合理的膳食结构已造成严重的健康负担,降低全球平均寿命。随着健康管理意识加强、居民人均寿命不断提高,以及老龄化相关健康问题的显现,人们对健康食品的需求将不断提高。国家制定了《"健康中国2030"规划纲要》等多项相关政策法规,作为今后推进健康中国建设的行动纲领。对健康高需求、高关注、高迫切度使得健康产业成了全球经济中唯一"不缩水"的行业,被国际经济学界确定为"无限广阔的兆亿产业"。大健康已成为食品产业发展的国际共识。

天然植物资源含有丰富的功能成分,具有抗氧化、降血糖、降血脂和降血压等功能作用。随着"药补不如食补"理念的深入人心,植物产品与当下快节奏的生活工作引发的健康诉求无不契合。近年来,本书著作者一直从事天然植物资源的产品开发及情报服务工作。在此基础上,为更好地了解目前天然植物资源研究的现状,本书将文献计量学手段应用在天然植物资源研究的情报分析上,经过系统整理撰写了《基于文献计量的植物活性成分研究趋势分析》一书。

本书共分10章,第1章对文献计量学的方法进行了概述;第2~6章基于文献计量分析方法,分别对杜仲叶、桑叶、大叶紫薇叶、银杏叶和辣木叶几种植物的文献研究、专利研究和发展趋势进行了分析;第7~8章基于文献计量分析方法,分别对天然植物特有的黄酮和皂苷的文献研究、专利研究和发展趋势进行了分析;第9~10章基于文献计量分析方法,分别对植物活性成分提取的超高压提取、超临界提取的文献研究、专利研究和发展趋势进行了分析。

本著作的具体分工如下:第1~2章、第4~9章由郑州轻工业大学陈淑慧著,第3章、第10章由郑州轻工业大学纵伟著。

由于时间和著者水平有限,书中可能尚存在一些不足之处,欢迎读者在阅读过程中给予批评指正。

著　者

2021年8月

目　录

第 1 章 文献计量学概述

1.1 文献计量学的概念

自 1932 年首次出现文献计量学的前身——统计书目学以来,国内外出现了几十种关于文献计量学的概念。

普里查德最初在《统计目录学》中下的定义是:“科学交流方法的统计分析旨在阐明交流过程、影响因素以及科学文献、科学史和科学社会学之间的关系。”而在 1969 年,他首次使用了“文献计量学”概念,将其定义为“数学和统计学方法应用于图书和其他文字交流载体的一门科学”。

随着文献计量学在我国的引入,图书情报界的专家学者对文献计量学的定义也进行了充分的讨论,比较有代表性的:一是王崇德教授对文献计量学的定义——“以文献数量为基础,论述与预测科学技术规律与现象的学问”;二是邱均平教授对文献计量学的定义——“以文献体系和文献计量特征为研究对象,采用数学、统计学等的计量方法,研究文献情报的分布结构、数量关系、变化规律和定量管理,并进而探讨科学技术的某些结构、特征和规律的一门学科”。

从这些定义中,可看出其存在以下共同之处:一是文献计量学是一门学科;二是采用数学、统计学方法;三是以各类文献(文字交流载体)为基础;四是定量对文献及其各种特征进行统计分析。

1.2 文献计量学的发展

文献计量学的发展可归纳为萌芽、奠基和发展三个时期。

1.2.1 萌芽时期(1917—1933 年)

在这一初始阶段,文献计量学的研究比较分散,规模不大,涉及的主题也不多,大多是进行某一领域的文献统计的基础工作。尽管如此,这一阶段的研究却拉开了文献计量学的序幕,具有重要的开创性意义。

1917 年,以科尔(Colef J.)为第一作者发表在《科学进展》(*Science Progress*)上的《比较解剖学的历史——对文献的统计分析》一文,是文献计量学研究的最早期作品,这是现代意义上的第一项较完备的科技史计量研究[1]。

1926 年,洛特卡(Lotka A.J.)发表在《华盛顿科学院会刊》杂志上的《科学生产率的频次分布》,这篇文献是这一时期文献计量学研究的又一重大成果。洛特卡从科学文献作者与其撰写的论文的纷乱现象中首先发现了“平方反比”的数量关系，提出了至今被人称为“经典”的洛特卡定律，从而成为文献计量学中最著名的一个定律，为文献计量学的诞生奠定了一定的基础[2]。

1927 年，格鲁斯发表在《科学》杂志上的《大学图书馆与化学教育》一文，统计了化学专业的一些期刊的论文的参考文献并进行了分析，得出了化学教育方面的核心期刊。这是文献学史上第一次引文分析，为文献计量学后期的研究奠定了基础[3]。

这一时期的文献，研究者首创了文献统计方法，并在一些学科领域进行了文献计量分析的大胆尝试，取得了一定的成果。为文献计量学的诞生与后期的发展奠定了基础。

1.2.2 奠基时期(1934—1960 年)

1934 年开始，是文献计量学奠基时期，在这一时期，比较有代表性的学者和事件如表 1-1所示。

表 1-1 文献计量学奠基时期代表性的学者和事件

时间	代表性的学者和事件
1934 年	布拉德福提出布拉德福定律
1935 年	齐普夫定律的提出
20 世纪 50 年代初	科学计量学新学科的形成
1955 年	加菲尔德发表《引文索引用于科学》的论文
1958 年	J.贝尔纳提出“半衰期”的概念
1959 年	D.普赖斯发现并且提出期刊数量成指数增长的普赖斯定律

这一时期的研究比较注重理论研究与规律的发现，一些学者不断提出一些新的理论和概念，促进了文献计量学的基本形成，并取得了许多重要的成果。

1.2.3 发展时期(20 世纪 60 年代以后)

20 世纪 60 年代以后，文献计量学得到发展，这一时期文献计量学已由狭隘的理论研究发展到了广阔的应用研究，同时涉及的领域和主题也越来越多。

1963 年，《科学引文索引》研制成功；1969 年，文献计量学诞生；随后的近 20 年里，文献计量学在进一步完善基础理论之上，较侧重于在研究范围、研究方法、计量模型、模型检验和应用等方面取得突破，信息计量学应时而生，并且在 1987 年，信息计量学得到学界认可；20 世纪 90 年代学者们开始将信息计量学的理论和方法应用于网络信息的计量分析，1997 年，网络计量学名称被提出形成，到目前，网络计量学也成为一门独立的学科，从文献计量学中脱离出来[4]。

21 世纪是互联网迅速改变社会经济和生产生活方式的时代。随着科研交流网络化和开放学术运动的发展，传统的信息计量方法和指标在对在线科研进行评价时显现出诸多局限和缺陷，面对新的科学交流平台和环境，学者们研究了多种计量指标和方法的替代性方案。2010 年，有学者提出用替代计量学的名称来统一相关的研究内容，替代计量学形成。

随着计算机与网络等信息技术水平的提高，文献统计逐渐摒弃枯燥、烦琐、低效的人工统计方法，开始实现自动化和智能化，文献计量学得以快速发展，并在信息服务中发挥越来越重要的作用。科学计量学、信息计量学、网络计量学和替代计量学是在特定信息环境和技术条件下，由文献计量学逐步演进而来[5-9]，它们继承了文献计量学的理论基础和基本方法，丰富了文献计量学的学科体系，又形成了自己独特的分支学科特征。

1.3　文献计量学的研究对象

邱均平认为[10]，文献计量学的研究对象主要包括以下方面：

(1)以书目、文摘、索引为研究对象：从这些检索工具中选取某一学科领域中被研究者认为最有价值、最有意义的主题进行统计和分析。

(2)以被引文献为分析研究对象：进行引文分析研究。

(3)以指南和联合目录为分析研究对象：可以分析某国或者某大城市图书馆的馆藏重复情况和发现一些馆藏短缺书籍。

(4)以文献指标(借阅数、复制数、利用数及分布)为研究对象，得出研究方向和攻关重点，为图书馆有针对性地收集资料提供参考。

(5)以著者数为研究对象。

(6)以读者信息为分析研究对象，收集读者反馈，以改善图书馆服务。

(7)以文献工作系统(图书馆、情报单位)为分析研究对象。

1.4　文献计量学的研究内容

文献计量学的研究内容包括文献计量学的基本理论、文献计量学的研究方法和文献计量学的应用。

1.4.1　文献计量学的基本理论

文献计量学有必要的理论基础，文献计量学中最重要的应用为文献分布的三大定律：布莱德福定律(Bradford's Law)、齐夫定律(Zipf's Law)及洛卡夫定律(Lotka's Law)。

布拉德福定律是由英国著名文献学家 Bradford B.C.于20世纪30年代率先提出的描述文献分散规律的经验定律。其可表述为：如果将科技期刊按其刊载某学科专业论文的数量多少，以递减顺序排列，那么可以把期刊分为专门面对这个学科的核心区、相关区和非相关区。各个区的文章数量相等，此时核心区、相关区和非相关区期刊数量呈 $1:n:n^2$ 的关系。布氏定律主要反映的是同一学科专业的期刊论文在相关的期刊信息源中的不平衡分布规律。布氏定律的应用研究也获得了许多切实有效的成果，应用于指导文献情报工作和科学评价，选择和评价核心期刊，改善文献资源建设的策略，确立入藏重点，了解读者阅读倾向，评价论文的学术价值以节约经费、节约时间，切实提高文献信息服务和信息利用的效率和科学评价的科学性。

洛特卡定律：是由美国学者 A.J.Lotka 在20世纪20年代率先提出的描述科学生产率的经验规律，又称"倒数平方定律"。旨在通过对发表论著的统计来探明科技工作者的生产能力及对科技进步和社会发展所作的贡献。它描述的是科学工作者人数与其所著论文之间的关系：写两篇论文的作者数量约为写一篇论文的作者数量的1/4；写三篇论文的作者数量约为写一篇论文作者数量的1/9；写 n 篇论文的作者数量约为写一篇论文作者数量的 $1/n^2$，而写一篇论文作者的数量约占所有作者数量的60%。该定律被认为是第一次揭示了作者与数量之间的关系。

齐普夫(Zipf)定律：由美国学者 Zipf G.K.于20世纪40年代提出的词频分布定律。1932年，齐普夫在研究英文单词出现的频率时，发现如果把一篇较长文章中每个词出现的频次统计起来，按照高频词在前、低频词在后的递减顺序排列，并用自然数给这些词编上等级序号，即频次最高的词等级为1，频次次之的等级为2，…，频次最小的词等级为D。若用 f 表示频次，r 表示等级序号，则有 $fr=C$（C 为常数），这种分布就称为Zipf定律，它表明在英语单词中，只有极少数的词被经常使用，而绝大多数词很少被使用。齐普夫定律已经在语言学、情报学、地理学、经济学、信息科学等领域有了广泛的应用，而且取得了不少可喜成果。

1.4.2　文献计量分析的研究方法

文献计量分析的研究方法主要有统计分析法、数学模型分析法、引文分析法、词频分析法、共现分析法、聚类分析法和计算机辅助信息计量分析法等。

统计分析法：统计是从事物的量和质的辩证统一中研究其数量方面的规律。随着统计学在文献信息工作领域的应用而形成了文献信息统计分析方法。文献统计的对象是文献以及一切与文献相关的特征信息指标，如读者、专业术语、书刊购置费、书架长度等。在文献统计中，尽管文献统计类型有所不同，但有一些基本的步骤是相同的，概括起来是：①统计数据的获取。即统计、搜集研究对象的原始数据和第一手资料。②统计数据的整理。亦称统计汇总，即对原始数据资料进行分门别类的加工整理，其工作内容包括计算、排序、表示。③统计数据的分析。它是整个文献统计分析方法的关键步骤，包括统计数据的结论分析和误差分析[11]。

文献信息统计分析方法的应用相当广泛，它既可提供统计数据，与其他分析方法配合起来应用，又可作为文献计量研究的一种完整方法单独运用。利用文献信息统计分析方法，不仅可以揭示文献量变规律，鉴定核心期刊，制定文献搜集与管理策略，确定检查工具的规模及选词原则等，而且还能进行科学学、预测学方面的一系列研究。

数学模型分析法：数学检索模型是运用数学或其他语言和工具，为阐述和解释检索过程的相关性问题提供计算框架和方法。传统的经典模型有布尔模型、概率模型，近年来，已扩展一些新型检索模型：信念网络模型、粗糙集理论检索模型和遗传算法检索模型等[12]。近年来我国检索模型的研究日益受到重视，研究成果越来越多。

引文分析法：是利用各种数学及统计学的方法进行比较、归纳、抽象、概括等的逻辑方法，对科学期刊、论文、著者等分析对象的引用和被引用现象进行分析，以揭示其数量特征和内在规律的一种信息计量研究方法。从不同的角度和标准来划分，引文分析方法有着不同的类型。

从获取引文数据的方式来看，有直接法和间接法之分。前者是直接从来源期刊中统计原始论文所附的被引文献，从而取得数据并进行引文分析的方法；后者则是通过“科学引文索引”(SCI)、“期刊引用报告”(JCR)等引文分析工具，查得引文数据再进行分析的一种方法。

从文献引证的相关程度来看，则有自引分析、双引分析、三引分析等类型。从分析的出发点和内容来看，引文分析大致有三种基本类型。

(1)引文数量分析：主要用于评价期刊和论文，研究文献情报流的规律等。

(2)引文网状分析：主要用于揭示科学结构、学科相关程度和进行文献检索等。

(3)引文链状分析：科技论文间存在着一种"引文链"，如文献 A 被文献 B 引，B 被文献 C 引，C 又被文献 D 引，等等。对这种引文的链状结构进行研究，可以揭示科学的发展过程并展望未来的前景。

词频分析法：词频分析法是利用能够揭示或表达文献核心内容的关键词或主题词在某一研究领域文献中出现的频次高低来确定该领域研究热点和发展动向的文献计量方法[13]。词频分析法作为一种透过现象看本质的科学研究方法，克服了传统文献综述方法过于依赖定性的总结描述、难以摆脱个人经验和主观偏见、无法深入揭示文献隐含的深层次内容等弊端，具有客观性、准确性、系统性、实用性等特点，因而被广泛用于揭示我国各学科领域的发展动态[14]。但其实严格来说，还没有对词频分析法统计分析要素进行研究和界定的文献。统计分析要素的选择，主要取决于研究者对词频分析法中"词"的理解。统计分析要素是词频分析法需要进行深入理论研究的内容，因为从词频分析法应用的角度，这是一个基础性问题，直接影响着后续的数据统计和分析[15]。

共现分析法："共现"指文献的特征项描述的信息共同出现的现象，这里的特征项包括文献的外部和内部特征，如题名、作者、关键词、机构等。而"共现分析"是对共现现象的定量研究，以揭示信息的内容关联和特征项所隐含的知识。

聚类分析法：聚类分析是一个将数据集划分为若干组或类的过程，并使得同一个组内的数据对象具有较高的相似度，而不同组中的数据对象则不相似，相似或不相似的度量通常利用距离指标来实现。目前文献计量领域有两大类型聚类法：传统聚类法和现代聚类法。传统聚类法是以包容指数与邻近指数和等价指数两种关联强度计算方法为基础，按照词语间关联强度的大小层层聚类的过程。传统聚类法的分析流程可以概括为：首先通过各种关联强度计算公式（即包容指数与邻近指数和等价指数）算出所有词语与词语之间的关联强度值，采用自上而下的聚类方法，选取具有最高关联强度的高频词语作为起始点，其他关联的词语按照关联强度递减的顺序添加到聚类网络中，直到降为阈值；然后去掉这些已经包含在聚类中的节点（词语），从剩下的关联强度中再找出最高的关联强度，重复上述操作，最终形成聚类网络空间；现代聚类法是利用现代统计软件的功能。在执行聚类操作时，无论采用哪种聚类方法，首先都要计算变量间的相似度以形成首轮小类的聚类，然后通过类间距离算法计算类间相似距离，构建层次聚类网络[16]。

计算机辅助信息计量分析法：随着现代科学研究的不断深入，需要数量大、质量高的"数量情报"，需要对大量的原始文献信息进行查阅、统计、分析、比较和综合，从中提炼出有实际价值的浓缩情报。这些工作靠传统的手工方式难以完成，必须借助先进的现代化手段—电子计算机来完成。计算机辅助文献信息计量分析就是针对某一特定学科或课题，借助有关的计算机系统进行文献信息的统计、分析、模拟、推理，并给出相应的统计分析结果的研究工作。计算机辅助文献信息计量分析作为一种定量分析方法同样需要3个基本步骤,即统计数据获取、统计数据整理和统计数据分析。但与传统的手工统计分析方法不同,它主要是利用计算机通过有关数据库或信息网络来获取文献信息的统计数据并进行数据整理等工作,为后续的数据分析奠定基础。因此,必须建立系统化、规范化的数据来源体系和原始数据的获取渠道,利用计算机等现代方法和手段进行数据处理和分析研究。随着信息资源数字化、网络化的日益普及和网络信息计量学的迅速发展,计算机辅助文献信息计量分析方法和工具的应用越来越广泛[17]。伴随着数据挖掘、可视化等信息技术的快速发展,文献计量学学者更加重视可视化研究与应用[18]。

1.4.3 基于 CNKI 的文献计量可视化分析

中国知网(CNKI)是中国学术期刊电子杂志社编辑出版的以《中国学术期刊(光盘版)》全文数据库为核心的数据库,目前已经发展成为“CNKI 数字图书馆”。收录资源包括期刊、博硕士论文、会议论文、报纸等学术与专业资料;覆盖理工、社会科学、电子信息技术、农业、医学等广泛学科范围,数据每日更新,支持跨库检索。在 CNKI 平台,可实现文献计量可视化分析。

以对红枣 2000—2020 年的研究情况进行可视化分析为例,可视化分析过程如下:

第一步,检索。通过中国知网检索,输入题名“红枣”,选择年份 2000 年 1 月 1 日~2020 年 12 月 31 日,进行检索。如图 1-1 所示。

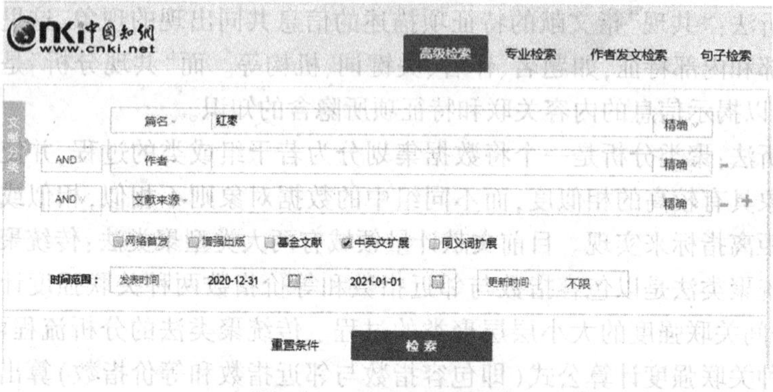

图 1-1 CNKI 文献检索

第二步,检索得出结果,将检索结果全部选中(图 1-2)。

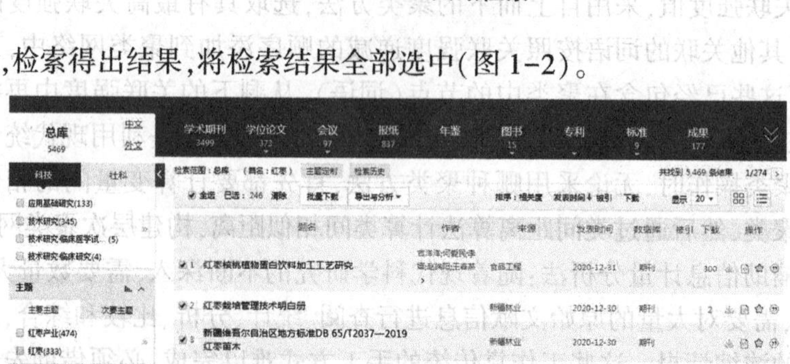

图 1-2 选中检索结果

第三步,点击“计量可视化分析”下拉菜单中的“已选文献分析”菜单项。在新打开的页面中,可以看到计量可视化分析结果。包括发表年度、主题、文献来源、学科、作者、机构、基金、文献类型等,例如,其发表年度、主题分布、学科分布和文献来源的可视化,结果如图 1-3、图 1-4、图 1-5、图 1-6。

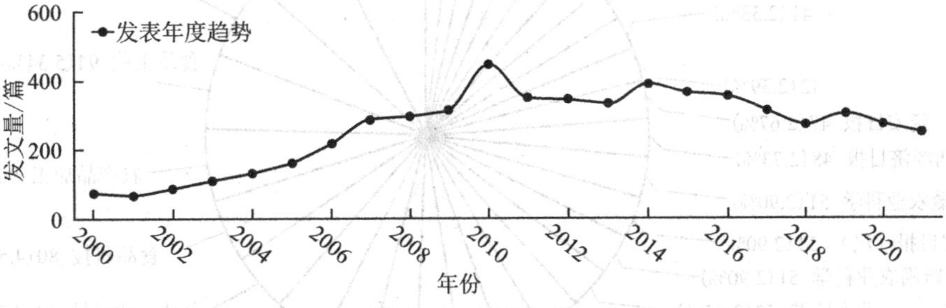

图 1-3　发表年度

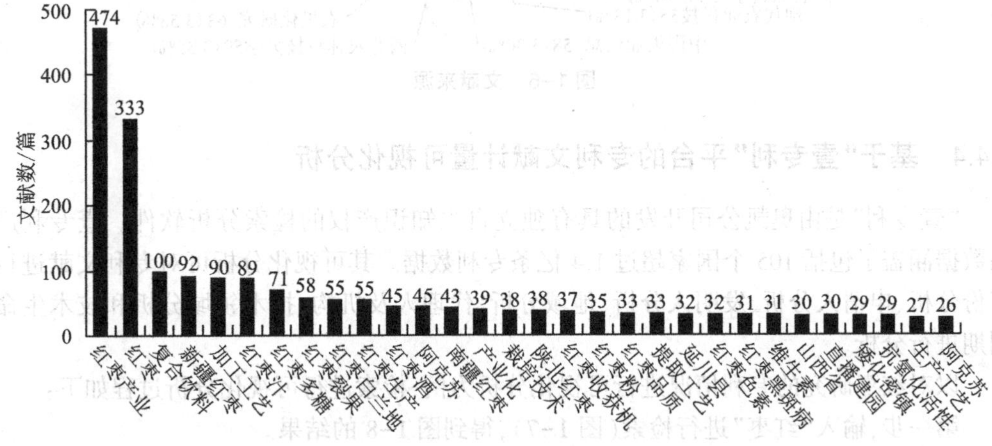

图 1-4　主题分布

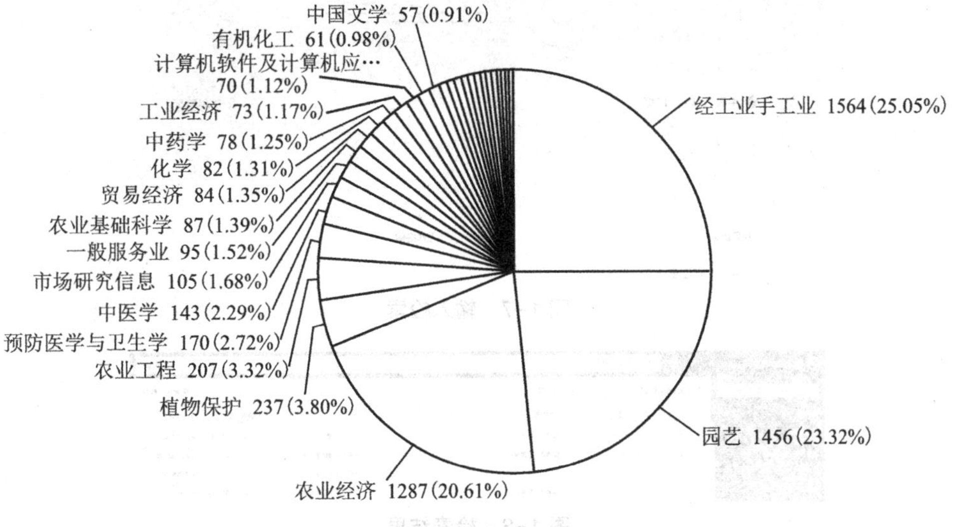

图 1-5　学科分布

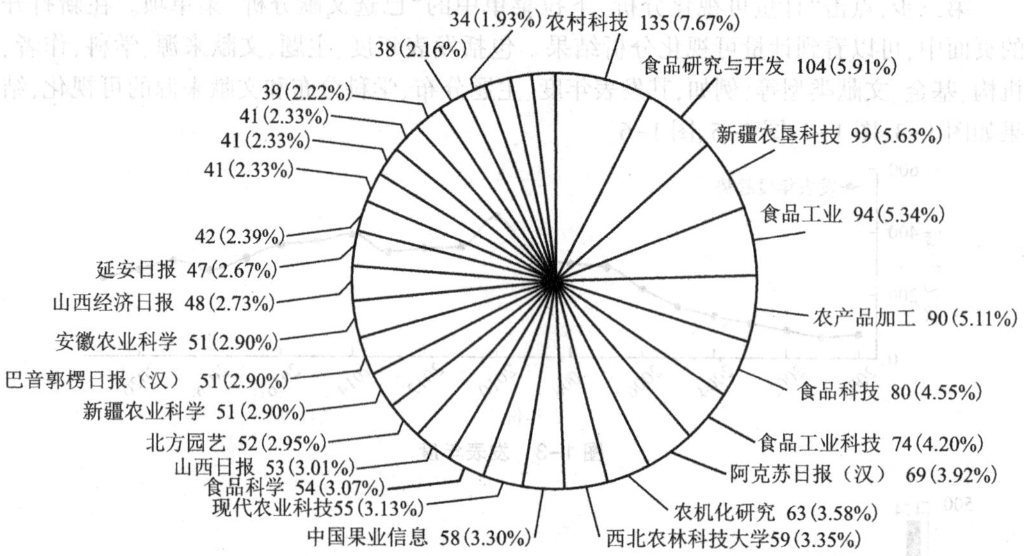

图 1-6 文献来源

1.4.4 基于“壹专利”平台的专利文献计量可视化分析

“壹专利”是由奥凯公司开发的具有独立自主知识产权的检索分析软件。壹专利产品数据涵盖了包括105个国家超过1.4亿条专利数据。其可视化分析可对专利文献进行年份分析、申请人分析、发明人分析、地域分析、代理人及机构、技术领域分析和技术生命周期进行分析。

以对红枣研究的专利情况进行可视化分析为例，检索进行可视化分析过程如下：

第一步，输入“红枣”进行检索（图1-7），得到图1-8的结果。

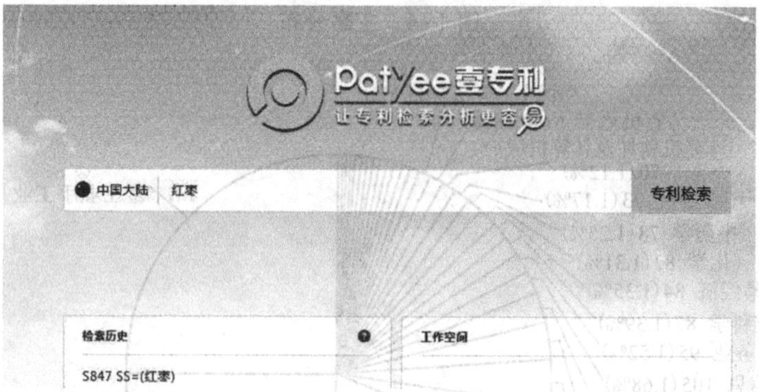

图 1-7 输入检索

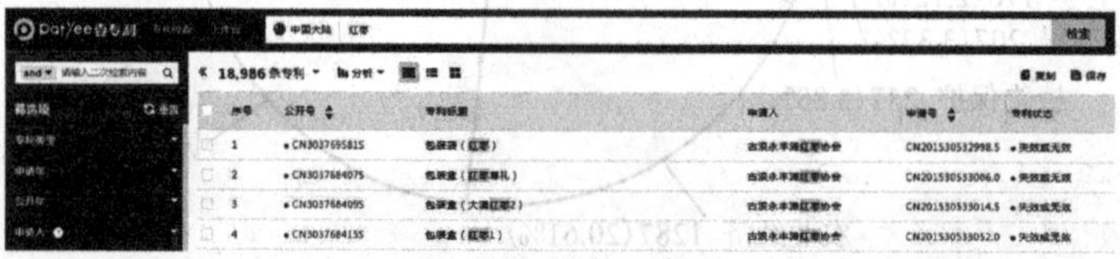

图 1-8 检索结果

第二步,对检索结果,点选“分析”,进行年份分析、申请人分析、发明人分析、地域分析、代理人及机构、技术领域分析和技术生命周期进行可视化分析。其中每一项指标分析,有进一步细化的下一级分析。如年份分析又包括年份趋势分析(图 1-9)和年份增长态势可视化分析(图 1-10)。

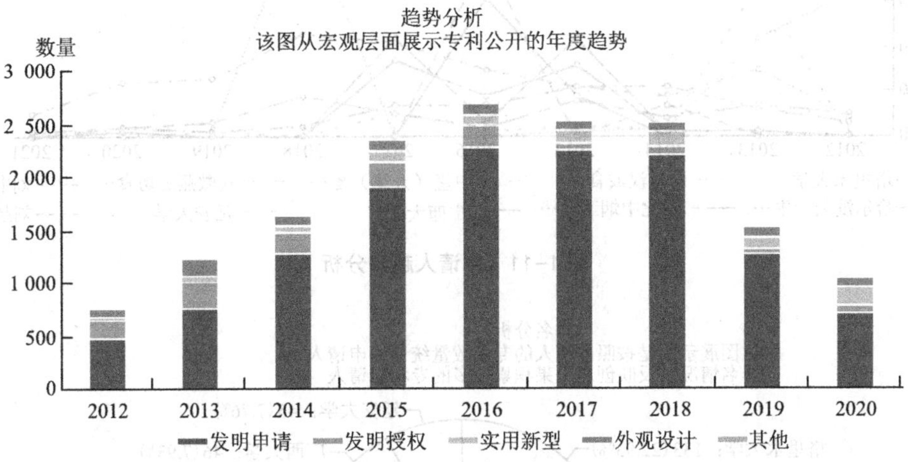

图 1-9　年份趋势分析

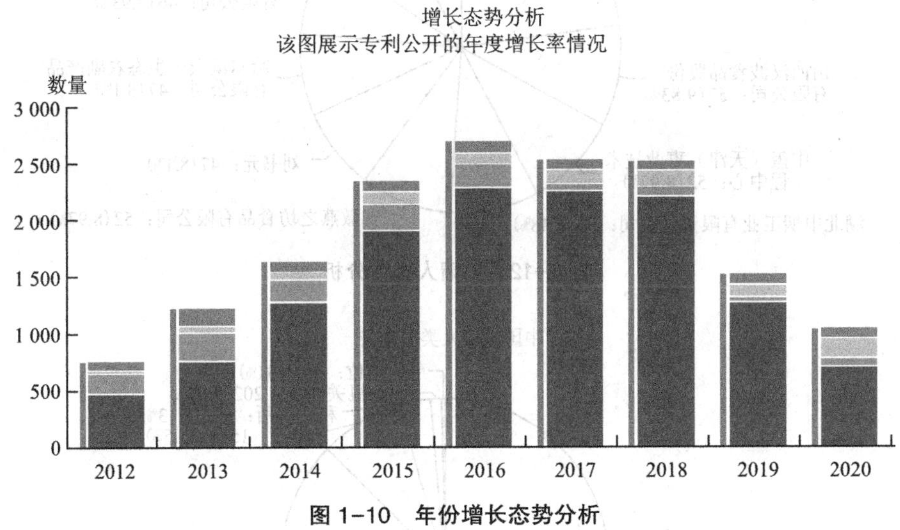

图 1-10　年份增长态势分析

申请人分析又可分为趋势分析(图 1-11)、申请人排名分析(图 1-12)、申请人类型分析(图 1-13)和申请人技术领域与产业分析(图 1-14)。

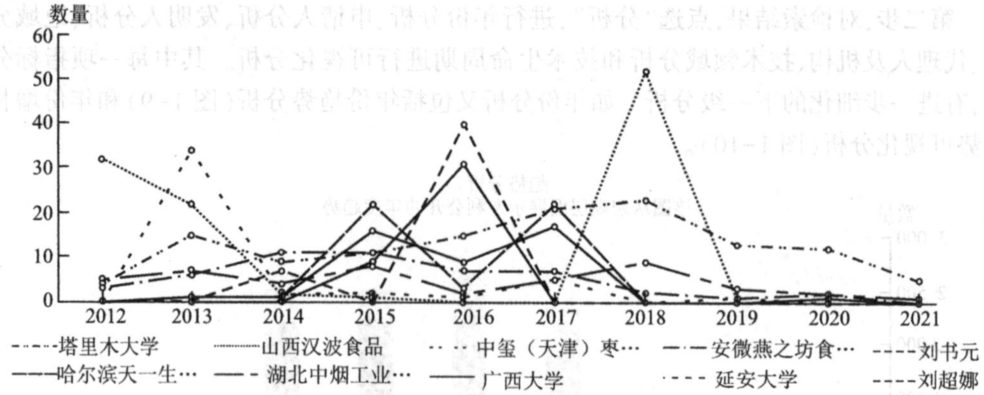

图 1-11　申请人趋势分析

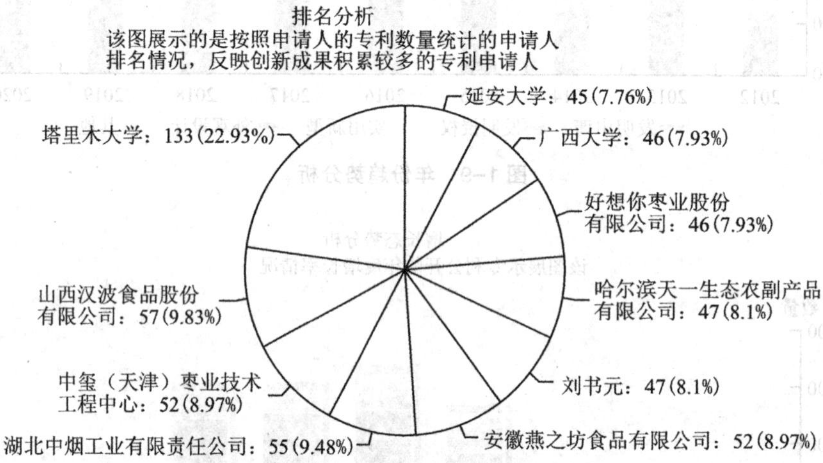

图 1-12　申请人排名分析

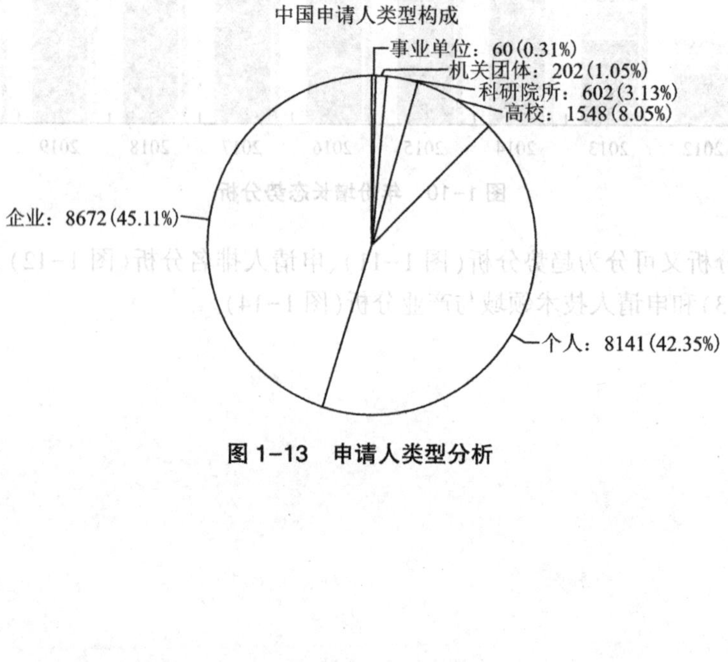

图 1-13　申请人类型分析

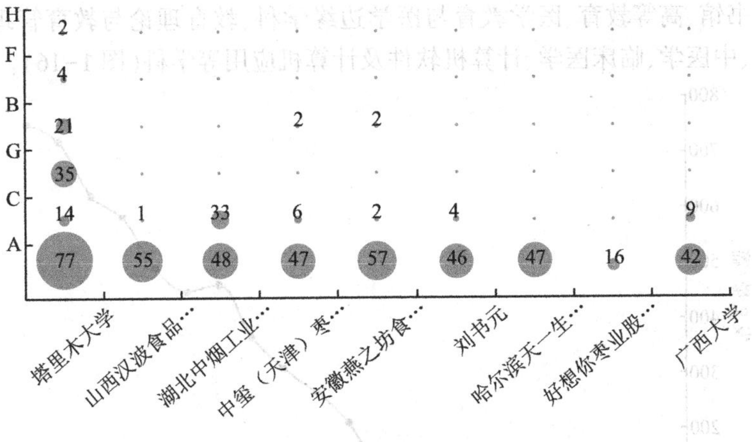

图 1–14　申请人技术领域与产业分析

1.5　我国文献计量学的发展

邱均平等认为[10]，我国文献计量学的发展同世界文献计量学发展过程类似，也经历了起步阶段、发展初期阶段和全面发展阶段。

1979—1982 年是我国文献计量学的起步阶段。这一阶段的发展特点主要是论文数量较少，而且异常分散。这一时期发表文献少，从内容来看，主要是翻译、介绍、吸收和引进国外的研究成果，缺乏自主性的系统研究。1983—1987 年的五年，我国文献计量学处于发展初期阶段，其主要的标志是将文献计量学搬上了大学的讲坛，开始了正式的专门教育。1983 年，《文献计量学》教材在武汉大学为本科生开设。同时，这一时期的研究比较活跃，发表的论文数量增长很快，在内容上，既有国外研究成果的介绍和评述，又有结合我国实际情况开展的应用性研究，或者验证文献计量学的理论和方法在中文文献方面的适用性等。1988 年以来，我国文献计量学进入了全面发展阶段，其主要特点是理论与应用并重，特别是在科学评价和科技管理方面的应用开始大规模地开展起来，取得了许多标志性的成果，一是赵红州等人利用美国的 SCI 进行统计分析，排出了我国主要大学发表论文的名次，引起了社会各界的强烈反响；二是中国科技情报研究所承担国家科技部的资助课题，建立"中国科技论文与引文数据库"，进行更大范围、更系统的文献计量统计分析，对我国科技水平在世界上所处的地位以及主要大学、科研院所的科学生产能力和学术水平做出客观评价；三是《文献计量学》等几部专著或教材相继出版，"把文献计量学的有关知识进行了体系化，使文献计量学的研究由局部知识的创造进入系统知识体系的形成阶段"。这一进展已经成为我国文献计量学研究和发展历程的重要标志。从 2001 年以来，新的研究领域，如科学计量学、网络计量学、信息计量学、替代计量学的文章则呈现大幅增长的趋势。

在 CNKI 数据库中，以"文献计量"为题名对 2000 年 12 月 31 日至 2020 年 12 月 31 日发表的文献进行检索。共检出 5 819 条中文文献，对其发表趋势进行分析，结果如图 1–15所示。近年来，文献计量学的研究不断受到关注。

对近 20 年文献计量学的研究涉及的领域分析表明，其涉及的领域较广，包括图书情报与数字图书馆、高等教育、医学教育与医学边缘学科、教育理论与教育管理、环境科学与资源利用、中医学、临床医学、计算机软件及计算机应用等学科(图 1-16)。

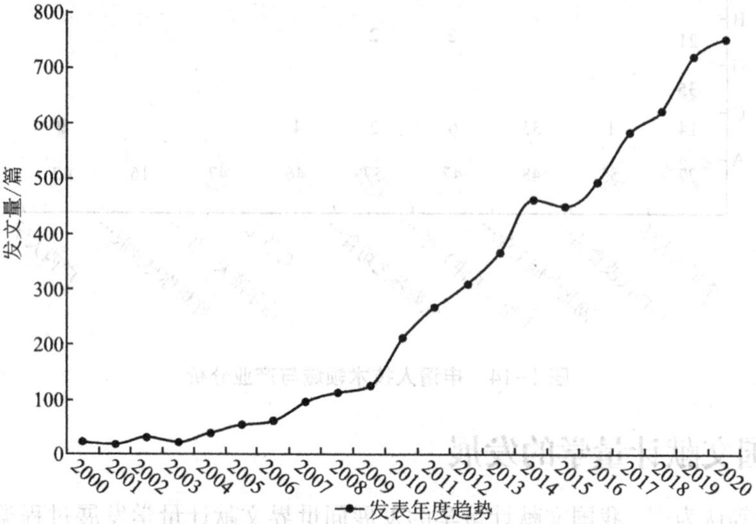

图 1-15　文献计量学的研究文献发表趋势

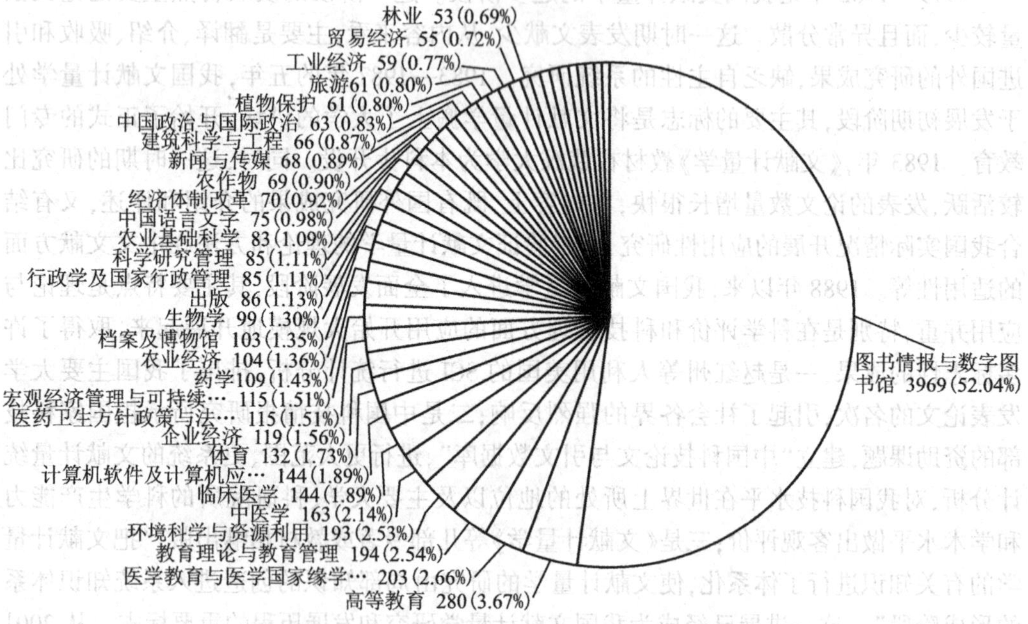

图 1-16　近 20 年文献计量学的研究涉及的领域

1.6　文献计量学在植物化学成分上的应用

植物活性成分具有降血糖、降血压、抗氧化等功能作用,近年来,对功能植物的研究受到广泛关注。在 CNKI 数据库中,对"文献计量"相关的功能植物进行分析。其涉及领域较多,代表性研究如表 1-2 所示。

表 1-2　文献计量学在功能植物上的应用

领域	代表性论文	参考文献
植物化学成分	植物多酚 SCI 文献计量及生物活性研究热点分析	[19]
民族植物学	食用植物民族植物学研究进展——基于 Web of Science 文献计量与知识图谱分析	[20]
植物分子生物学	基于文献计量学的我国 2006—2015 年植物分子生物学研究态势分析	[21]
单一功能植物	基于文献计量的石斛属植物研究进展分析	[22]
濒危药用植物	国内濒危药用植物研究的文献计量分析	[23]
药用植物基因组学	基于文献计量学的药用植物基因组学国际研究态势分析	[24]
区域植物研究	喀斯特石漠化区药用植物研究：基于 CNKI 数据库的文献计量分析	[25]
植物农药残留分析	基于气相色谱-三重四极杆串联质谱法检测植物源食品中多农药残留的文献计量学分析	[26]
植物功能性状	基于数据库的植物功能性状研究现状文献计量学分析	[27]

近年来，在植物活性成分研究领域，对单一功能植物、功能成分提取、功能活性的研究受到关注，因此，本著作采用文献计量学方法，基于 CNKI 数据库的可视化功能，对一些具有代表性的植物资源、功能成分提取方法、功能成分功能作用进行分析，为开发利用植物化学成分提供文献指导。

参考文献

[1]赵蓉英，许丽敏.文献计量学发展演进与研究前沿的知识图谱探析[J].中国图书馆学报，2010(5)：60-68.

[2] Lotka A J. The frequency distribution of scientific productivity [J]. Journal of the Washington Academy of Sciences，1926，16(12)：317-323.

[3]Gross P L K，Gross E M.College libraries and chemical education [J].Science，1927，66(1713)：385-389.

[4]邱均平.网络计量学[M].北京：科学出版社，2010.

[5]邱均平.信息计量学[M].武汉：武汉大学出版社，2007.

[6]邱均平.知识计量学[M].北京：科学出版社，2014.

[7]邱均平，余厚强.替代计量学的提出过程与研究进展[J].图书情报工作，2013，34(19)：5-12.

[8]杨良斌.科学计量学理论与实例[M].北京：科学技术文献出版社，2014.

[9]邱均平,段宇锋,陈敬全,等.我国文献计量学发展的回顾与展望[J].科学学研究,2003,21(2):143-148.

[10]邱均平.文献计量学的定义及其研究对象[J].图书馆学通讯,1986,2:71-72.

[11]邱均平.信息计量学(八):第八讲,文献信息计量分析方法与工具[J].情报理论与实践,2001,24(02):156-159.

[12]王蕊,胡德华.我国检索模型研究的文献计量分析[J].情报探索,2015,35(2):1-4.

[13]邓珞华.词频分析[J].武汉大学学报:社会科学版,1987,58(1):113-120.

[14]张勤.词频分析法在学科发展动态研究中的应用综述[J].图书情报知识,2011,38(2):95-98,128.

[15]安兴茹.我国词频分析法的方法论研究(I)[J].情报杂志,2016,35(2):75-80.

[16] 赵凡.文献计量领域中两种聚类方法的比较研究[J].科技情报开发与经济,2009,19(24):29-32.

[17]邱均平.信息计量学(十):第十讲,计算机辅助文献信息计量分析方法与工具[J].情报理论与实践,2001,24(04):316-320.

[18]吴爱芝.信息技术进步与文献计量学发展[J].现代情报,2016,30(2):32-37.

[19]鲁玉妙,马惠玲.植物多酚SCI文献计量及生物活性研究热点分析[J].食品科学,2013,34(23):375-383.

[20]耿彦飞,杨雅,张宇,等.食用植物民族植物学研究进展—基于Web of Science文献计量与知识图谱分析[J].植物分类与资源学报,2015,37(4):479-490.

[21]卢垚,宋敏.基于文献计量学的我国2006—2015年植物分子生物学研究态势分析[J].中国农业科技导报,2017,19(6):10-20.

[22]吕朝燕,彭新华,郑城钦,等.基于文献计量的石斛属植物研究进展分析[J].南方农业,2017,11(15):45-46.

[23]贺祖德.国内濒危药用植物研究的文献计量分析[J].农业图书情报学刊,2017,29(11):67-69.

[24]杨俏俏,黄林芳.基于文献计量学的药用植物基因组学国际研究态势分析[J].中国科学:生命科学,2018,48(4):498-508.

[25]赖佳丽,熊康宁,杨庆雄,等.喀斯特石漠化区药用植物研究:基于CNKI数据库的文献计量分析[J].贵州农业科学,2020,48(2):80-87.

[26]杨敏,王翠萍,张见,等.基于气相色谱-三重四极杆串联质谱法检测植物源食品中多农药残留的文献计量学分析[J].食品安全质量检测学报,2021,12(2):667-672.

[27]付全升,黄先寒,申仕康,等.基于数据库的植物功能性状研究现状文献计量学分析[J].应用与环境生物学报,2021,27(1):228-240.

第 2 章　基于文献计量的杜仲叶活性成分研究趋势分析

2.1　概述

杜仲(*Eucommia ulmoides* Oliv.)是杜仲科杜仲属多年生落叶乔木(图 2-1),为我国特有的珍贵二类保护物种,种植范围广泛,主要分布在湖南、广西、贵州、四川和陕西等地,具有清肝明目、壮阳补肾、调整血压、抗疲劳、提高免疫力和延缓衰老等功效,作为一种中药在中国使用已有 2000 多年历史[1]。杜仲在我国分布广泛,在我国北自甘肃、陕西、山西,南至福建、广东、广西,东迄浙江,西抵四川、云南、贵州,中经安徽、湖北、湖南、江西、河南等省(区)均有分布。杜仲叶的活性成分包括黄酮类、环烯醚萜类、苯丙素类、木脂素类、多糖类以及杜仲橡胶等。主要功能作用为降血压、降血脂、降血糖、抗炎抗病毒、抗疲劳和抗氧化等[2]。

图 2-1　杜仲叶

2018 年,国家卫生健康委员会发布关于征求将党参等 9 种物质作为按照传统既是食品又是中药材物质(简称食药物质)管理意见的函(国卫办食品函[2018]278 号),拟将杜仲叶列入食药物质目录,为杜仲叶作为新型食品资源开发开辟了绿色通道。

2.2　基于 CNKI 的杜仲叶研究文献计量分析

在 CNKI 中用公式 TI=杜仲+叶和发表时间“2010 年 1 月 1 日~2020 年 12 月 31 日”检索所有文献,对年度分布、研究机构、学科分类、期刊来源等进行研究分析,结果如下。

2.2.1　年度分布

对 2000—2020 年发表的杜仲叶研究文献进行检索,共检出 736 篇,其不同年度发表的文献数量如图 2-2 所示。

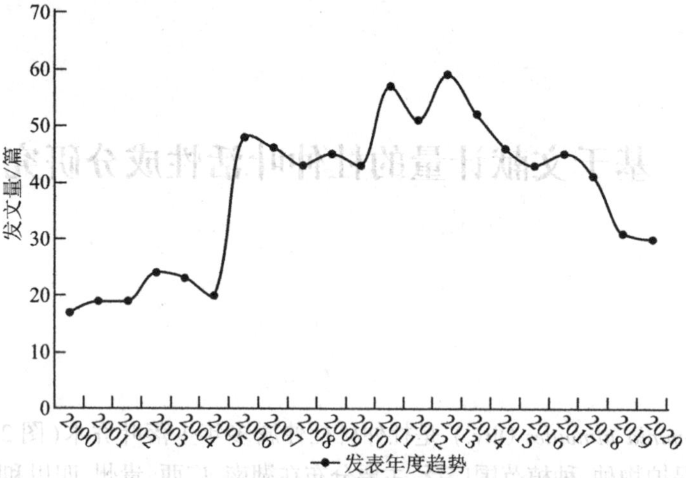

图 2-2　杜仲叶研究文献数量变化趋势

由图 2-2 可见，2002 年开始，杜仲叶研究文献发表数量持续增加，2013 年，杜仲叶研究文献数量最高，达到 59 篇，2013 年后有所下降，2018 年，国家卫生健康委员会发布关于征求将党参等 9 种物质作为按照传统既是食品又是中药材物质（简称食药物质）管理意见的函（国卫办食品函[2018]278 号），拟将杜仲叶列入食药物质目录，为杜仲叶作为新型食品资源开发开辟了绿色通道，其研究又开始受到关注。

2.2.2　主题分布

杜仲叶研究的主题分布见图 2-3。

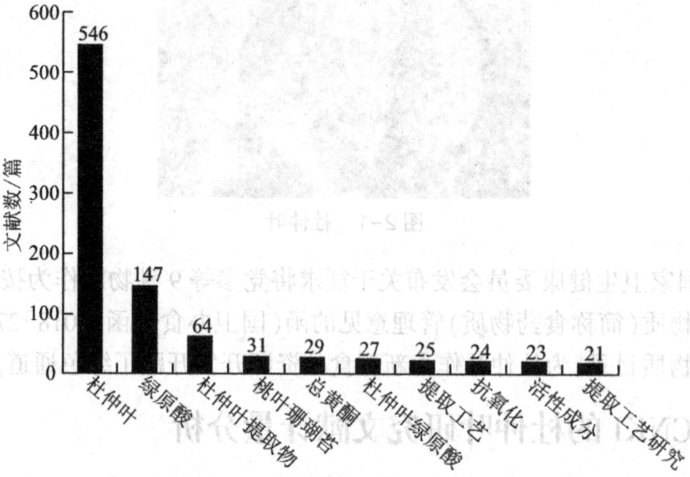

图 2-3　杜仲叶研究主题分布

如图可见，主题主要涉及杜仲叶（546 篇）、绿原酸（147 篇）、杜仲叶提取物（64 篇）、桃叶珊瑚苷（31 篇）、总黄酮（29 篇）、杜仲叶绿原酸（27 篇）、提取工艺（25 篇）、抗氧化（24 篇）、活性成分（23 篇）和提取工艺研究（21 篇）。表明对杜仲叶研究主题主要是功能成分提取分离方面，表明杜仲食品的开发还处于初期，有待加强研究。

2.2.3　研究机构

对发表文献前 10 名的相关研究机构进行统计，结果如图 2-4 所示。

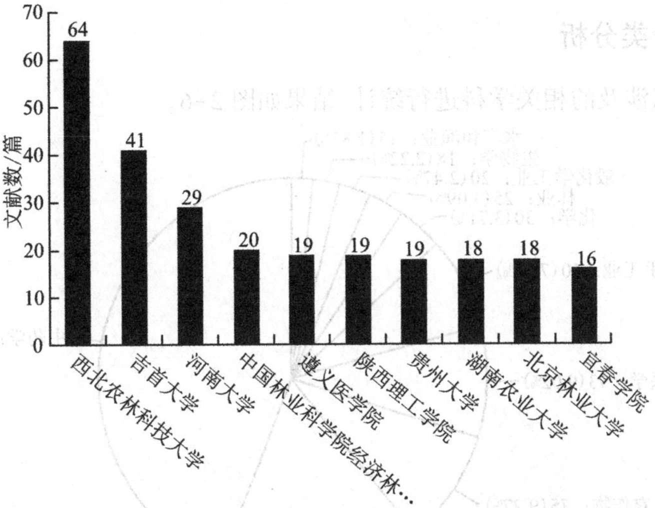

图 2-4　杜仲叶研究相关机构发表文献数量

发表文献前 10 名的相关研究机构分别为西北农林科技大学（64 篇）、吉首大学（41 篇）、河南大学（29 篇）、中国林业科学院经济林研究开发中心（20 篇）、遵义医学院（19 篇）、陕西理工学院（19 篇）、贵州大学（18 篇）、湖南农业大学（18 篇）、北京林业大学（18 篇）、宜春学院（16 篇）。这些单位同时也是国内开展杜仲研究较早的单位。

2.2.4　研究人员

对发表文献的相关研究人员进行统计，结果如图 2-5 所示。

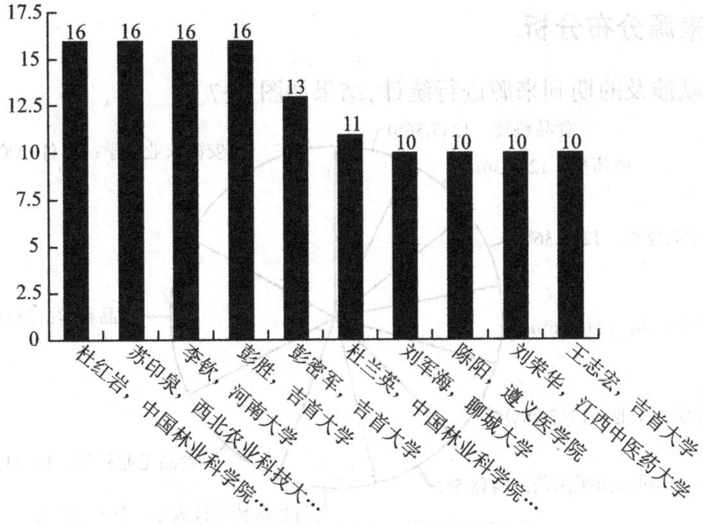

图 2-5　杜仲叶研究相关研究人员

发表文献前10名的相关研究人员分别为杜红岩(16篇)、苏印泉(16篇)、李钦(16篇)、彭胜(16篇)、彭密军(13篇)、杜兰英(11篇)、刘军海(10篇)、陈阳(10篇)、刘荣华(10篇)、王志宏(10篇)。这些研究者基本为上述前10名研究机构的科研人员。

2.2.5 学科分类分析

对发表文献涉及的相关学科进行统计,结果如图2-6。

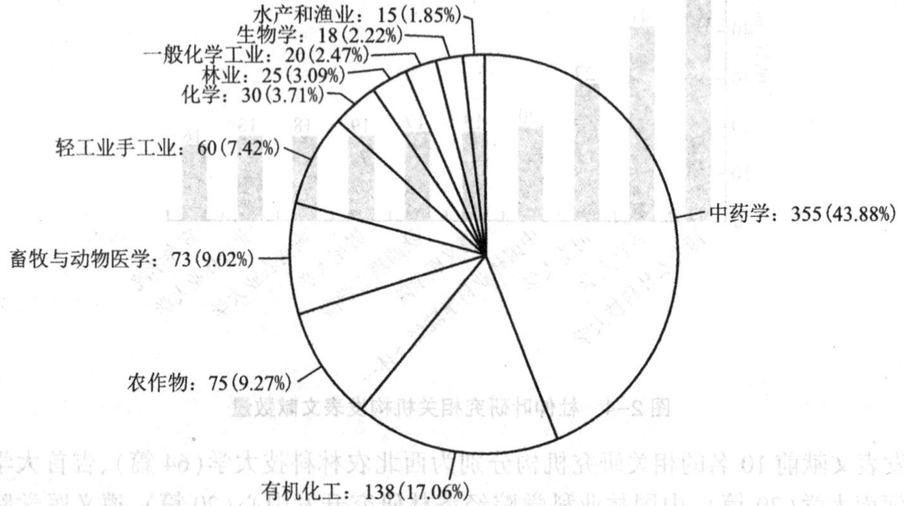

图2-6 杜仲叶研究相关学科

发表文献前10名的学科分别为中药学、有机化工、农作物、畜牧与动物医学、轻工业手工业、化学、林业、一般化学工业、生物学、水产和渔业。其中中药学发表文献数量占绝对优势,表明中药研究是近年来的研究热点,此外,为分离杜仲中的化学成分,化学工程的研究也是比较热点的学科。

2.2.6 期刊来源分布分析

对发表文献涉及的期刊来源进行统计,结果如图2-7。

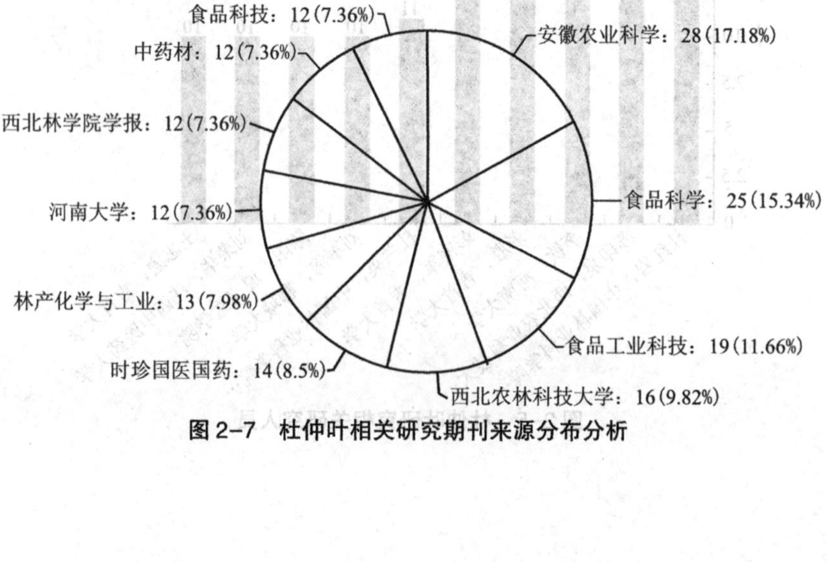

图2-7 杜仲叶相关研究期刊来源分布分析

发表的文章中，《安徽农业科学》《食品科学》《食品工业科技》《西北农林科技大学》《时珍国医国药》《林产化学与工业》《河南大学学报》《西北林学院学报》《中药材》和《食品科技》发文数量前 10 名，表明农学、食品类杂志是该领域发表文章的主要期刊。

2.3　基于“壹专利”平台的杜仲叶相关专利分析

在“壹专利”平台用“杜仲”+“叶”为题名检索近 10 年所有专利，共检出专利 2 149 条，对年份分析、申请人分析、发明人分析、技术领域分析和技术生命周期分析，结果如下：

2.3.1　年份分析

对 2012—2021 年公开的杜仲叶专利文献进行检索，其不同年度公开的专利文献数量如图 2-8 所示。

由图 2-8 可见，2012 年开始杜仲叶专利文献数量持续增加，2016 年，杜仲叶专利文献数量最高，达到 255 篇，2017 年后有所下降，2018 年，国家卫生健康委员会发布关于征求将党参等 9 种物质作为按照传统既是食品又是中药材物质(简称食药物质)管理意见的函(国卫办食品函[2018]278 号)，拟将杜仲叶列入食药物质目录，杜仲叶专利文献数量又有提高。

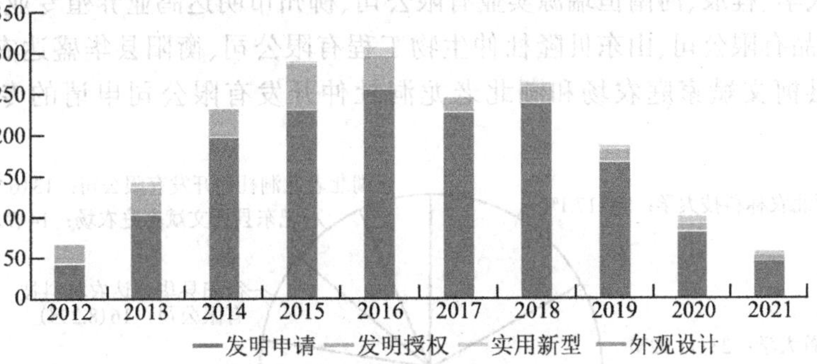

图 2-8　杜仲叶专利公开的年度趋势

2012—2021 年公开的杜仲叶专利年度增长情况如图 2-9。

由图 2-9 可见，专利年度增长情况变化趋势和年度公开的专利文献数量变化趋势基本一致。

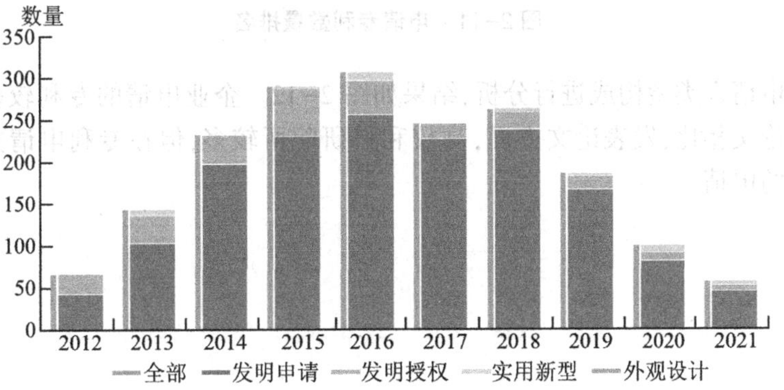

图 2-9　专利公开的年度增长率情况

2.3.2 申请人分析

对2012—2021年公开的杜仲叶专利文献进行检索，其申请人的专利公开年度趋势如图2-10所示。

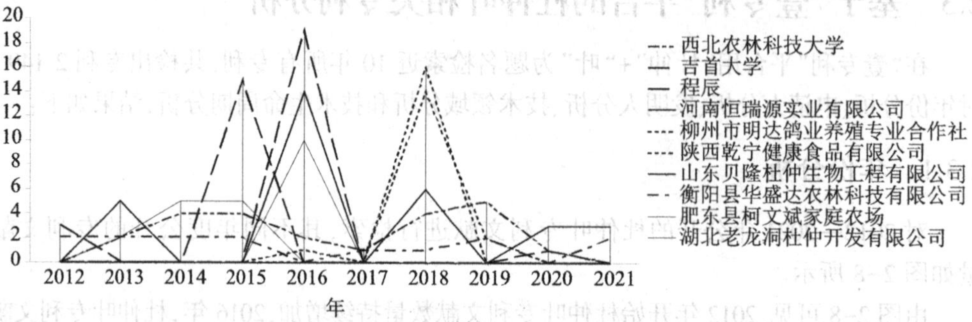

图2-10　申请人的专利公开年度趋势

对这些申请人公开的专利进行分析，其申请专利数量排名如图2-11。西北农林科技大学、吉首大学、程辰、河南恒瑞源实业有限公司、柳州市明达鸽业养殖专业合作社、陕西乾宁健康食品有限公司、山东贝隆杜仲生物工程有限公司、衡阳县华盛达农林科技有限公司、肥东县柯文斌家庭农场和湖北老龙洞杜仲开发有限公司申请的专利分别排名前10。

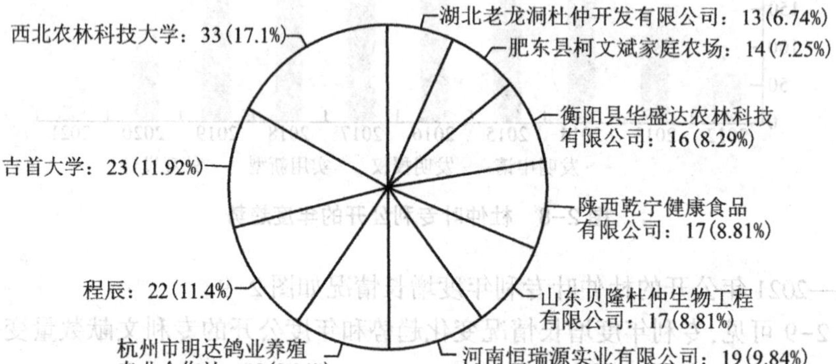

图2-11　申请专利数量排名

对这些申请人类型构成进行分析，结果如图2-12。企业申请的专利较多，和发表的杜仲叶相关论文相比，发表论文方面，高校和科研院所较多，但在专利申请方面，企业更加重视专利的申请。

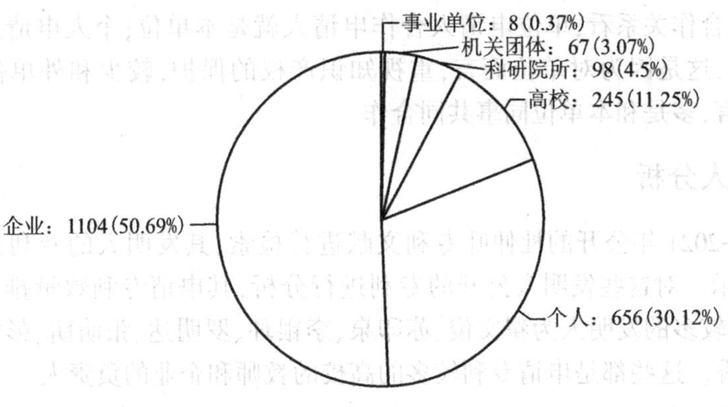

图 2-12　申请人类型构成

对申请人申请的专利涉及的技术领域/国民经济行业进行分析，结果如图 2-13 所示。涉及的领域主要是 A（人类生活必需）、B（作业和运输）和 C（化学和冶金）。其中人类生活必需最多，这是因为杜仲叶具有丰富的功能成分，和人们的保健食品、药品密切相关。

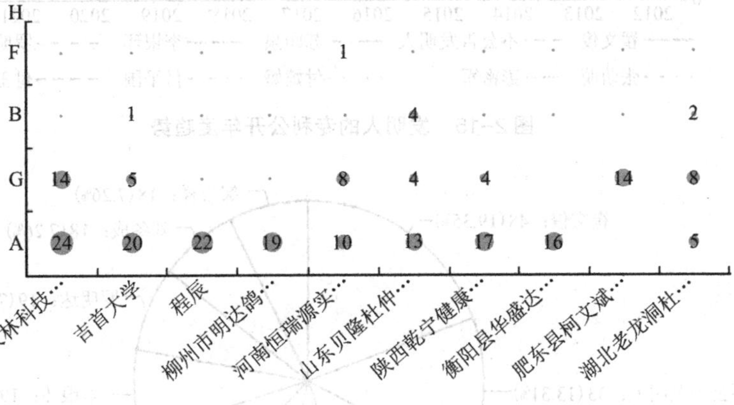

图 2-13　申请人在各技术领域/国民经济的专利分布情况

对申请人专利合作情况及对应数量进行分析，结果如图 2-14 所示。

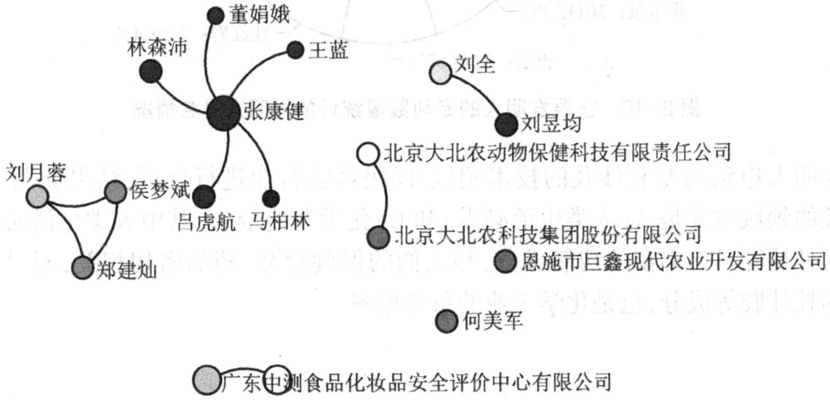

图 2-14　申请人专利合作情况及对应数量

从申请人合作关系看，单位申请人合作申请人就是本单位；个人申请人合作申请人为本单位同事，这是因为对单位而言，重视知识产权的保护，较少和外单位联合申请专利；对个人而言，多是和本单位同事共同合作。

2.3.3 发明人分析

对2012—2021年公开的杜仲叶专利文献进行检索，其发明人的专利公开年度趋势如图2-15所示。对这些发明人公开的专利进行分析，其申请专利数量排名如图2-16。其中发明数量较多的发明人为翟文俊、苏印泉、李银环、罗明达、张萌萌、彭密军、付嫦娥、付平国、付玉香。这些都是申请专利较多的高校的教师和企业的负责人。

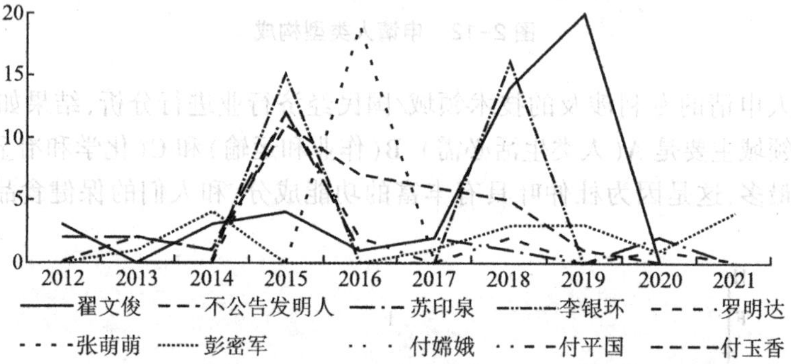

图2-15 发明人的专利公开年度趋势

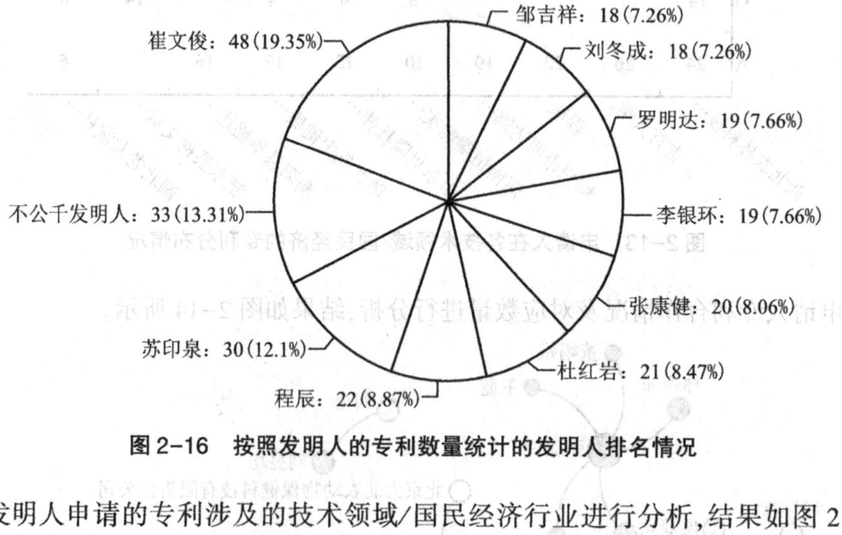

图2-16 按照发明人的专利数量统计的发明人排名情况

对发明人申请的专利涉及的技术领域/国民经济行业进行分析，结果如图2-17所示。涉及的领域主要是A（人类生活必需）和C（化学和冶金）。其中人类生活必需最多，这是因为杜仲叶具有丰富的功能成分，和人们的保健食品、药品密切相关，同时，杜仲叶中丰富的杜仲胶等成分，也是化学工业的重要原料。

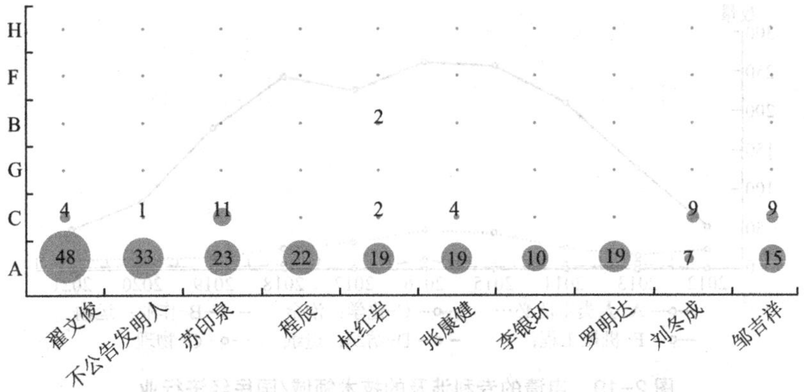

图 2-17　发明人在各技术领域/国民经济的专利分布情况

发明人专利合作情况及对应数量见图 2-18。其中苏印泉和邹吉祥、宋通通、张萌萌、李银环等 10 人有合作，杜红岩和杜兰英、李芳东、李钦等 10 人合作，分析合作者的单位，合作人多为合作者的单位同事、联合承担项目的企业负责人。

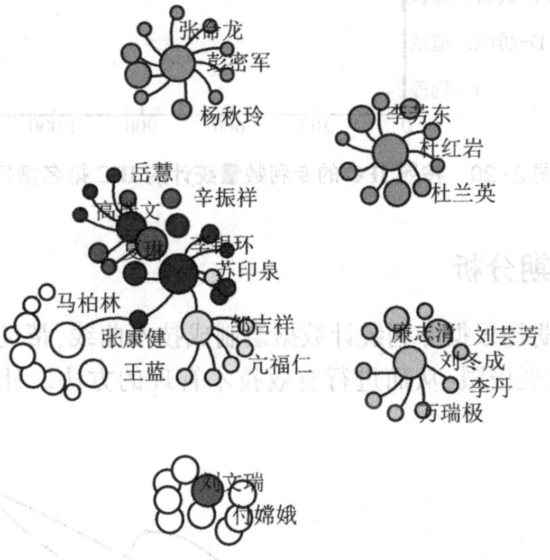

图 2-18　发明人专利合作情况及对应数量

2.3.4　技术领域分析

对申请的专利涉及的技术领域/国民经济行业进行分析，结果如图 2-19 所示。涉及的领域主要是 A（人类生活必需）、B（作业和运输）和 C（化学和冶金）。各涉及的领域排名情况见图 2-20，其中人类生活必需最多。尤其是 A（人类生活必需）。

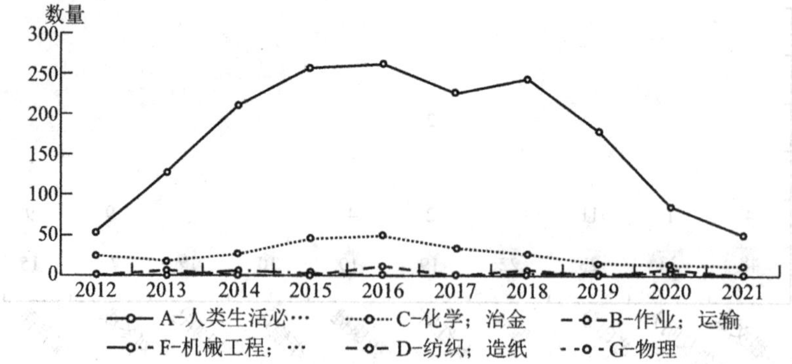

图 2-19　申请的专利涉及的技术领域/国民经济行业

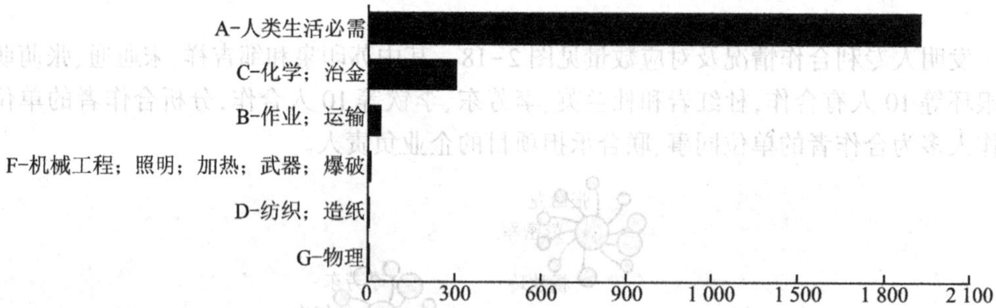

图 2-20　按照 IPC 的专利数量统计的 IPC 排名情况

2.3.5　技术生命周期分析

专利技术生命周期是根据专利统计数据绘制成技术曲线，帮助确定当前技术所处的发展阶段、预测技术发展极限，从而进行有效技术管理的方法。杜仲叶专利技术生命周期分析见图 2-21。

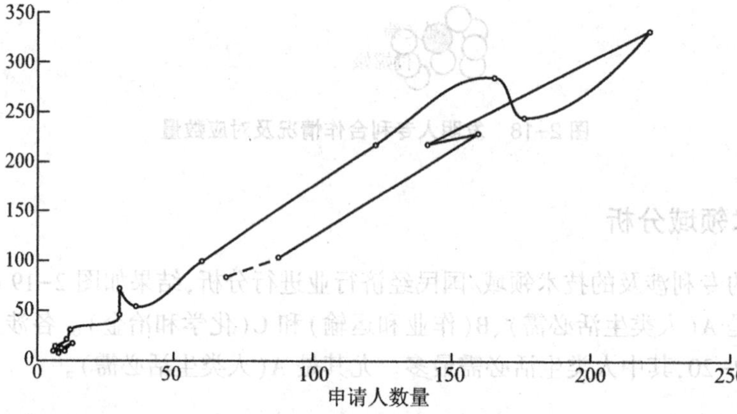

图 2-21　杜仲叶专利技术生命周期分析

从图可见，这是因为专利技术在理论上遵循技术引入期、技术发展期、技术成熟期和技术淘汰期 4 个阶段周期性变化。杜仲叶专利起步于 2003 年，在 2012 年达到发展期，2016 年后，很快进入下降期，中间成熟期很短。

2.4　杜仲叶中化学成分

2.4.1　杜仲叶的营养成分

杜仲叶含有蛋白质、脂肪、纤维素和多种维生素，王翔等[3]对杜仲叶的营养成分进行了测定，其干基含量见表 2-1。

表 2-1　杜仲叶的基本营养成分

成分	含量	成分	含量
能量/(kJ/100 g)	1167±1.170	可溶性膳食纤维/(g/100 g)	35.50±0.150
水分/(g/100 g)	8.870±0.010	维生素 B/(mg/100 g)	2.890±0.230
蛋白质/(g/100 g)	8.710±0.030	维生素 B_1/(mg/100 g)	0.070±0.005
脂肪/(g/100 g)	11.50±0.150	维生素 B_2/(mg/100 g)	3.350±0.010
碳水化合物/(g/100 g)	5.550±0.380	维生素 C/(mg/100 g)	13.40±0.010
总膳食纤维/(g/100 g)	27.00±0.050	维生素 E/(mg/100 g)	1.230±0.001
不溶性膳食纤维/(g/100 g)	38.40±0.010		

杜仲叶的脂肪酸组成干基含量见表 2-2。王翔等[3]对杜仲叶的脂肪酸进行了测定，脂肪中不饱和脂肪酸比例高达 62.5%。

王翔等[3]对氨基酸进行了测定，杜仲叶的氨基酸组成干基含量见表 2-3。杜仲叶中含有齐全的水解氨基酸，总含量为 9.07 g/100 g，其中必需氨基酸含量为 3.88 g/100 g，必需氨基酸与总氨基酸含量百分比(EAA/TAA)为 42.80%，必需氨基酸与非必需氨基酸含量百分比(EAA/NEAA)为 74.90%，是优质的植物蛋白。

表 2-2　杜仲叶的脂肪酸组成

成分	含量/(g/100 g)	成分	含量/(g/100 g)
C12:0	0.025±0.001	C20:0	0.060±0.001
C14:0	0.023±0.001	C18:3n6	0.014±0.000
C15:0	0.060±0.003	C18:3n3	3.080±0.005
C16:0	1.070±0.005	C21:0	0.302±0.001
C17:0	0.016±0.000	C22:0	0.037±0.000
C18:0	0.154±0.001	C20:3n3	0.006±0.000
C18:1n9	0.216±0.000	C22:1n9	0.008±0.000
C18:2n6	0.148±0.003	C24:0	0.029±0.001

表 2-3　杜仲叶的氨基酸组成

成分	含量/(g/100 g)	成分	含量/(g/100 g)
Asp	0.890±0.001	Val	0.540±0.001
Glu	1.080±0.050	Met	0.100±0_000
Lys	0.440±0.004	Ile	0.460±0.001
Thr	0.400±0.001	Leu	0.880±0.001
Ser	0.410±0.001	Arg	0.500±0.001
Gly	0.510±0.001	Trp	0.530±0.001
Ala	0.580±0.001	Tyr	0.380±0.003
His	0.200±0.007	Phe	0.540±0.002
Pro	0.620±0.000		

王翔等[3]对杜仲叶的矿物质元素进行了测定，杜仲叶的矿物质元素组成干基含量见表 2-4。

杜仲叶中除 Na 外，常见的矿物质元素有 K、Ca、Mg、Fe、Zn、Mn、Cu、Se 等，此外，杜仲叶中含有多种人体所需的微量元素如 B、Sr、Ba、Ti 等。

表 2-4　杜仲叶的矿物质元素组成

元素	含量/(mg/kg)	元素	含量/(mg/kg)
K	13 800±12.31	Sr	20.20±0.010
Ca	12 100±11.01	B	21.80±0.012
Mg	2 020±10.01	Ni	0.296±0.001
Na	23.10±0.110	Cr	0.406±0.001
Fe	164.0±0.010	V	0.214±0.001
Zn	24.10±0.150	Co	0.093±0.000
Mn	144.0±0.315	Sn	0.038±0.000
Cu	3.950±0.012	Ba	28.40±0.212
Se	0.215±0.001	Ti	3.210±0.01

杜仲叶含有丰富的黄酮类化合物、绿原酸、苯丙素、环烯醚萜、多糖等活性成分。

王翔等[3]对杜仲叶的粗多糖、总多酚、总黄酮等功效成分含量进行了测定，结果见表 2-5。

表 2-5　杜仲叶的功效成分含量

成分	含量/(g/100 g)	成分	含量/(g/100 g)
粗多糖	0.989±0.001	京尼平苷酸	3.020±0.014
总多酚	8.360±0.013	绿原酸	2.670±0.013
总黄酮	1.590±0.010	松脂醇二葡萄糖苷	0.013±0.00
桃叶珊瑚苷	0.765±0.001	京尼平苷	0.024±0.000

2.4.2　杜仲叶的挥发油成分

贾智若等[4]采用超临界 CO_2 流体萃取法提取杜仲叶的挥发油，运用气相色谱-质谱联用技术（GC-MS）对贵州遵义、四川绵阳、河南信阳 3 个产地杜仲叶挥发油的化学成分进行了测定，贵州遵义产杜仲叶挥发油共鉴定出 38 种成分，占挥发油总量的 80.62%；四川绵阳产杜仲叶挥发油共鉴定出 59 种成分，占挥发油总量的 83.77%；河南信阳产杜仲叶挥发油共鉴定出 30 种成分，占挥发油总量的 72.76%。结果见表 2-6。

表 2-6　杜仲叶的挥发油成分含量（相对含量）　　　　（%）

编号	化合物名称	贵州遵义	四川绵阳	河南信阳
1	1,2-二甲苯　1,2-dimethyl-benzene	0.394	0.217	0.837
2	1,3-二甲苯　1,3-dimethyl-benzene	—	0.169	—
3	乙酸苯酯 phenyl ester acetic acid	0.498	0.356	1.071
4	桉叶油醇 cineole	—	0.249	—
5	D-樟脑(1R)-1,7,7-trimethyl-bicyclo[2.2.1]heptan-2-one	0.805	0.996	1.626
6	异龙脑 isoborneo	—	0.114	—
7	右旋龙脑 D-borneol	1.297	1.040	2.862
8	4-萜烯醇 4-terpene alcohol	—	0.286	0.733
9	α-松油醇 alpha-terpineol	0.540	0.599	1.565
10	桃金娘烯醇 6,6-dimethyl-bicyclo[3.1.1]hept-2-ene-2-methanol	—	0.113	—
11	马苄烯酮 4,6,6-trimethyl bicycle[3.1.1]hept-3-en-2-one	0.713	0.831	2.276
12	2-甲氧基-4-甲基-1-(1-甲基乙基)　2-methoxy-4-methyl-1-(1-methylethyl)-benzene	—	0.101	—
13	苯乙酸乙酯 benzeneacetic acid ethyl ester	—	0.435	0.503

续表 2-6 (%)

编号	化合物名称	贵州遵义	四川绵阳	河南信阳
14	左旋乙酸冰片酯 L-bornyl acetate	0.742	0.826	1.348
15	萜品油烯 terpinolene	—	0.153	—
16	α-荜澄茄油烯 α-cubebene	—	0.176	—
17	榄香烯 elemene	1.953	1.570	2.568
18	异丁子香烯 isocaryophillene	4.006	2.979	4.699
19	檀香烯 santalene	—	0.234	—
20	β-石竹烯 β-caryophyllene	—	—	—
21	α-葎草烯 α-caryophyllene	1.769	0.794	1.978
22	肉桂酸乙酯 ethyl cinnamate	1.174	1.395	0.878
23	正十五烷 pentadecane	3.436	2.181	2.120
24	蛇床烯 α-selinene	1.459	1.101	1.429
25	没药烯 β-bisabolene	—	0.182	—
26	2,4-二叔丁基-4-甲基苯酚 2,4-butylated hydroxytoluene	0.858	0.517	3.230
27	γ-荜澄茄烯 γ-cadinene	0.546	0.369	—
28	δ-杜松烯 δ-cadinene	1.847	1.265	1.667
29	二氢猕猴桃内酯 dihydroactinidiolide	—	0.569	—
30	α-紫罗酮 α-ionone	—	0.212	—
31	石竹素 caryophyllene oxide	0.876	1.032	0.832
32	鲸蜡烷 n-hexadecane	0.922	0.677	0.621
33	β-二氢大马酮 β-damascone	—	0.879	—
34	(6R,7E,9R)-9-羟基-4,7-巨豆二烯-3-酮(6R,7E,9R)-9-hydroxy-4,7-megastigmadien-3-one	1.791	1.439	—
35	卡达烯 cadalene	0.546	0.725	—
36	正十七烷 heptadecane	1.400	1.512	0.981
37	牻牛儿酮 germacron	2.045	2.534	2.229

续表 2-6 (%)

编号	化合物名称	贵州遵义	四川绵阳	河南信阳
38	对甲氧基肉桂酸乙酯 p-methoxy ethyl cinnamate	4.610	7.825	4.259
39	正十八烷 octadecane	4.137	—	—
40	植烷 2,6,10,14-tetramethyl hexadecane	—	0.427	—
41	3-甲基-1-十二炔-3-醇 3-methyl-1-dodecyn-3-ol	1.051	0.610	1.116
42	6,10-二甲基-十一烷-2-酮 6,10-di-methyl-undecan-2-one	1.689	1.924	—
43	邻苯二甲酸二异丁酯 1,2-benzenedicarboxylic acid bis(2-methylpropyl) ester	—	0.635	—
44	顺-3-己烯基肉桂酸 cis-3-hexen-1-yl ester cinnamic acid	—	0.274	—
45	十九烷 nonadecane	—	0.799	—
46	法尼基丙酮 farnesyl acetone	—	0.505	—
47	棕榈酸甲酯 hexadecanoic acid ethyl ester	1.280	0.965	0.863
48	丁基邻苯二甲酰羟乙酸丁酯 butyl phthalyl butyl glycolate	—	0.634	—
49	棕榈酸乙酯 hexadecanoic acid ethyl ester	9.986	6.915	10.854
50	金合欢醇乙酸酯 farnesyl acetate	0.769	0.996	—
51	二十一烷 heneicosane	0.530	0.712	—
52	(Z,Z,Z)-9,12,15-十八三烯-1-醇 (Z,Z,Z)-9,12,15-octadecatrien-1-ol	—	—	0.776
53	叶绿醇 phytol	10.768	13.833	3.217
54	棕榈酸 palmitic acid	—	0.954	—
55	亚油酸乙酯 linoleic acid ethyl ester	2.181	1.865	3.260
56	亚麻酸乙酯(Z,Z,Z)-9,12,15-octadecatrienoic acid, ethyl ester	—	5.496	—
57	亚麻醇(Z,Z,Z)-9,12,15-octadecatrien-1-ol	8.612	—	9.140
58	硬脂酸乙酯 octadecanoic acid ethyl ester	1.162	1.113	1.899
59	二十五烷 n-pentacosane	0.658	1.285	—
60	邻苯二甲酸二(2-乙基己)酯 bis(2-ethylhexyl) phthalate	0.667	2.120	—
61	二十七烷 n-heptacosane	1.271	1.748	—

环烯醚萜类化合物性质不稳定,容易氧化分解。杜仲叶中的环烯醚萜类化合物见表2-7。

表 2-7　杜仲叶中的环烯醚萜类化合物

序号	化合物名称	参考文献
1	车叶草苷	[5,6]
2	京尼平苷酸	[5,6,7]
3	桃叶珊瑚苷	[5,6]
4	哈帕甙乙酸酯	[5,6]
5	筋骨草苷	[5,6]
6	杜仲苷	[5,6]
7	雷扑妥苷	[5,6]
8	哈帕苷丁酸酯	[5,6]
9	杜仲醇	[5,6]
10	交让木苷	[7]
11	鸡屎藤苷甲酯	[7]
12	马钱素	[7]
13	8-表马钱素	[7]
14	7-表马钱素	[7]
15	去乙酰车叶草苷酸甲酯	[7]
16	京尼平苷酸	[7]

杜仲叶中研究较多的环烯醚萜类化合物主要是京尼平苷、京尼平苷酸和桃叶珊瑚苷等。苯丙素类是形成木脂素的前体，杜仲叶中的苯丙素类化合物见表 2-8。

表 2-8　杜仲叶中的苯丙素类化合物

序号	化合物名称	参考文献
1	绿原酸	[5,8]
2	香豆酸	[5,8]
3	松柏酸	[5]
4	二氢咖啡酸	[5]
5	咖啡酸	[5]
6	丁香苷	[5,9]
7	间羟基苯丙酸	[5]
8	愈创木丙三醇	[5]
9	熊果酸	[8]
10	β-谷甾醇	[8]
11	咖啡酸乙酯	[8]
12	松柏苷	[8]
13	绿原酸甲酯	[9]
14	愈创木基丙三醇	[9]
15	5-甲氧基-愈创木基丙三醇	[9]
16	5,9-二甲氧基-愈创木基丙三醇	[9]
17	9-正丁基-愈创木基丙三醇	[9]
18	9-正丁基-异愈创木基丙三醇	[9]
19	8′-甲氧基-橄榄素	[9]

杜仲叶中研究较多的苯丙素类成分化合物主要为绿原酸。

左月明等[10]从杜仲叶中分离出 10 个木脂素类化合物，见表 2-9。

表 2-9　杜仲叶中的木脂素类化合物

序号	化合物名称	参考文献
1	(+)-丁香脂素	[10]
2	(-)-丁香脂素-4-O-β-D-吡喃葡萄糖苷	[10]
3	(+)-丁香脂素-4-O-β-D-吡喃葡萄糖苷	[10]
4	松脂素	[10]
5	松脂素-4-O-β-D-吡喃葡萄糖苷	[10]
6	(+)-中脂素-4-O-β-D-吡喃葡糖糖苷	[10]
7	8-羟基-中脂素	[10]
8	8-甲氧基-中脂素	[10]
9	橄榄素	[10]
10	二氢脱氢二松柏醇	[10]

其中松脂醇二葡萄苷(pinoresinoldiglucoside，PDG)为主要降压成分。

唐芳瑞等[11]从杜仲叶中分离出 8 个黄酮类化合物，见表 2-10。

表 2-10　杜仲叶中的黄酮类类化合物

序号	化合物名称	参考文献
1	槲皮素	[11]
2	芦丁	[11]
3	金丝桃苷	[11]
4	槲皮苷	[11]
5	异槲皮苷	[11]
6	quercetin-3-O-sambubioside	[11]
7	kaempherol-3-O-sambubioside	[11]
8	quercetin-3-O-α-L-arabinopyranosyl-(1→2)-β-D-glucopyranoside	[11]

杜仲叶中黄酮类物质含量较高，在抗氧化、抗癌、预防吸血管疾病等方面具有显著效果。

杜仲叶中含有丰富的杜仲胶[12]，叶片的含胶量为 3%～5%，其主要化学组成为反式-1,4-聚异戊二烯(图 2-22)，是天然橡胶的同分异构体，但两者微观结构的差异导致了完全不同的宏观性能。天然橡胶是优良的弹性体，而杜仲胶是一种结晶硬质塑料。生物合成的杜仲胶具有独特的组成、结构和性能特点。其分子链以酯基封端，富含双键；柔性链及其有序性赋予其良好的结晶能力；T_g=-60~70 ℃，T_m=50~60 ℃，显示出横跨塑料-热塑性弹性体-橡胶的性能特点。

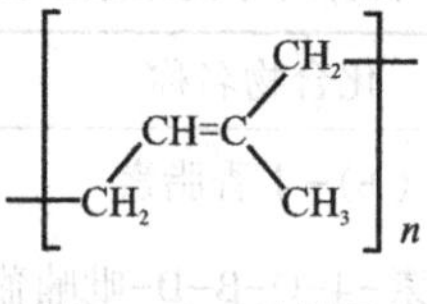

图 2-22　杜仲胶

杜仲叶中含有丰富的多糖，黄伟等[13]采用热水提取、用 Savage 法除蛋白，过氧化氢法脱色得到杜仲叶粗多糖。经 Sepharose CL-6B 分离纯化得到杜仲多糖的一个组分 EOP-1，通过 HPSEC 分析其纯度及测定分子量，表明该多糖约为 $6.0×10^5$。部分酸水解和甲基化分析，结合 GC-MS 测试手段，对杜仲多糖 EOP-1 的糖链结构进行了研究。结果显示：EOP-1 的糖残基主要由 D-GalpA、D-Glcp、D-Galp、L-Araf 和 L-Rhap 组成，主链由 1,4-D-GalpA 连接，为半乳糖醛酸聚糖，侧链主要由 1,4-D-Galp、1,6-D-Galp、1,5-L-Araf、1,2-L-Rhap 构成，其相对摩尔百分比为 45.11∶35.9∶0.9∶10.5∶6.9。

此外，杜仲叶中还有一些萜类、糖苷等化合物[14,15]。

2.5　杜仲叶中化学成分的提取

2.5.1　绿原酸

邓爱华等[16]采用有机溶剂萃取杜仲叶中的绿原酸，研究乙醇质量分数、固液比、提取温度、提取时间和提取次数等因素对绿原酸提取率的影响。在单因素试验的基础上优选试验因素与水平，根据中心组合试验设计原理，采用三因素三水平响应面分析法，拟合实验因素与响应值的多元二次方程，并对各因素的显著性及交互作用进行分析，运用 Design-Expert 8.0 Trial 软件优化得到提取杜仲叶中绿原酸的工艺最佳参数。结果表明：在料液比1∶11、40%乙醇、提取温度 61.4 ℃的条件下，绿原酸提取率为 0.872 8%。

王柏强等[17]优化杜仲叶中绿原酸的超声提取工艺。在单因素考察基础上，以乙醇体积分数、固液比、提取次数和提取时间为考察因素，以绿原酸提取率为指标，优选杜仲叶中绿原酸的超声提取工艺。结果最佳提取工艺乙醇体积分数为 60%，固液比为 1∶10，提取次数为 3 次，提取时间为每次 50 min。

李肖睿[18]选用酶法对杜仲叶中的绿原酸进行提取，对其工艺参数进行优化。实验发现选用纤维素酶适宜于进行绿原酸的提取，经过响应面分析，得到当提取 pH 值为 4.5，酶用量为 553 U/g 的纤维素酶 0.50%，提取温度为 50 ℃，料液比为 1∶8，提取时间为 75 min，连续进行两次提取的时候，绿原酸的提取率最高，可达 53.16 mg/g。

韩建军等[19]采用微波协同酶法提取杜仲叶中绿原酸，通过单因素试验和响应面分析法确定了杜仲叶中绿原酸的最佳提取工艺。结果表明：酶法提取杜仲叶中绿原酸的最佳酶解条件为酶解时间 56 min、纤维素酶用量 4 mg/g、酶解 pH 4.6、酶解温度 46 ℃。在该条件下，绿原酸提取率为 2.39%。

李慧敏等[20]以杜仲绿原酸提取物为原料，考察6种大孔树脂对杜仲提取物中绿原酸的静态吸附与洗脱性能，结合静态吸附动力学结果，确定采用DM-130型大孔树脂纯化提取物中绿原酸。采取响应面法进行动态吸附-洗脱试验，得出最佳纯化工艺：5.5 mg/mL杜仲提取液，以2.5 BV/h流速，上样至DM-130型大孔树脂中吸附，随后采用7.5 BV的55%乙醇溶液，以2.0 BV/h流速洗脱。提取物中绿原酸含量由纯化前134.5 mg/g提高至纯化后341.2 mg/g。

张敏等[21]建立高速逆流色谱(HSCCC)法从杜仲叶中分离纯化绿原酸的方法：将杜仲叶用50%乙醇提取，乙酸乙酯萃取，减压浓缩得粗提物，绿原酸含量为16.15%，再进行HSCCC分离纯化。用HPLC考察了绿原酸在不同溶剂体系中的分配情况，选择正丁醇-乙酸乙酯-水(3:1:4)为HSCCC为溶剂体系，上相为固定相，下相为流动相，主机转速850 r/min，流速2 mL/min，检测波长327 nm。结果：从100 mg杜仲粗提物中分离到8.27 mg绿原酸，经HPLC分析绿原酸质量分数为86.20%。

2.5.2　桃叶珊瑚苷

李基铭等[22]优化杜仲籽中桃叶珊瑚苷的提取工艺。以提取液中桃叶珊瑚苷浓度为响应值，在单因素考察的基础上，采用Box-Behnken Design响应面法，对甲醇体积分数、提取时间和料液比3个因素进行优化。结果优化后的提取条件：甲醇体积分数100%，提取时间40 min，液料比9.43 mL/g，该条件下桃叶珊瑚苷的提取浓度达到最大值(1.45 mg/mL)，与理论值基本符合。将桃叶珊瑚苷的提取率从优化前的9.6 mg/g提高到29.0 mg/g，提取率提高了2倍。

刘军海等[23]以杜仲叶为原料，丙酮-水体系作溶剂对桃叶珊瑚甙提取工艺进行了研究，采用单因素试验和正交试验法对桃叶珊瑚甙的提取工艺条件进行优化。研究表明，桃叶珊瑚甙提取的最佳工艺条件为：丙酮浓度50%，提取温度65 ℃，提取时间1 h，料液比1:16，在中性条件下提取两次。在最佳工艺条件下，桃叶珊瑚甙提取率1.86%，提取物得率16.93%，纯度为11.0%。

彭胜等[24]建立了由高分子化合物聚乙二醇(PEG4000)与葡聚糖40000(D40)形成的双水相体系萃取分离杜仲叶中桃叶珊瑚甙的新方法。考察了萃取体系相图，研究了PEG4000/D40质量分数、样品溶液加入量、pH值和温度等因素对双水相成相及桃叶珊瑚甙萃取率的影响。结果表明：PEG4000的质量分数为11%，D40质量分数为8%、样品溶液加入量为8 g，温度为60 ℃，溶液pH为7时，双水相体系对桃叶珊瑚甙有较高的萃取率，重复三次可达到66.32%，而且萃取得到的桃叶珊瑚甙产品的纯度达到48.67%，远远高于粗提物中的8.750%。

2.5.3　黄酮

黄酮类的提取方法主要有水提法、溶剂法、超声波提取法、微波提取法、超临界CO_2萃取法、酶解法和半仿生提取法等。

王颖等[25]为优化杜仲黄酮得率，通过脱胶预处理的杜仲树叶为材料，运用超声-微波协同提取方法(UMAE)，由单因素实验及响应面法考察UMAE提取工艺条件，结果显示：UMAE 的最佳提取条件为乙醇浓度 58%，液料比 70∶1（mL∶g），温度 75 ℃，微波功率 420 W，时间 6 min，此时粗黄酮得率为 11.80%±0.09%。

邓佑林等[26]探讨半仿生法及超声波辅助半仿生法提取杜仲黄酮的实验条件。半仿生法考察提取温度、提取时间、料液比对黄酮提取率的影响。以半仿生法提取在超声波协同作用的基础上，采用正交试验、单因素考察超声时间、超声温度、料液比对黄酮提取率的影响。结果表明：半仿生法在提取时间 1.5 h，提取温度 60 ℃，料液比 1∶20（g∶mL）时，黄酮提取率高达 325.0 mg/g；超声波辅助法提取的最佳条件为时间 50 min，温度 65 ℃，料液比 1∶40（g∶mL），黄酮提取率为 264.4 mg/g。

刘桂萍等[27]以杜仲叶粉末为原料，通过单因素试验和正交试验确定了微波辅助提取杜仲叶总黄酮的最佳工艺条件。结果表明：微波辅助水提取杜仲叶总黄酮工艺最佳参数为料液比 1∶25（g∶mL），微波功率 320 W，提取时间 2.5 min，提取 3 次。在此最佳条件下，总黄酮提取率可达 8.7%。

许先猛等[28]利用超声法对杜仲叶中总黄酮的提取工艺进行研究。单因素考察超声功率、超声时间、乙醇浓度、料液比、提取次数等因素对总黄酮得率的影响，并用正交试验对总黄酮的提取工艺条件进行优化。结果表明，杜仲叶总黄酮最佳提取工艺条件为：超声功率 600 W，超声时间 30 min，乙醇浓度 60%，料液比 1∶15（g∶mL），提取 2 次，在最佳条件下总黄酮得率为 2.04%。

王华芳等[29]利用响应面分析法（RSA）对杜仲叶总黄酮提取工艺进行优化，通过了三因素三水平 17 组实验，考察了萃取温度、压强和时间对黄酮提取含量的影响。通过二次项回归方程分析，预测出最佳萃取工艺条件，即温度 51 ℃，压强 31.15 MPa，时间 90 min，最高总黄酮含量为 45.86 mg/g。在最佳工艺条件下进行验证试验，所得总黄酮的含量为 45.82 mg/g，与预测结果吻合。

董兴叶等[30]以杜仲叶为原料，采用亚临界萃取法提取黄酮类化合物，通过单因素及正交试验确定亚临界萃取的最优工艺条件。在最优的工艺下提取黄酮类化合物，并与超声波法提取黄酮类化合物得率进行对比。研究表明，亚临界萃取的最优条件为：提取温度 120 ℃、提取时间 30 min、料水比（g∶mL）1∶25、压力 1.0 MPa，此工艺条件下黄酮类化合物得率可达（3.09±0.06）%，超声波法黄酮类化合物得率仅为（2.17±0.05）%。亚临界萃取法能够大幅度提高黄酮类化合物的得率。

付桂明等[31]应用大孔吸附树脂对杜仲叶超临界法提取液中的黄酮类物质进行富集和纯化，得到树脂富集杜仲叶黄酮的最优工艺条件。对 4 种大孔吸附树脂 NKA-2、X-5、D101、AB-8 的吸附和解吸能力进行比较的结果表明：AB-8 树脂的吸附率和解吸率都最高，最佳吸附洗脱工艺为上样液黄酮质量浓度 193.92 mg/mL、pH 2、吸附流速 2.6 mL/min、洗脱流速 1.6 mL/min、解吸剂 80%乙醇用量 30 mL。所得洗脱液中黄酮质量分数从纯化前的 10.2%可增加到纯化后的 42.6%以上。

2.5.4 木脂素

付桂明等[32]采用离子液体（ILs）超声波辅助法提取杜仲皮总木脂素，考察了 ILs 种类、料液比、溶剂浓度、提取温度、提取时间、浸泡时间、提取次数对杜仲皮总木脂素得率的影响,采用响应面法优化提取工艺。结果表明,超声波辅助离子液体提取杜仲皮总木脂素的最佳工艺为 0.87 mol/L 的离子液体溶液,液料比 18∶1(mL∶g),浸泡时间 2 h,提取 1 次,提取温度 54 ℃,提取时间 30 min,总木脂素得率 11.03%。此法快速、高效、简单、重现性好。

史丽娟等[33]采用 Plackett-Burman 实验设计筛选出提取杜仲总木脂素的主要影响因素:乙醇体积分数、提取时间和提取温度。以得率为指标,应用响应面分析法优化得到最佳工艺条件。结果最佳工艺为乙醇体积分数 62%,提取时间 113 min,提取温度 72 ℃,杜仲皮粉碎程度 40 目,液料比 10∶1,提取次数 2 次。应用优选所得工艺提取制备杜仲总木脂素,所得总木脂素得率较高。

邓翀等[34]采用正交试验设计,超声提取,以提取时间、甲醇浓度、溶媒用量为因素,采用紫外分光光度法对杜仲木脂素含量进行检测,确定最佳提取条件。结果优选的最佳工艺条件为:甲醇浓度 75%,溶媒用量为 8 倍,提取时间 40 min。为杜仲总木脂素进一步研究提供了参考。

柳娜[35]对杜仲中木脂素类化合物松脂醇二葡萄糖甙(PDG)和丁香脂素二葡萄糖甙(SDG)进行分离纯化工艺研究。首先采用溶剂萃取法进行一次纯化,再采用大孔吸附树脂优化纯化工艺,最后采用硅胶柱色谱法同时分离、纯化杜仲中松脂醇二葡萄糖甙和丁香脂素二葡萄糖甙,采用反相高效液相色谱法跟踪检测纯度。纯化后得到两种晶体,经过 UV、IR、MS 和 1HNMR 定性分析确定为松脂醇二葡萄糖甙和丁香脂素二葡萄糖甙,其纯度分别为 90.86%和 91.73%,回收率分别为 42.14%和 47.17%。该纯化方法能获得高纯度的松脂醇二葡萄糖甙和丁香脂素二葡萄糖甙,操作简单、成本低。

2.5.5　多糖

刘军海等[36]针对杜仲叶多糖的提取,通过单因素试验选取试验因素与水平,根据 Box-Benhnken 的中心组合试验设计原理,在单因素试验的基础上采用三因素三水平的响应面分析法,依据回归分析确定各工艺条件的影响因素,以多糖提取率为响应值作响应面和等值线图。结果表明,杜仲叶多糖水浸提的最佳工艺条件为提取温度 84 ℃,浸提时间 1.3 h,料水比 1∶14.3。浸提 1 次,杜仲叶多糖的提取率达到 1.775 6%。

董娟娥等[37]研究杜仲叶酸性多糖的提取分离工艺及其含量测定的简便方法。结果表明,以提取过药用有效成分后的杜仲叶为原料提取酸性多糖的较佳工艺条件是 1.0%的碱水在 100 ℃下提取 2 次,每次 2 h,提取液经大孔吸附树脂处理,多次醇沉等步骤分离的酸性多糖含量可达到 41.46%。

夏树林等[38]探讨超声波提取杜仲叶中多糖的最佳提取条件,在单因素试验的基础上,设计正交试验优化多糖提取条件,结果超声波提取多糖的最佳工艺为提取温度为 80 ℃,提取时间 40 min,料液比为 1∶35,提取次数为 2 次。

齐善厚等[39]通过对杜仲叶多糖闪式提取的工艺过程进行研究,发现提取次数、时间、电压、料液比例对提取率均有不同程度的影响,通过试验得到的优化提取工艺参数为料液比 1∶30,提取电压 160 V,提取时间 60 s,提取次数 2 次,在此条件下,杜仲叶多糖提取率可以达到 3.36%。

龚桂珍等[40]采用5种大孔树脂、活性炭粉末和双氧水对杜仲叶多糖进行脱色研究。结果表明,S-8大孔树脂的脱色效果较好,在杜仲叶多糖浓度为2%,脱色速度为0.75 mL/min的条件下,脱色率为97.44%,多糖保留率为85.27%,可脱至无色。活性炭粉末的脱色效果也较好,在活性炭粉末添加量为2%,脱色温度为60 ℃,脱色时间50 min的条件下,多糖脱色率达到92.29%,保留率为96.03%。但双氧水脱色,杜仲叶多糖氧化分解严重。

2.5.6 杜仲胶

杜仲胶存在于杜仲树的树叶的含胶细胞中。纤维素、半纤维素与木质素紧密结合、相互缠绕构成粗纤维,构成含胶细胞细胞壁的主要成分;含胶细胞间存在着果胶质、淀粉和低聚糖等,此外还有大量植物生长和代谢过程中所需的酶蛋白;杜仲叶表面的角质层由角质和蜡质两类化合物组成。这些天然有机高分子化合物包围在固体杜仲胶周围,成为杜仲胶提取的屏障。因此,杜仲胶的提取必须采用物理、化学或生物方法破坏上述植物组织结构后,才能进行杜仲胶的提取。同时,为保证杜仲胶的质量,提取过程尽量避免提取过程中强的力学作用、强碱浸泡、长时间发酵氧化等过程导致的杜仲胶分子结构和聚合度的变化,从而破坏其原有的物理、化学性能。目前,杜仲胶的提取方法主要有溶剂抽提法、微生物发酵法、生物酶解法和综合法[41]。

谢娟平等[42]采用碱浸法和溶剂法结合法,从预处理后的杜仲叶中提取杜仲胶并利用溶解度差异对其进行纯化。采用正交实验对提取中的影响因素碱浓度、提取温度和提取时间进行考察,采用单因素实验对纯化溶剂进行考察。结果碱浓度15%,提取温度100 ℃,提取时间2.5 h为提取杜仲胶的最佳工艺条件;在最佳条件下,石油醚对杜仲胶的纯化效果最好,汽油次之,但两者相差不大,乙醇最低。

任涛等[43]为了优化杜仲胶提取工艺,以酶解液中的总糖含量和酶解杜仲胶的提取率为试验考察指标,来确定纤维素复合酶预处理杜仲叶残渣的生产工艺条件。试验结果表明:纤维素复合酶预处理杜仲叶残渣的最佳工艺条件为pH值5.5,温度50 ℃,酶用量为1.6 mg/g,料液比为1∶15(g∶mL),酶解4 h。与非酶解原料相比,杜仲叶残渣经酶解预处理后胶提取率是未经酶解的1.49倍。

王聪等[44]采用高温蒸煮结合溶剂提取法提取杜仲叶中杜仲胶,并通过单因素实验对提取工艺条件进行了优化。结果表明,首先在150 ℃加入9%的NaOH高温蒸煮4 h,使杜仲叶中的纤维素、木质素等物质分解;再依次用乙醇、石油醚提取,杜仲胶提取率为2.96%、纯度为86.61%。此方法可降低溶剂用量、减少环境污染。

袁英髦等[45]对超声波辅助提取杜仲皮中的杜仲胶和杜仲黄酮进行了研究。通过筛分和风选方式分选物料,分别提取胶和黄酮,使杜仲有效成分得到较大利用。研究超声频率、功率、提取时间和物料质量浓度对杜仲胶提取量的影响。结果表明:频率40 kHz时提取效果较好,提取量随功率、时间的增加和物料质量浓度的减少而提高。空气压缩机风速为4.9 m/s时,物料分选效果和1 mm筛选效果近似,通过前期分选,杜仲胶和杜仲黄酮没有损失,将杜仲粉碎后,粉末中杜仲胶的含量远小于絮状物中杜仲胶含量,并且先提取杜仲胶再提黄酮,更有利于杜仲胶和杜仲黄酮的利用。

2.6　杜仲叶中化学成分的生理功能

杜仲叶具有降血压、调节血脂、防治骨质疏松、降血糖、镇静安神和抗疲劳等生理功能。

2.6.1　降血压

根据近年来的研究进展，杜仲叶中含有的降压成分大致分 4 类：木脂素类、苯丙素类、环烯醚萜类、黄酮类。其中木脂素类化合物是杜仲化学成分中研究最多、组成成分最明确的一类化合物[46]。

宁康健等[47]探讨不同剂量的杜仲嫩叶和老叶水提醇沉液对兔血压及心率的影响。采用动脉血压直接测定法，通过 BL-410E 生物信号采集处理系统，记录用药前后兔收缩压、舒张压及心率的变化。结果静脉注射 1、3、5、7 g/kg 剂量的杜仲皮、嫩叶和老叶水提醇沉液均使收缩压和舒张压显著降低，心率减慢。表明不同剂量的杜仲皮、嫩叶和老叶的水提醇沉液均有降压和减慢心率的作用。

雷燕妮等[48]探讨杜仲叶总黄酮降血压作用。采用微波辅助法制备杜仲叶总黄酮，对其含量和组成进行分析检测，并在建立的高血压动物模型上，检验杜仲叶总黄酮对实验性高血压大鼠的血压作用效果。结果与高血压模型相比，其能显著降低实验性高血压大鼠的血压水平。表明杜仲叶总黄酮具有较好的降血压作用。

对杜仲降压机制，目前认为可通过调节激素水平、辅助神经调节、改善内皮功能和调节钙离子通道发挥作用，此外，杜仲功能成不仅具有较好的降压效果，还能改善高血压引起的靶器官损伤分。

许激扬等[49]观察杜仲木脂素部位（EUL）对血管的舒张作用并探讨其机制。以大鼠胸主动脉为标本，观察 EUL 对 NE，KCl 预收缩血管的舒张作用及对血管内皮细胞、血管平滑肌作用的影响。结果表明：EUL 能显著舒张 NE 预收缩的血管，内皮去除后，该作用明显降低；KCl 收缩下，EUL 对主动脉环无明显舒张作用。去内皮的血管，EUL 对 NE 在无 Ca^{2+} 液中收缩幅度没有影响；使 NE 的量效曲线非平行右移，最大反应降低。钾通道阻断剂格列本脲孵育后能明显抑制 EUL 的舒血管作用。表明杜仲木脂素部位有明显的舒血管作用，其机制与内皮依赖性有关。同时 ATP 敏感性 K^+ 通道也参与了 EUL 的舒血管作用。

阿魏酸、咖啡酸能通过降低血浆中内皮素的浓度，直接拮抗其生物作用和抑制 HSP70 的基因表达来降低血压，并且阿魏酸还能够清除与 NO 反应的超氧阴离子，增加 NO 浓度进而引起血管舒张[50]。

槲皮素能够激活血管平滑肌的钙激活性钾通道，诱导细胞超极化，抑制 Ca^{2+} 内流以及胞内 Ca^{2+} 的释放，从而引起血管舒张，血压降低。有研究表明，汉黄芩素和木蝴蝶素 A 也可通过同时抑制细胞内 Ca^{2+} 的释放和细胞外 Ca^{2+} 的内排降低胞内 Ca^{2+} 浓度，产生舒张血管作用[51]。

2.6.2　调节血脂

马伟等[52]为了探讨杜仲茶的辅助降血脂功能，采用混合型高脂血症动物模型，包括空白对照组、模型对照组，将受试物样品随机分成低、中、高 3 个剂量组，分别为 0.25、

0.50、1.50 g/(kg·d),每周定期称量体重,给受试样品后 40 d 不禁食采血,采血后分离血清,测定血清 TC、TG、LDL-C、HDL-C。结果表明:低、中、高 3 剂量组大鼠体重分别和模型对照组比较,差异均无统计学意义($P>0.05$),高剂量组血清 TC、TG 含量均明显低于模型对照组,差异均有统计学意义($P<0.05$),各剂量组血清 LDL-C、HDL-C 含量和模型对照组比较,差异均无统计学意义($P>0.05$)。说明杜仲茶具有辅助降血脂功能。

雷燕妮等[53]探讨杜仲叶总黄酮降血脂作用。采用微波辅助法制备杜仲叶总黄酮,对其含量和组成进行分析检测,并在建立的高血脂动物模型上,检验杜仲叶总黄酮对实验性高血脂大鼠的血脂指标的作用效果。与高脂模型组相比,杜仲叶总黄酮能显著降低高血脂大鼠血清中总胆固醇、甘油三酯、脂蛋白、载脂蛋白 B 及低密度脂蛋白胆固醇的含量,显著升高高密度脂蛋白胆固醇及载脂蛋白 A 的含量,表明杜仲叶总黄酮具有较好的降血脂作用。

雷燕妮等[54]探究商洛杜仲叶多糖对高血脂模型小鼠脂质代谢的影响,以昆明种小鼠为实验动物。随机分成 6 组:空白对照组、模型对照组、阳性对照组及低剂量(50 $mg/kg_{体重}$)、中剂量(100 $mg/kg_{体重}$)和高剂量(150 $mg/kg_{体重}$)杜仲叶多糖组,每组 15 只。空白对照组给予基础饲料,后 5 组喂以高脂饲料,将小鼠灌胃杜仲叶多糖 4 周后,分别测定各组小鼠血清和肝脏组织中脂质水平。结果表明:杜仲叶多糖能够明显降低小鼠血清总胆固醇(TC)、甘油三酯(TG)、低密度脂蛋白胆固醇(LDL-C)、脂蛋白 a(Lp-a)和载脂蛋白 B(Apo-B)水平、动脉硬化指数(AI)和冠心指数(R-CHR),肝脏组织中 TC、TG 含量亦有明显降低。同时,血清中高密度脂蛋白胆固醇(HDL-C)和载脂蛋白 A(Apo-A)水平明显升高。在高脂膳食条件下,杜仲叶多糖能够起到降低血清中血脂水平和肝脏中脂质代谢的作用,具有良好的降血脂作用,其中以中剂量组降血脂效果最好。

王建辉等[55]开展杜仲绿原酸对高脂高胆固醇诱导的高血脂模型小鼠脂质代谢的影响研究。以昆明小鼠为实验动物,随机分成 5 组:阴性对照组、模型对照组以及低剂量(25 $mg/kg_{体重}$)、中剂量(50 $mg/kg_{体重}$)、高剂量(100 $mg/kg_{体重}$)杜仲绿原酸组,每组 10 只。后 4 组喂以高脂饲料,将小鼠灌胃杜仲绿原酸 4 周,分别测定各组小鼠血清和肝脏脂质水平及血清和肝脏的抗氧化酶活性和脂质过氧化产物 MDA 含量。研究发现:杜仲绿原酸显著降低小鼠血清 TC、TG、LDL-C 水平、动脉硬化指数和冠心指数,肝脏 TC、TG 含量亦有显著降低,血清和肝脏中 MDA 生成下降,抗氧化酶活性增加。研究表明:在高脂膳食条件下,杜仲绿原酸能够有效地降低血脂和肝脏脂质的积累,提高血清和肝脏抗氧化水平,具有明显的调节脂质代谢作用,其中以中剂量降血脂效果相对最佳。

2.6.3 强筋健骨

近年来大量研究表明,杜仲对骨髓间充质干细胞增殖与骨向分化以及骨代谢平衡具有良好的调节作用;能提高骨密度、抑制骨吸收,有效防治骨质疏松症;对力竭运动小鼠的肝脏和骨骼肌具有保护作用;同时还具有促进纵骨生长和防治骨性关节炎等作用。

方宁等[56]研究不同浓度杜仲叶提取物对成骨细胞增殖及骨钙素表达的影响。取新生 SD 大鼠(<24~48 h,6 只)通过酶消化法分离出乳鼠原代成骨细胞;用碱性磷酸酶染色进行成骨细胞鉴定;先用无血清无酚红培养基饥饿 SD 大鼠成骨细胞 2 h 后,再给予五组浓度梯度杜仲提取物(0、10、50、100 mg/mL)对 SD 大鼠成骨细胞进行干预、其中以浓度

为 0 mg/mL 设为对照组，继续培养 48 h 后用 MTT 方法检测细胞增殖情况；同上步骤，用 Western bolt 分别检测五组浓度杜仲叶影响骨钙素（OC）的表达水平。结果碱性磷酸酶染色后的 SD 大鼠成骨细胞呈紫红色；MTT 法结果显示：与对照组相比，杜仲叶提取物对成骨细胞的增殖具有促进作用（$P<0.05$），且具有浓度依赖性，其中浓度以 50 mg/mL 最为显著（$P<0.01$）。Western bolt 结果显示各加药组与对照组比较，骨钙素蛋白表达水平均有显著的升高（$P<0.05$），同时也具有一致的浓度依赖性。表明杜仲叶提取物通过影响骨钙素表达对成骨细胞增殖具有促进作用，并具有浓度依赖性。

王大为等[57]将杜仲的水提液及水提液的不同萃取物和 UMR106 成骨样细胞体外共同培养，用 MTT 法检测细胞增殖，结果水提液在 0.4 mg/mL 培养 48 h 具有最强的促进细胞增殖作用，其乙酸乙酯萃取物和正丁醇萃取物对细胞增殖有一定促进作用，但无显著性差异，而乙酸乙酯和正丁醇萃取后的剩余水层仍保留与原水提液相似的促进细胞增殖作用。表明杜仲中性大部分可能含有直接作用于成骨细胞的活性成分。

梁翔等[58]观察杜仲含药血清对骨髓基质细胞（BMSCs）增殖、成骨分化的影响，探讨其促进骨折愈合的细胞学机制。方法：SD 大鼠 18 只，随机分为杜仲水提物、醇提物和对照组，每组各 6 只，分别灌胃相应药物取含药血清，观察各含药血清时 BMSCs 的影响，进行碱性磷酸酶染色、茜素红染色观察和碱性磷酸酶比活性、骨钙素含量测定。结果：碱性磷酸酶染色、茜素红染色除空白对照组外均有钙复合物形成，碱性磷酸酶比活性、骨钙素含量空白较对照组高。结论：杜仲有促进 BMSCs 增殖和成骨分化的作用。

蔡险峰等[59]研究杜仲叶活性部位Ⅰ对人体骨代谢平衡的多靶位双重调控作用。为补肾壮骨中药临床防治骨质疏松症（OP）提供理论依据。从杜仲叶 5 个极性不同的提取部位（Ⅰ、Ⅱ、Ⅲ、Ⅳ、Ⅴ）中选取对骨代谢平衡调节最有效部位Ⅰ；建立体外大鼠成骨细胞培养、肾细胞培养以及两种细胞共培养实验模型，加入高、中、低剂量杜仲叶活性部位Ⅰ培养；生物化学法测定成骨细胞早期特异性分泌的 ALP 活性，ABC-ELISA 法测定肾细胞 OPG 和成骨细胞 OPG 与 ODF 的分泌量；RT-PCR 技术检测 OPG 基因 mRNA 转录量。结果杜仲叶活性部位Ⅰ促成骨作用表现剂量依赖性。对成骨细胞作用明显的剂量是 10^{-3} g/mL（$P<0.05$），对肾细胞作用明显的剂量是 10^{-4} g/mL（$P<0.05$）。成骨细胞与肾细胞共培养的最佳比例是 2∶1。表明杜仲叶活性部位Ⅰ在成骨细胞、肾细胞不同靶部位对人体骨代谢平衡具有双重调控作用。

张艳红等[60]观察杜仲水提取物和醇提取物对大鼠骨髓间充质干细胞（MSCs）成骨分化的影响。将 SD 大鼠骨髓细胞体外培养并传代 3 次后进行成骨化诱导，诱导物分为水/醇提取物的 10^{-2}、10^{-3}、10^{-4} 和 10^{-5} 4 个稀释度。诱导 6 d 后，测定细胞增殖活力和细胞碱性磷酸酶（ALP）活性，14 d 后水溶性茜素红 S 染色法钙化测定结节形成。结果杜仲水/醇提取物对 MSCs 的增殖活力均无明显影响，对 ALP 活力均有上调作用。水/醇提取物在 $10^{3}\sim10^{5}$ 稀释度下，对钙化结节的形成具有显著刺激作用，醇提取物对 ALP 活性和钙化结节形成的促进作用大于水提取物。表明杜仲水/醇提取物能促进骨髓 MSCs 成骨分化，醇提取物的作用大于水提取物。

牟丽秋等[61]对杜仲抗骨质疏松的药效成分进行初步筛选。采用小鼠成骨细胞 MC3T3-E1 体外培养模型，通过 MTT 法测定细胞增殖，ELISA 方法测定碱性磷酸酶

(ALP)活性,观察杜仲中槲皮素、京尼平苷及桃叶珊瑚苷对成骨细胞增殖和分化的影响。结果槲皮素促 MC3T3-E1 细胞增殖的有效浓度为 10^{-6} mmol/L,桃叶珊瑚苷则为 10^{-5} mmol/L;10^{-4} μmol/L 京尼平苷在干预后 4 d,才逐渐显现出促进 $MC3T_3$-E1 增殖作用。槲皮素(10^{-5}、10^{-3} mmol/L)、京尼平苷(10^{-3} mmol/L)和桃叶珊瑚苷(10^{-3} mmol/L)可增加 $MC3T_3$-E1 ALP 活性。表明槲皮素、京尼平苷和桃叶珊瑚苷可促进成骨细胞的增殖和分化,且作用强度具有浓度相关性和时间相关性。

刘跃辉等[62]观察杜仲叶醇提取物对去卵巢骨质疏松大鼠骨代谢生化指标、骨密度、白细胞介素-6(interleukin-6,IL-6)和肿瘤坏死因子-α(tumor necrosis factor-α,TNF-α)的影响。将 90 只清洁级 SD 雌性大鼠随机分为对照组、假手术组、模型组、雌激素组和杜仲叶组各 18 只。模型组、雌激素组和杜仲叶组大鼠做去卵巢处理,假手术组同样手术但不切除卵巢。术后 4 周,对照组、假手术组和模型组大鼠给予蒸馏水灌胃;雌激素组大鼠给予戊酸雌二醇灌胃(0.6 mg/kg);杜仲叶组大鼠给予杜仲叶醇提取物灌胃(6 g/kg),每天 1 次,连续 8 周。检测所有大鼠血清钙、磷、尿钙、磷、骨碱性磷酸酶(bone alkaline phosphatase,BALP)、骨钙素、雌二醇、IL-6 和 TNF-α 水平,并测定骨密度。结果:与对照组和假手术组比较,模型组大鼠尿 Ca/Cr、P/Cr、BALP、骨钙素、IL-6、TNF-α 均显著升高,血清雌二醇含量和骨密度显著降低,差异均有统计学意义($P<0.05$);与模型组比较,雌激素组和杜仲叶组大鼠尿 Ca/Cr、P/Cr、BALP、骨钙素、IL-6、TNF-α 均显著降低,血清雌二醇含量和骨密度显著升高,差异均有统计学意义($P<0.05$)。表明杜仲叶醇提取物对去卵巢骨质疏松大鼠具有较好的疗效,其作用机制可能与降低血清 IL-6、TNF-α 含量,调节骨代谢平衡,提高骨密度有关。

2.6.4 降血糖

田吉等[63]观察杜仲叶的降血糖作用。通过腹腔注射链脲佐菌素(STZ)制造小鼠的糖尿病模型,研究杜仲叶灌胃给药对正常动物和模型动物血糖的影响。结果:杜仲叶能拮抗 STZ 诱导的小鼠高血糖,明显降低糖尿病小鼠的空腹血糖。表明杜仲叶对糖尿病小鼠显示出良好的治疗作用。

刘国荣等[64]研究杜仲多糖对四氧嘧啶致糖尿病小鼠的降血糖作用。将四氧嘧啶致糖尿病小鼠实验随机分为 6 组,分别用生理盐水、消渴丸、低剂量(100 mg/kg)、中剂量(200 mg/kg)和高剂量(400 mg/kg)杜仲多糖给药,连续给药 10 天。末次给药后再次测定小鼠的血糖水平、体重,然后将小鼠眼球取血后迅速颈椎脱臼处死,解剖取胸腺和脾脏分别计算其胸腺指数与脾脏指数,并测定血清 MDA、SOD、NO、NOS。结果杜仲多糖能有效降低四氧嘧啶致糖尿病小鼠的血糖,相对于模型组杜仲多糖组的血糖和体重下降减少,胸腺指数和脾脏指数都有所升高,MDA、NO 降低,SOD、NOS 升高。表明杜仲多糖对四氧嘧啶致糖尿病小鼠有一定的降血糖作用。

邢冬杰等[65]探讨杜仲叶黄酮对糖尿病大鼠血糖控制及对胰岛细胞的保护作用。链脲佐菌素复制糖尿病大鼠模型,模型大鼠分为 4 组,即模型组、阳性药物组(格列本脲,10 mg/kg)、杜仲叶黄酮(2.5、5.0 g/kg)组,并设立正常组。给药,每日 1 次,连续28 d,取血测定大鼠空腹血糖(FBG)、游离胰岛素(FINS)水平,并行口服葡萄糖耐量试验

(OGTT);部分胰组织制备组织匀浆后测定超氧化物歧化酶(SOD)、谷胱甘肽过氧化物酶(GSH-Px)及丙二醛(MDA)的含量;部分胰腺组织制作病理切片及HE染色,镜下观察胰岛形态及细胞数。结果与正常组比较,模型组大鼠的FBG显著升高,FINS下降,糖耐量降低,胰腺组织中的SOD及GSH-Px水平降低,MDA水平升高,病理切片显示胰岛明显发生萎缩($P<0.01$);与模型组比较,杜仲叶黄酮能明显降低糖尿病大鼠胰腺组织中MDA水平、提高SOD及GSH-Px水平,并能降低大鼠的FBG,改善糖耐量,提高FINS水平($P<0.01$,$P<0.05$),病理切片显示大鼠的胰岛面积增加、细胞数明显增多($P<0.01$,$P<0.05$)。表明杜仲叶黄酮可明显降低糖尿病大鼠的血糖,改善糖耐量,增加FINS水平,对胰岛细胞具有保护作用,推测降低氧化应激反应是其机制之一。

2.6.5　抗氧化

彭密军等[66]以维生素C为阳性对照,对杜仲素和高纯绿原酸清除羟自由基(·OH)、超氧阴离子自由基($O^{-2\cdot}$)及1,1-二苯基-2-苦苯肼自由基(DPPH自由基)活性进行研究,并通过计算清除率比较清除各种自由基活性的效果。结果表明:杜仲素在不同自由基体系中抗氧化活性不同,清除自由基能力为$O^{-2\cdot}$>DPPH自由基>·OH,对3种自由基的最大清除率依次为95.85%、75.31%和31.10%。因此,杜仲素具有较强的抗氧化作用。

张强等[67]测定杜仲叶水提取物及其氯仿、乙酸乙酯、正丁醇萃取物和萃余相的DPPH自由基清除活性、羟自由基清除活性、抗氧化活性、金属离子络合力和还原力,并与抗氧化剂BHT、维生素E以及维生素C的抗氧化活性比较;同时测定杜仲叶萃取物中的总酚含量。结果发现:乙酸乙酯相和正丁醇萃取物总酚含量远大于水提取物,含量依次为465.1 mg/g和286.4 mg/g。二者在亚油酸乳浊液中抗氧化活性高于维生素E,接近BHT;DPPH自由基清除活性接近维生素C,显著高于BHT;正丁醇萃取物对羟自由基清除活性接近维生素E;乙酸乙酯萃取物对三价铁离子还原力高于BHT和维生素C;但是所有样品对二价铁离子络合力均较低。此结果表明乙酸乙酯和正丁醇可以富集杜仲叶抗氧化成分,杜仲叶提取物具有发展为抗氧化剂的潜力。

李文娜等[68]比较杜仲叶绿原酸提取物(ECE)与绿原酸和维生素C的体外抗氧化活性。维生素C、绿原酸为对照,测定ECE对二苯代苦味酰肼自由基(DPPH·)、超氧阴离子自由基($O^{2-\cdot}$)、羟基自由基(·OH)、烷基自由基的清除率及抑制大鼠红细胞氧化溶血的作用。结果:ECE对DPPH·、$O^{2-\cdot}$、·OH和烷基自由基的清除能力较好,其清除上述自由基的IC50值分别为14.0、38.3、61.1、648.7 μg/mL,均小于绿原酸和维生素C的相应值,但ECE对红细胞氧化溶血的抑制效果不如绿原酸和维生素C。表明ECE可作为多功能的天然抗氧化剂。

向灿辉等[69]采用二苯代苦味肼基自由基(DPPH·)和铁离子还原/抗氧化能力(FRAP)测定法,研究了杜仲叶提取物、芦丁的抗氧化活性,并同维生素C进行了比较。结果表明杜仲叶提取物具较强的抗氧化能力,抗氧化能力与总黄酮含量密切相关,在一定浓度范围内呈线性关系,对DPPH·有较强的清除作用,半抑制量EC_{50}为0.022 mg/mL,各样品清除DPPH·能力:维生素C>芦丁>杜仲叶提取液;在FRAP模型中,对铁离子的还原能力强度顺序为维生素C>杜仲叶提取物>芦丁;杜仲叶提取物抗氧化速度小于维生素C大于芦丁。

刘迪等[70]为评价杜仲叶多酚体内和体外抗氧化活性,将杜仲叶经大孔吸附树脂分离、有机溶剂萃取后,得到乙酸乙酯萃取物和正丁醇萃取物两种多酚纯化产物,测定各产物中多酚质量分数,并采用动物试验考察各纯化产物对小鼠丙二醛(MDA)含量、超氧化物歧化酶(SOD)活性和谷胱甘肽过氧化物酶(GSH-Px)活性的影响,以评价不同多酚产物的体内抗氧化活性,同时测定各产物清除羟自由基(·OH)、超氧阴离子自由基($O^{2-}\cdot$)及1,1-二苯基-2-苦苯肼自由基(DPPH·)的作用,以评价不同多酚产物的体外抗氧化活性。结果表明:正丁醇萃取物中多酚质量分数高于乙酸乙酯萃取物;正丁醇萃取物具有更为显著的体内和体外抗氧化活性。

2.6.6 抗疲劳

杨春霞等[71]研究了杜仲叶提取物对训练小白鼠运动性疲劳的影响。通过运动实验与生化指标检测相结合,结果显示,杜仲叶提取物具有一定程度的抗疲劳作用,建议将杜仲叶提取物作为运动营养补剂或运动饮料。

刘静[72]为了研究杜仲叶提取物对力竭运动及恢复小鼠的抗疲劳作用,选取72只ICR小鼠随机分为安静对照组A、安静杜仲叶提取物组B、力竭运动对照组C、力竭运动杜仲叶提取物组D、力竭运动恢复对照组E和力竭运动恢复杜仲叶提取物组F,每组12只,各给药组小鼠每日生药按1.5 g/kg体重剂量以杜仲叶提取物灌胃,各对照组小鼠以蒸馏水灌胃,连续30d后,将C组、D组、E组和F组小鼠置于水中游泳至力竭,记录力竭运动时间。C组和D组小鼠运动后即刻取肝脏、心脏、股四头肌备用。A组和B组不做运动处理,直接取肝脏、心脏、股四头肌备用。E组和F组小鼠恢复24 h后取肝脏、心脏、股四头肌备用。测定小鼠肝脏、心脏、股四头肌SOD、POD活性和MDA含量。显示杜仲叶提取物可以提高力竭运动及恢复状态下小鼠肝脏、心脏、股四头肌中SOD、POD活性,减少MDA生成。表明杜仲叶提取物对力竭运动及恢复小鼠有抗疲劳作用。

刘迪等[73]为了评价杜仲叶分离纯化产物抗疲劳功效,测定经大孔吸附树脂分离纯化后两种分离纯化产物中多酚含量,并采用动物实验评价纯化产物对小鼠负重游泳时间、血乳酸(LA)、血清尿素氮(SUN)、肝糖原和肌糖原以及乳酸脱氢酶(LDH)的影响,比较各纯化产物的抗疲劳功效。结果表明:多酚含量最高的固体纯化产物为EU1Ⅰ(20%乙醇洗脱液纯化产物),多酚含量最低的固体纯化产物为EU1Ⅱ(60%乙醇洗脱液纯化产物);EU1Ⅰ的抗疲劳功效强于EU1Ⅱ;多酚类物质可能为杜仲叶树脂分离纯化产物表现抗疲劳功效的主要功效成分。

杨津等[74]以昆明小鼠为实验对象,研究了杜仲叶黄酮苷的抗疲劳作用及其与抗氧化活性的关系,探讨了杜仲叶黄酮苷的抗疲劳作用机制。其分别对正常对照组和杜仲叶黄酮苷组小鼠进行负重游泳实验,并检测运动后小鼠的肌糖原、肝糖原、全血乳酸(LD)、血尿素氮(BUN)、乳酸脱氢酶(LDH)、谷胱甘肽过氧化物酶(GSH-PX)、超氧化物歧化酶(SOD)和丙二醛(MDA)各项生化指标.结果显示,杜仲叶黄酮苷能显著延长小鼠负重游泳时间,降低血乳酸和血清尿素氮含量,提高肝糖原的含量,降低MDA的含量,提高T-SOD的活性,说明杜仲叶黄酮苷的抗疲劳作用与增加能量储备、减少过度运动后不良代谢物的生成、提高组织的耐受力以及清除运动中产生的大量自由基等作用有关。

夏树林等[75]探讨超声波的杜仲叶中多糖对蟾蜍抗疲劳作用的影响。采用矩形波形式的电刺激，观察不同浓度的杜仲叶多糖对蟾蜍肌肉抗疲劳性能的影响。结果与对照组相比，多糖溶液组明显缩短肌肉达到最大收缩幅度的时间（$P<0.05$），并延缓肌肉疲劳的发生（$P<0.05$；$P<0.01$）。表明杜仲叶多糖具有改善蟾蜍肌肉运动性能的作用。

此外，杜仲叶还具有抗炎、抗病毒、增强免疫力等多种功效。杜仲叶的资源十分丰富，但并未得到有效的开发利用，需要进一步加强其功能作用的深入研究，同时，要更加全面化、系统化、条理化开发出更多的杜仲叶食品、保健品和药品。

参考文献

[1]曾桥，韦承伯.杜仲叶药理作用及临床应用研究进展[J].药学研究，2018，37(8)：482-486.

[2]杜红岩.杜仲活性成分与药理研究的新进展[J].经济林研究，2003，21(2)：58-61.

[3]王翔，胡凤杨，杨秋玲，等.杜仲叶的营养评价及体外抗氧化活性分析[J].2019，40(21)：290-299

[4]贾智若，朱小勇，李兵，等.不同产地杜仲叶挥发油成分的GC-MS分析[J].中国实验方剂学杂志，2013，19(19)：118-121

[5]吴红艳，彭呈军，邓后勤.杜仲叶化学成分研究进展[J].食品工业科技，2019，40(17)：360-364.

[6]叶文峰.杜仲叶中化学成分、药理活性及应用研究进展[J].林产化工通讯，2004(05)：40-44.

[7]左月明，张忠立，王彦彦，等.杜仲叶环烯醚萜类化学成分研究[J].中药材，2014，37(02)：252-254.

[8]成军，白焱晶，赵玉英，等.杜仲叶苯丙素类成分的研究[J].中国中药杂志，2002(01)：42-44.

[9]张忠立，左月明，李于益，等.杜仲叶苯丙素类化学成分研究[J].中药材，2014，37(03)：421-423.

[10]左月明，张忠立，李于益，等.杜仲叶木脂素类化学成分研究[J].时珍国医国药，2014，25(6)：1317-1319

[11]唐芳瑞，张忠立，左月明，等.杜仲叶黄酮类化学成分[J].中国实验方剂学杂志，2014，20(05)：90-92.

[12]杨凤，胡世睿，李东翰，等.杜仲胶的提取方法研究进展[J].高分子材料科学与工程，2020，36(04)：177-182+190.

[13]黄伟，王丽娟，卢孟柱.杜仲叶酸性多糖EOP-1的分离纯化、结构解析[J].功能材料，2014，45(03)：3047-3050.

[14]左月明，蔡妙婷，张忠立，等.杜仲叶化学成分研究[J].中药材，2014，37(10)：1786-1788.

[15]闫建昆，丁丽琴，邱峰.杜仲叶化学成分研究[C].中国化学会.中国化学会第十一届全国天然有机化学学术会议论文集(第四册).中国化学会：中国化学会，2016：21.

[16]邓爱华，李红勇，谢鹏，等.响应面法优化杜仲叶中绿原酸提取工艺[J].经济林研究，2018，36(01)：125-130.

[17]王柏强，刘福，江承平，等.正交试验优化杜仲叶中绿原酸的超声提取工艺[J].中国药

业,2013,22(23):43-45.
[18]李肖睿.杜仲叶中绿原酸酶法提取工艺研究[D].邯郸:河北工程大学,2018.
[19]韩建军,宁娜,郁建生,等.响应面优化微波协同酶法提取杜仲叶中绿原酸的工艺[J].贵州农业科学,2015,43(08):227-231.
[20]李慧敏,牛东攀,陈丹阳,等.响应面法优化大孔树脂纯化杜仲绿原酸工艺研究[J].食品研究与开发,2018,39(13):40-46.
[21]张敏,李湘洲,魏新莉,等.高速逆流色谱法分离纯化杜仲叶中绿原酸[J].中国食品添加剂,2016(11):170-173.
[22]李基铭,朱俊德,徐丽娴,等.响应面法优化杜仲籽中桃叶珊瑚苷的提取工艺[J].广东药科大学学报,2018,34(05):574-578.
[23]刘军海,裘爱泳,任惠兰.正交实验优化杜仲叶中桃叶珊瑚甙提取工艺[J].食品研究与开发,2008(01):99-102.
[24]彭胜,彭密军,卜晓英,等.双水相体系萃取分离杜仲叶中桃叶珊瑚甙的研究[J].天然产物研究与开发,2010,22(02):264-267.
[25]王颖,李荣,姜子涛,等.超声-微波协同提取杜仲树皮及树叶中的黄酮类化合物[J].食品工业科技,2018,39(12):154-163.
[26]邓佑林,唐石,王美春,等.半仿生及超声波辅助半仿生法提取杜仲叶黄酮[J].吉首大学学报(自然科学版),2017,38(02):66-70.
[27]刘桂萍,崔博籍,孙久阳,等.微波辅助提取杜仲叶总黄酮工艺优化[J].中国酿造,2015,34(05):127-130.
[28]许先猛,董文宾.杜仲叶总黄酮的超声提取工艺[J].食品研究与开发,2010,31(12):15-18
[29]]王华芳.响应面优化超临界 CO_2 萃取杜仲叶总黄酮的工艺研究[J].三门峡职业技术学院学报,2016,15(01):140-144
[30]董兴叶,许明君,邓辰辰,等.亚临界水萃取杜仲叶黄酮类化合物工艺优化研究[J].河南工业大学学报(自然科学版),2016,37(01):84-87.
[31]付桂明,罗阳帆,张娅楠,等.大孔吸附树脂对杜仲叶黄酮的富集纯化[J].食品科学,2010,31(14):67-70.
[32]史丽娟,彭胜,郑阳,等.离子液体超声波辅助法提取杜仲皮总木脂素的工艺研究[J].应用化工,2015,44(12):2250-2254+2259.
[33]潘亚磊,翟远坤,牛银波,等.响应面分析法优化杜仲总木脂素提取工艺[J].中成药,2014,36(01):182-185.
[34]邓翀,颜永刚,杨乖利,等.正交试验设计优化杜仲总木脂素提取工艺[J].中国中医药信息杂志,2011,18(08):45-46.
[35]柳娜,陈晓青,杜晖,等.杜仲中木脂素类化合物纯化工艺研究[J].化学通报,2006(04):302-305.
[36]刘军海,任惠兰,段玉兰,等.杜仲叶多糖提取工艺研究[J].食品科学,2007(07):264-26
[37]董娟娥,梁宗锁,靳爱仙,等.杜仲叶酸性多糖提取分离及含量测定[J].林业科学,

2006(10):59-64.
[38]夏树林,朴晶.杜仲叶中多糖的提取及其抗疲劳作用的研究[J].安徽农业科学,2010,38(33):18747-18748+18751.
[39]齐善厚,吴蕊,蒋晓蕊,等.杜仲叶多糖闪式提取条件优化研究[J].现代农村科技,2020(08):84-85.
[40]龚桂珍,张学俊.杜仲叶多糖脱色的研究[J].贵州农业科学,2010,38(03):42-45.
[41]杨凤,胡世睿,李东翰,等.杜仲胶的提取方法研究进展[J].高分子材料科学与工程,2020,36(04):177-182+190.
[42]谢娟平,李威,陈鹤,等.杜仲叶中杜仲胶的提取及纯化研究[J].安康学院学报,2013,25(06):44-46.
[43]任涛,李多伟,闫钊,等.杜仲叶残渣酶预处理提取杜仲胶生产工艺[J].经济林研究,2013,31(01):97-101.
[44]王聪,毛波,王旭,等.高温蒸煮结合溶剂提取法提取杜仲胶的工艺研究[J].化学与生物工程,2012,29(02):77-79.
[45]刘佩岩,王思莹,郭紫婧,等.真菌联合稀碱预处理杜仲叶提取杜仲胶的工艺研究[J].植物研究,2019,39(05):788-794.
[46]罗丽芳,吴卫华,欧阳冬生,等.杜仲的降压成分及降压机制[J].中草药,2006(01):150-152.
[47]宁康健,郑淑红,吕锦芳,等.杜仲叶水提醇沉液降压作用的实验研究[J].中国中医药科技,2009,16(04):283+285.
[48]雷燕妮,张小斌.杜仲叶总黄酮降血压作用的研究[J].陕西农业科学,2016,62(05):6-8.
[49]许激扬,宋妍,季晖.杜仲木脂素化合物舒张血管作用机制[J].中国中药杂志,2006(23):1976-1978.
[50]Suzuki A,Kagawa D,Ochiai R,et al. Green coffee bean extract and its metabolites have a hypotensive effect in spontaneou slyhyperen sive rats[J].J Hyp ertens Res,2002,25(1):99-107.
[51]Akinyi M, Gao XM, Li YH, et al. Vascular relaxation induced by Eucommiae Ulmoides Oliv.and its compounds Oroxylin A and wogonin: implications on their cytoprotection action[J]. Int J Clin Exp Med,2014,7(10):3164-3180.
[52]马伟,曾里,程健,等.杜仲茶辅助降血脂功能评价研究[J].食品科技,2016,41(06):43-45+50.
[53]雷燕妮,张小斌.杜仲叶总黄酮降血脂作用研究[J].西北大学学报(自然科学版),2015,45(05):777-780+786.
[54]雷燕妮,张小斌.商洛杜仲叶多糖对高血脂模型小鼠的降血脂作用[J].陕西师范大学学报:自然科学版,2018,46(04):120-124.
[55]王建辉,刘永乐,李赤翎,等.杜仲绿原酸对高脂模型小鼠降血脂作用研究[J].食品工业科技,2012,33(15):360-362+375.

[56]方宁,陈林攀,邓鸣涛,等.杜仲叶对SD大鼠成骨细胞增殖及骨钙素表达水平的影响[J].时珍国医国药,2014,25(11):2574-2576.
[57]王大为,姜志明.杜仲对骨样细胞增殖的作用[J].中药药理与临床,2000,16(4):24-26.
[58]梁翔,彭太平,刘胜才,等.杜仲对大鼠骨髓基质细胞增殖及成骨分化影响的实验研究[J].江西中医学院学报,2007,19(3):58-60.
[59]蔡险峰,徐贤柱,郁晖晖,等.杜仲叶活性部位Ⅰ调控骨代谢平衡作用研究[J].中国骨质疏松杂志,2008,14(7):498-501.
[60]张艳红,谢焕松,夏树林,等.杜仲水/醇提取物对大鼠骨髓间充质干细胞成骨分化的影响[J].中国老年学杂志,2010(22):3313-3314.
[61]牟丽秋,杜俊,胡旖耘,等.杜仲中槲皮素、京尼平苷及桃叶珊瑚苷对小鼠成骨样细胞系MC3T3-E1增殖和分化的影响[J].药物评价研究,2015(2):165-169.
[62]刘跃辉,张波,李伟,等.杜仲叶醇提取物对去卵巢骨质疏松大鼠骨代谢生化指标、骨密度、IL-6及TNF-α的影响[J].中医学报,2018,33(3):445-448.
[63]田吉,岳永花,秦大莲.杜仲叶降血糖作用的实验研究[J].现代医药卫生,2011,27(7):961-962.
[64]刘国荣,邱立朋,周延萌,等.杜仲多糖对糖尿病小鼠降血糖作用及其机制研究[J].泰山医学院学报,2010(9):659-661.
[65]邢冬杰,孙永显,陈桂玉,等.杜仲叶黄酮对糖尿病大鼠的血糖控制及对胰岛细胞的保护作用[J].中国实验方剂学杂志,2015,21(13):148-151.
[66]彭密军,彭胜,吴吉林,等.杜仲素抗氧化活性研究[J].食品科学,2010(19):84-86.
[67]张强,苏印泉,张京芳.杜仲叶不同萃取物抗氧化活性比较分析[J].食品科学,2011,32(13):23-27.
[68]李文娜,肖苑,陈阳,等.杜仲叶绿原酸提取物与绿原酸、维生素C体外抗氧化比较[J].食品工业科技,2012,33(11):137-140.
[69]向灿辉,邓镇涛,王文君,等.杜仲叶提取物抗氧化作用与总黄酮含量的相关性研究[J].食品工业,2012(8):1-5.
[70]刘迪,尚华,宋晓宇.杜仲叶多酚体内和体外抗氧化活性[J].食品研究与开发,2013,34(9):5-8.
[71]杨春霞,翟文俊.杜仲叶提取物抗疲劳作用研究[J].食品科学,2008,29(9):550-552.
[72]刘静.杜仲叶提取物对力竭运动及恢复小鼠的抗疲劳作用[J].陕西教育学院学报,2012,28(3):87-89.
[73]刘迪,尚华,宋晓宇.杜仲叶树脂分离纯化产物的抗疲劳功效[J].食品科学,2013,34(5):251-254.
[74]杨津,董文宾,许先猛,等.杜仲叶黄酮苷抗疲劳和抗氧化活性的研究[J].陕西科技大学学报:自然科学版,2010,28(3):60-63.
[75]夏树林,朴晶.杜仲叶中多糖的提取及其抗疲劳作用的研究[J].安徽农业科学,2010(33):18747-18748.

第 3 章　基于文献计量的桑叶活性成分研究趋势分析

3.1　概述

桑叶为桑科 *Moraceae* 植物桑 Morus alba L.的干燥叶(图 3-1),又名家桑、荆桑、桑葚树、黄桑叶等,我国各地广泛种植桑树,尤以长江中下游及四川盆地桑区为多。桑叶中富含丰富的蛋白质、碳水化合物和氨基酸等营养物质,含有黄酮、生物碱、氨基酸、多糖和甾类等天然活性成分[1-4],具有降血糖、降血脂、抗病毒和抑制肿瘤等多种生理功效[5-8]。列为可用于保健食品名单。桑叶是卫生部公布的药食两用植物。目前,桑叶被广泛用于生产各种功能性食品,如桑叶茶、桑叶菜和桑叶粉(浆)系列食品[9]。

图 3-1　桑叶

3.2　基于 CNKI 的杜仲叶研究文献计量分析

在 CNKI 中用公式 TI＝桑叶和发表时间“2000—2020 年”检索所有文献,对年度分布、研究机构、学科分类、期刊来源等进行研究分析,结果如下:

3.2.1　年度分布

对 2000—2020 年发表的桑叶研究文献进行检索,共检出 2 962 篇,其不同年度发表的文献数量如图 3-2 所示。

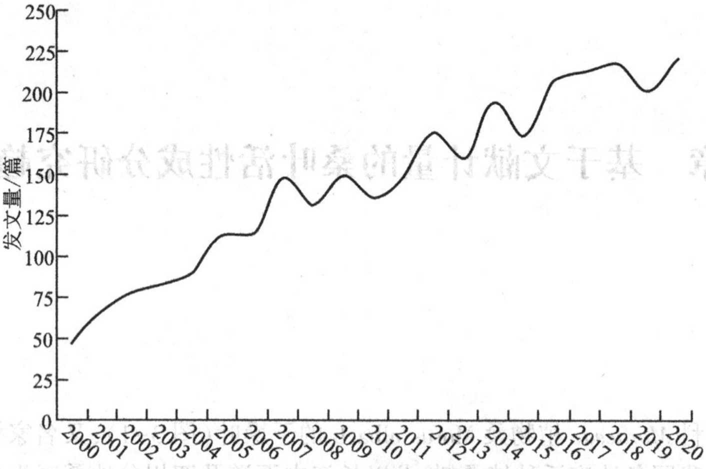

图 3-2　桑叶研究文献数量变化趋势

由图 3-2 可见，2002 年开始，桑叶研究文献发表数量持续增加，2018 年，桑叶研究文献数量最高，达到 218 篇。

3.2.2　主题分布

桑叶研究的主题分布见图 3-3。

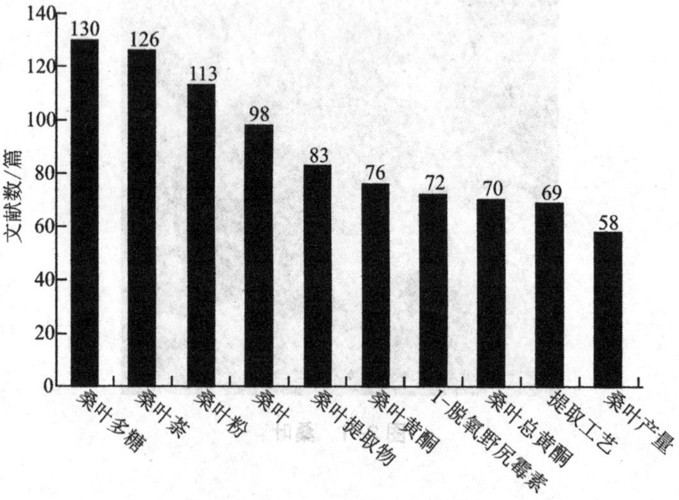

图 3-3　桑叶研究主题分布

如图 3-3 可见，主题主要涉及桑叶多糖（130 篇）、桑叶茶（126 篇）、桑叶粉（113 篇）、桑叶（98 篇）、桑叶提取物（83 篇）、桑叶黄酮（76 篇）、1-脱氧野尻霉素（72 篇）、桑叶总黄酮（70 篇）、提取工艺（69 篇）、桑叶产量（58 篇）等。表明对桑叶研究主题主要是桑叶食品开发、功能成分提取分离、功能活性、栽培种植和传统中医药研究研究。

3.2.3　研究机构

对发表文献前 10 名的相关研究机构进行统计，结果如图 3-4。

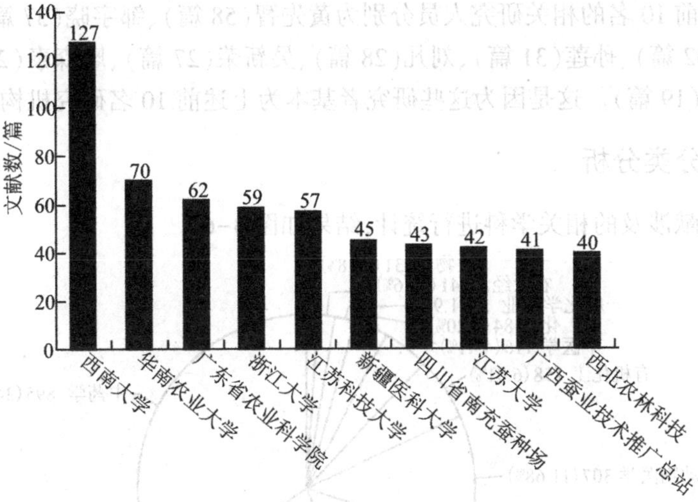

图 3-4　桑叶研究相关机构发表文献数量

发表文献前 10 名的相关研究机构分别为西南大学(127 篇)、华南农业大学(70 篇)、广东省农业科学院(62 篇)、浙江大学(59 篇)、江苏科技大学(5 篇 7)、新疆医科大学(45 篇)、四川省南充蚕种场(43 篇)、江苏大学(42 篇)、广西蚕业技术推广总站(41 篇)、西北农林科技大学(40 篇)。这可能是桑在南方地区种植多,相关单位所在省具有较丰富的桑资源,其相关研究也较多。

3.2.4　研究人员

对发表文献的相关研究人员进行统计,结果如图 3-5。

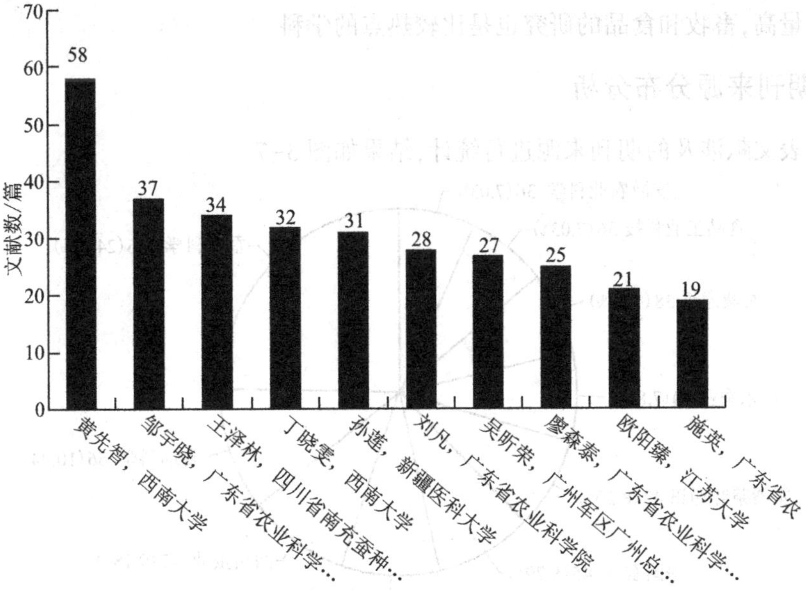

图 3-5　桑叶研究相关研究人员

发表文献前10名的相关研究人员分别为黄先智（58篇）、邹宇晓（37篇）、王泽林（34篇）、丁晓雯（32篇）、孙莲（31篇）、刘凡（28篇）、吴新荣（27篇）、廖森泰（25篇）、欧阳臻（21篇）、施英（19篇）。这是因为这些研究者基本为上述前10名研究机构的科研人员。

3.2.5 学科分类分析

对发表文献涉及的相关学科进行统计，结果如图3-6。

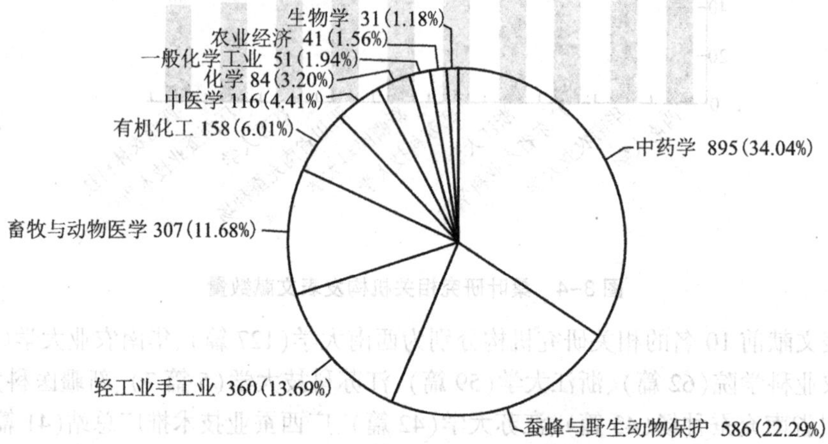

图3-6 桑叶研究相关学科

发表文献前10名的学科分别为中药学（895篇）、蚕蜂与野生动物保护（586篇）、轻工业手工业（360篇）、畜牧与动物医学（307篇）、有机化工（158篇）、中医学（116篇）、化学（84篇）、一般化学工业（51篇）、农业经济（41篇）、生物学（31篇），其中中药学发表文献数量占绝对优势，表明中药学研究是近年来的研究热点，此外，由于桑叶营养成分和功能成分含量高，畜牧和食品的研究也是比较热点的学科。

3.2.6 期刊来源分布分析

对发表文献涉及的期刊来源进行统计，结果如图3-7。

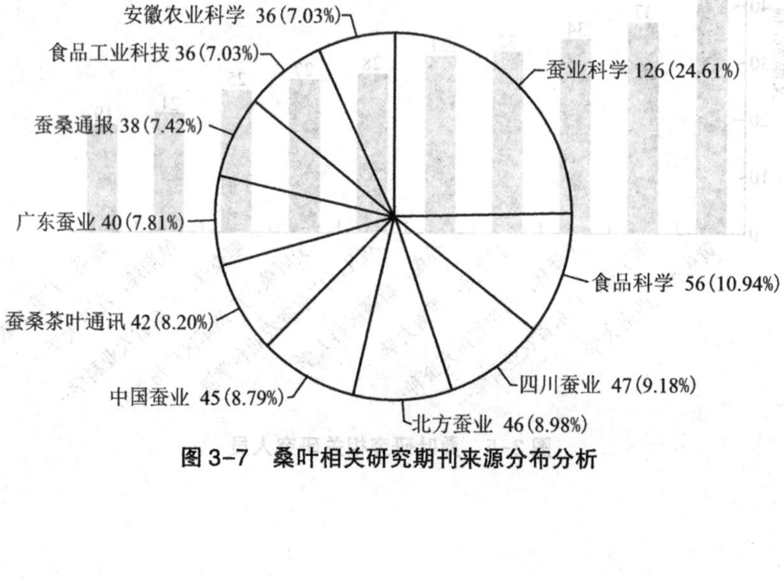

图3-7 桑叶相关研究期刊来源分布分析

发表的文章中，蚕业科学（126 篇）、食品科学（56 篇）、四川蚕业（47 篇）、北方蚕业（46 篇）、中国蚕业（45 篇）、蚕桑茶叶通讯（42 篇）、广东蚕业（40 篇）、蚕桑通报（38 篇）、食品工业科技（36 篇）、安徽农业科学（36 篇）发文数量前 10 名，表明蚕业、食品类杂志是该领域发表文章的主要期刊。

3.3　基于“壹专利”平台的桑叶相关专利分析

在“壹专利”平台用“桑叶”为题名检索近 10 年所有专利，共检出专利 1 827 条，对年份分析、申请人分析、发明人分析、技术领域分析和技术生命周期分析，结果如下。

3.3.1　年份分析

对 2012—2021 年公开的桑叶专利文献进行检索，其不同年度公开的专利文献数量如图 3-8 所示。

由图可见，2012 年开始桑叶专利文献数量持续增加，2019 年，桑叶专利文献数量最高，达到 233 篇，2020 年后有所下降。

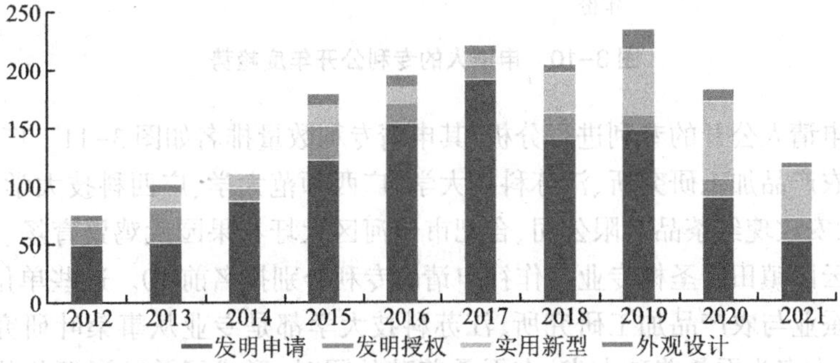

图 3-8　桑叶专利公开的年度趋势

2012—2021 年公开的桑叶专利年度增长情况如图 3-9。

从图中可见，专利年度增长情况变化趋势和年度公开的专利文献数量变化趋势基本一致。

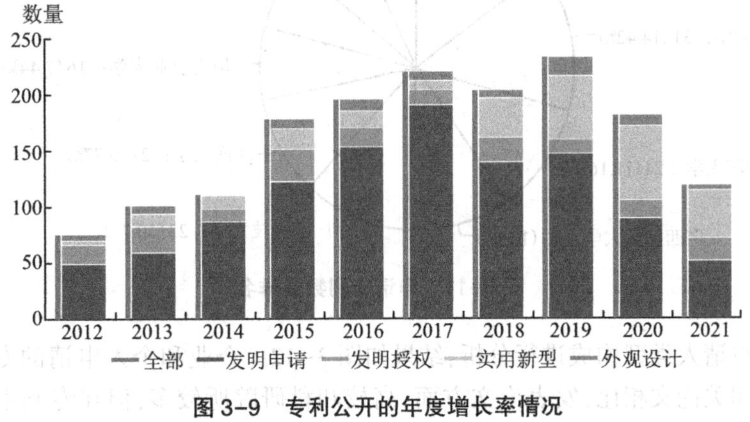

图 3-9　专利公开的年度增长率情况

3.3.2 申请人分析

对2012—2021年公开的桑叶专利文献进行检索，其申请人的专利公开年度趋势如图3-10所示。

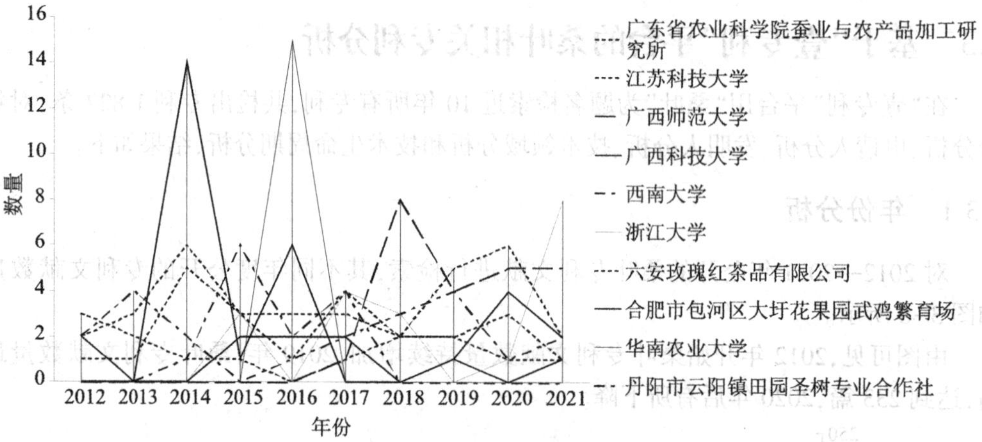

图3-10 申请人的专利公开年度趋势

对这些申请人公开的专利进行分析，其申请专利数量排名如图3-11。广东省农业科学院蚕业与农产品加工研究所、江苏科技大学、广西师范大学、广西科技大学、西南大学、浙江大学、六安玫瑰红茶品有限公司、合肥市包河区大圩花果园武鸡繁育场、华南农业大学和丹阳市云阳镇田园圣树专业合作社申请的专利分别排名前10。这些单位中，广东省农业科学院蚕业与农产品加工研究所、江苏科技大学都是专业从事桑叶研究的单位，其他一些单位，大多为蚕桑养殖大省，在蚕桑养殖的同时，形成了桑叶资源优势，对桑叶的研究较多。

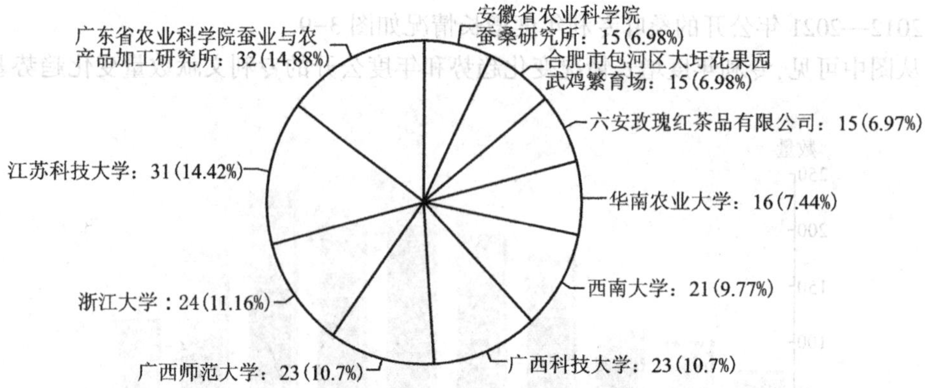

图3-11 申请专利数量排名

对这些申请人类型构成进行分析，结果如图3-12。企业和个人申请的专利较多，和发表的桑叶相关论文相比，发表论文方面，高校和科研院所较多，但在专利申请方面，企业和个人更加重视专利的申请。

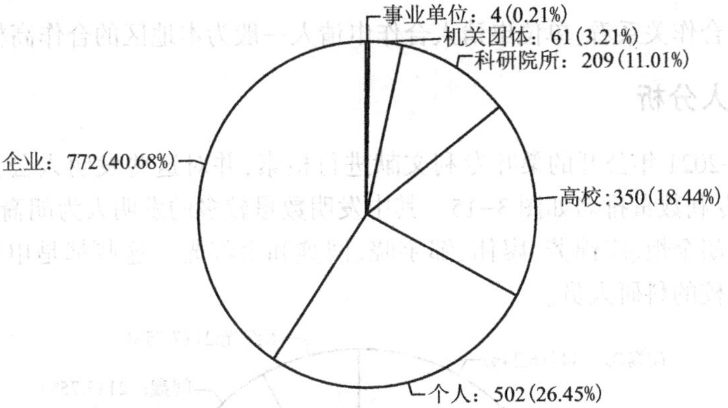

图 3-12　申请人类型构成

对申请人申请的专利涉及的技术领域/国民经济行业进行分析，结果如图 3-13 所示。涉及的领域主要是 A(人类生活必需)和 B(作业和运输)较多。其中人类生活必需最多，这是因为桑叶是药食共用原料，具有丰富的功能成分，可加工为食品、药品等产品，和 A(人类生活必需)密切相关。

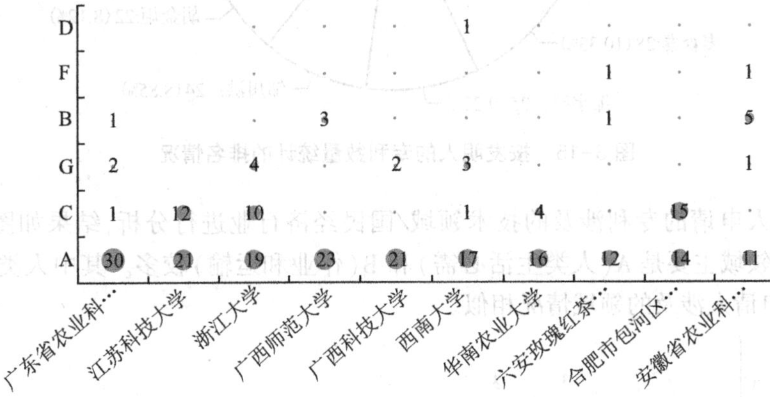

图 3-13　申请人在各技术领域/国民经济的专利分布情况

对申请人专利合作情况及对应数量进行分析，结果如图 3-14 所示。

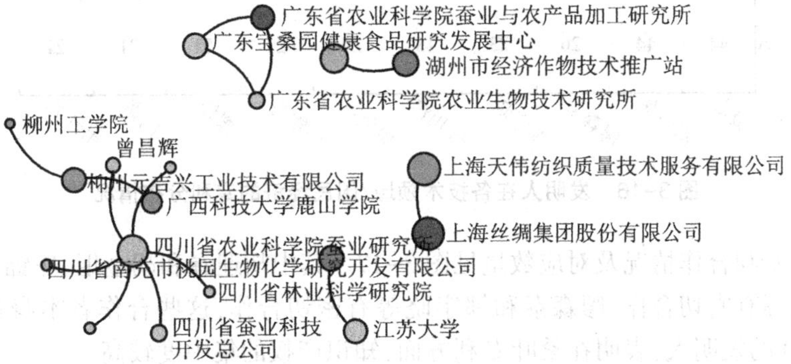

图 3-14　申请人专利合作情况及对应数量

从申请人合作关系看,单位申请人合作申请人一般为本地区的合作高校和企业。

3.3.3 发明人分析

对2012—2021年公开的桑叶专利文献进行检索,并对这些发明人公开的专利进行分析,其申请专利数量排名如图3-15。其中发明数量较多的发明人为胡嵛志、胡迎春、廖森泰、邹川洪、胡金炬、庄锦芳、廖伟、邹宇晓、闫鑫和韦红光。这些都是申请专利较多的科研院所和高校的科研人员。

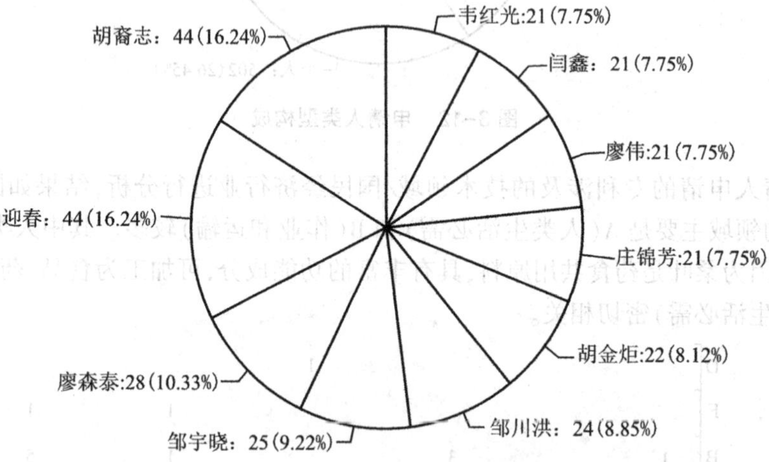

图3-15 按发明人的专利数量统计的排名情况

对发明人申请的专利涉及的技术领域/国民经济行业进行分析,结果如图3-16所示。涉及的领域主要是A(人类生活必需)和B(作业和运输)较多。其中人类生活必需最多,这和申请人涉及的领域情况相似。

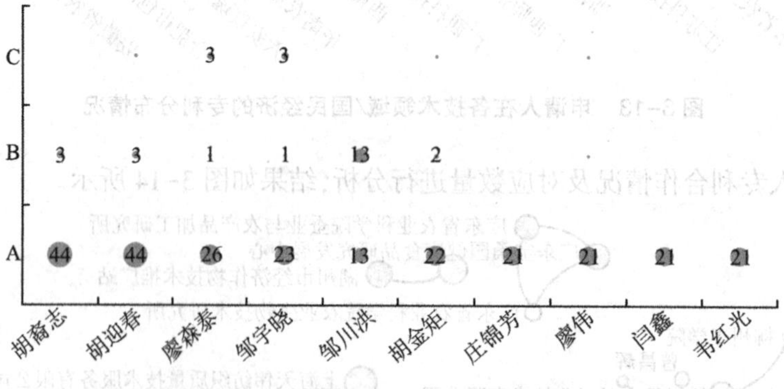

图3-16 发明人在各技术领域/国民经济的专利分布情况

发明人专利合作情况及对应数量见图3-17。其中胡迎春和胡金炬、庄锦芳、廖伟、闫鑫和韦红光等有密切合作,廖森泰和邹宇晓等有密切合作,这些合作者本身也是桑叶专利申请前10的发明人,表明在桑叶专利方面,知识产权的集中度较高。

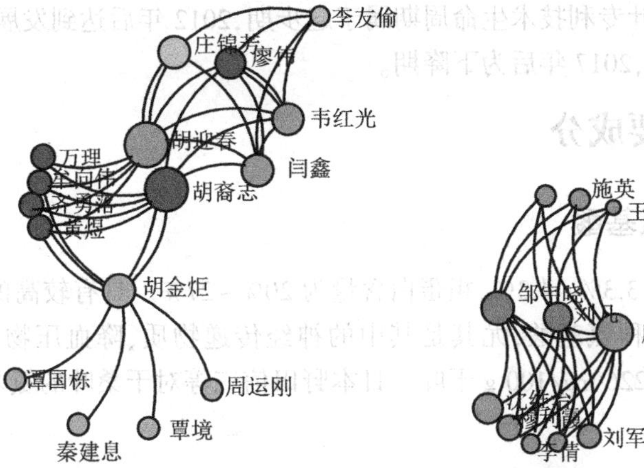

图 3-17　发明人专利合作情况及对应数量

3.3.4　技术领域分析

对申请的专利涉及的技术领域/国民经济行业进行分析，涉及的领域主要是 A(人类生活必需)、C(化学和冶金)和 B(作业和运输)。各涉及的领域排名情况见图 3-18，其中人类生活必需最多。

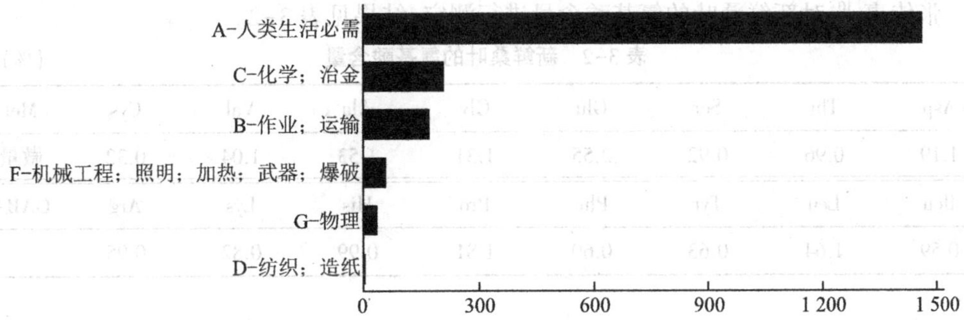

图 3-18　按照 IPC 的专利数量统计的 IPC 排名情况

3.3.5　技术生命周期分析

桑叶专利技术生命周期分析见图 3-19。

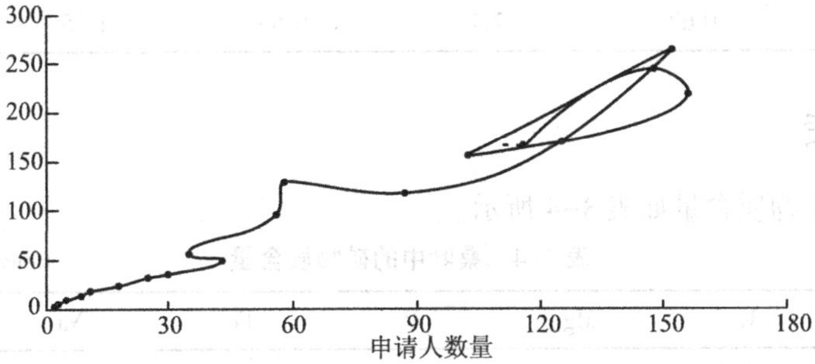

图 3-19　桑叶专利技术生命周期分析

2006年以前,桑叶专利技术生命周期属于起步期,2012年后达到发展期,2012—2017年属于发展期成熟区,2017年后为下降期。

3.4 桑叶的主要成分

3.4.1 蛋白质和氨基酸

桑叶中含氮量为3.3%~4.3%,粗蛋白含量为20%~27%。具有较高的含氮量和粗蛋白含量。桑叶中含多种氨基酸,尤其是其中的神经传递物质、降血压物质γ-氨基丁酸(GABA)的含量达到226 mg/100 g干叶。日本野田信三等对干桑叶的氨基酸含量进行测定,结果见表3-1。

表3-1 干桑叶的氨基酸含量 (mg/100 g)

Asp	Thr	Ser	Glu	Gly	Ala	Val	Cys	Met
2049	1052	1012	2323	1202	1575	1283	117	299
Ileu	Leu	Tyr	Phe	Pro	His	Lys	Arg	GABA
1004	1945	740	1226	1093	461	1233	1296	226

张传惠[10]对新鲜桑叶的氨基酸含量进行测定,结果见表3-2。

表3-2 新鲜桑叶的氨基酸含量 (%)

Asp	Thr	Ser	Glu	Gly	Ala	Val	Cys	Met
1.19	0.96	0.92	2.55	1.31	1.53	1.04	0.32	微量
Ilcu	Leu	Tyr	Phe	Pro	His	Lys	Arg	GABA
0.59	1.64	0.63	0.60	1.81	0.99	0.82	0.95	

3.4.2 维生素

日本野田信三等对干桑叶的维生素含量进行测定,结果见表3-3。

表3-3 桑叶中的维生素含量 (mg/100 g干桑叶)

视黄醛	胡萝卜素	维生素B_1	维生素B_2	维生素PP	维生素C
0.67	0.67	7.44	0.59	1.35	4.0

3.4.3 矿物质

桑叶中的矿物质含量如表3-4所示。

表3-4 桑叶中的矿物质含量 (mg/100 g干桑叶)

Ca	K	Mg	P	Fe	Na	Zn
2 699	3 101	362	238	44.1	39.9	6.1

3.4.4　黄酮

桑叶中黄酮类物质占 0.1%~0.3%,Kim 等[11]从桑叶中分离到 9 种类黄酮,分别为堪非醇-3-氧-β-D-吡喃葡萄糖苷(紫云英苷)、堪非醇-3-氧-(6″-氧-乙酰基)-β-D-吡喃葡萄糖苷、槲皮素-3-氧-(6″-氧-乙酰基)-β-D-吡喃葡萄糖苷(芦丁)、槲皮素-3-氧-β-D-吡喃葡萄糖苷、槲皮素-β-D-吡喃葡萄糖基-β-D-吡喃葡萄糖苷、槲皮素-3-氧-β-D-吡喃葡萄糖基-β-D-吡喃葡萄糖苷、槲皮素-3,7-二-氧-β-D-吡喃葡萄糖苷和槲皮素。金丰秋报道[12],每 100 g 干桑叶中含异槲皮苷 200~500 mg、槲皮苷 30 mg、槲皮苦素 100 mg。

3.4.5　生物碱

桑叶中含丰富的生物碱,其中 1-脱氧野尻霉素(DNJ)是一种非常重要的生物碱,植物中唯桑叶含有。Asano 等[13]通过改变 DNJ 的提取和纯化条件,从桑叶中分离出多种多羟基生物碱,包括 DNJ、N-甲基-DNJ、2-氧-α-D-半乳吡喃糖苷-DNJ、fagomine、1,4-二脱氧-1,4-亚氨基-D-阿拉伯糖醇、1,4-二脱氧-1,4-亚氨基-(2-氧-β-吡喃葡萄糖糖苷)-D-阿拉伯糖醇和 1-α,2β,3-α,4β-四羟基-去甲莨菪烷等 7 种生物碱。

3.4.6　多糖

赵俊[14]等采用水提法提取桑叶中的多糖物质,产量为 2.589 4 g/100 g 桑叶。张传惠等用制备法测定鲜桑叶的多糖含量,达到 2.55%,并对其化学成分进行了定性测定,其中含有葡萄糖、甘露糖、半乳糖、果糖等。

3.4.7　甾醇

对桑叶所含甾醇进行研究,发现 100 g 桑叶中含有谷甾醇 46 mg、豆甾醇 3 mg,其谷甾醇含量比绿茶(每 100 g 含甾醇 13 mg)多 3~4 倍。

3.5　桑叶中化学成分的提取

3.5.1　黄酮的提取

苏伟等[15]通过单因素实验和响应面分析优化得到超声辅助提取桑叶总黄酮最佳工艺,并通过过氧化氢清除试验测定了桑叶总黄酮的抗氧化活性。结果表明,最佳提取工艺参数:乙醇浓度 80%,料液比 1∶30 g/mL,超声时间 75 min,超声温度 40 ℃,得率达 2.7%。

张丽霞等[16]利用响应面法对超声波辅助酶法提取桑叶总黄酮的条件进行优化,在单因素试验的基础上,选取料液比、提取温度和提取时间 3 个因素为自变量,以桑叶总黄酮提取率为响应值,进行 Box-Behnken 中心组合试验设计,进行响应面分析。结果表明,当加酶量为 0.8%,超声功率为 200 W,超声时间为 10 min 时,提取桑叶总黄酮的最佳工艺条件为料液比 1∶18(g∶mL),提取温度 51 ℃,提取时间 3.6 h,在此条件下总黄酮提取率为

5.55%，总黄酮产量理论值与试验平均值相对标准误差为0.89%。

田刚等[17]利用均匀设计法对超临界 CO_2 流体提取桑叶黄酮的工艺进行优化，考察了提取温度、提取压力、提取时间和夹带剂乙醇用量对桑叶黄酮提取率的影响。结果表明：超临界 CO_2 流体提取桑叶黄酮的最佳提取条件为提取温度 51 ℃，提取压力 36 MPa，提取时间 4.0 h，夹带剂乙醇用量 3.7 mL/g。实际测得的桑叶黄酮的提取率为 1.42%，与模型预测值相符。与回流提取法、超声波辅助提取法相比，超临界 CO_2 提取法具有提取温度低、溶剂使用少、提取率相对较高的特点。

王星敏等[18]为减少天然活性成分溶出传质阻力、提高异槲皮苷提取率，应用水热反应辅助醇提法同步提取桑叶中异槲皮苷，采用响应曲面法分析优化桑叶中异槲皮苷溶浸的适宜参数，并利用扩散模型探究异槲皮苷的溶浸传质过程。结果表明：当乙醇体积分数为57%、桑叶质量与乙醇体积比为1∶7、水热温度154 ℃、反应80 min时，5.000 0 g桑叶可溶浸异槲皮苷3.649 1 mg/g，约是乙醇浸提异槲皮苷（0.071 0 mg/g）的51倍；影响异槲皮苷溶浸的因素顺序为水热时间>水热温度>料液比>乙醇体积分数；解析红外光谱图可知，水热反应有助于桑叶木质素中苯基丙烷结构单元中 C—O—C 和 C ═C 分解，促使纤维素表面水解反应发生；内部扩散模型表明异槲皮苷存在渗透溶浸、内部扩散和固液扩散3个扩散过程，且扩散速率常数随边界层厚度增加而变小，为有效实现桑叶综合利用提供理论研究基础。

3.5.2 生物碱的提取

贺胜等[19]优化桑叶中总生物碱的超声法提取工艺。在单因素试验基础上，通过响应面分析法考察超声提取时间、超声功率、乙醇体积分数、料液比及提取溶剂的 pH 对桑叶总生物碱提取率的影响，利用 Design Expert 8.0.5 分析软件对试验数据进行分析，确定最优提取工艺并进行验证。结果：建立的二项式拟合模型方程复相关系数为0.969 9；优化后的桑叶生物碱提取工艺条件为超声提取时间48 min、超声功率800 W、乙醇体积分数70%、料液比1∶25、pH 5。在此条件下桑叶生物碱提取率为0.422%，与模型预测值0.429%比较偏离率小于2%。

王璐等[20]为优化超声细胞破碎机辅助低共熔溶剂提取桑叶1-脱氧野尻霉素（DNJ）提取工艺，以DNJ提取量为指标，筛选低共熔溶剂的种类，通过单因素试验评价氯化胆碱和甘油的摩尔比、含水量、超声时间对DNJ提取量的影响，利用响应面法对影响DNJ提取的3个因素进行优化。结果表明，氯化胆碱甘油和水组成低共熔溶剂提取效果最好，最佳提取工艺条件为：氯化胆碱甘油摩尔比1∶3.4、含水量40%、超声时间32 min，重复3次，DNJ提取量为（1.445±0.001 8）mg/g与模型预测值1.447 mg/g接近，模型能较准确预测桑叶DNJ提取量。

薛婷婷等[21]采用乙醇浸提法从新鲜桑叶中提取1-脱氧野尻霉素，利用正交试验得到最佳提取条件。并对桑叶1-脱氧野尻霉素进行初步纯化。结果表明：最佳乙醇提取工艺为乙醇体积分数65%，pH 3.5，料液比1∶11，提取温度55 ℃。在284 nm处测得1-脱氧野尻霉素质量浓度为0.028 g/L。1-脱氧野尻霉素的得率为0.065%。经石油醚、正丁醇纯化后，桑叶1-脱氧野尻霉素质量分数为21.84%，得率为0.057%。

缪伟伟等[22]为了探索超声法对桑叶中 1-脱氧野尻霉素进行提取的最佳方案,利用超声波取技术,依次用响应面法考查料液比、提取温度、提取时间以及超声功率对桑叶中 1-脱氧野尻霉素提取率的影响,优选出超声法提取桑叶 1-脱氧野尻霉素的最佳工艺。结果显示:响应面法的最佳提取条件为液料比 1:21.98、提取温度 52.11 ℃、时间34.89 min、超声功率 75 W,得率 0.743%。

3.5.3　多糖的提取

张华等[23]优化桑叶多糖超声-微波协同提取工艺,并评价其抗氧化活性。方法单因素试验基础上,以液料比、超声功率、微波功率、协同时间为影响因素,多糖得率为评价指标,响应面法优化提取工艺。考察多糖对 DPPH 自由基的清除作用。结果最佳条件为液料比 25:1,超声功率 139 W,微波功率 250 W,协同时间 14 min,多糖得率为 5.19%。多糖对 DPPH 自由基具有一定清除能力,IC_{50}为 0.513 2 mg/mL。

牛学峰等[24]为了优化桑叶多糖提取工艺,在纤维素酶、果胶酶联合作用下,利用超声辅助,通过单因素与正交试验,研究酶种类及用量、超声时间、超声温度、超声功率、乙醇浓度以及超声次数等因素对桑叶多糖提取产率的影响。结果表明:桑叶中多糖提取最佳条件为纤维素酶与果胶酶酶比例为 1:2、乙醇比例 2.5:1、超声时间 60 min、超声温度 80 ℃、超声功率 60 W、超声次数 3 次。酶-超声双辅助提取桑叶多糖能有效提高提取率和原料利用率。

骆华星等[25]研究不同前处理和不同提取方式对桑叶多糖提取的影响。对常规粉碎和膨化处理后再进行粉碎的桑叶进行回流和超声波多糖提取、测定。结果用回流法,膨化粉 20 min 时的多糖得率比原粉多 92.9%,80 min 时多 58.5%,膨化粉 20 min 的多糖得率比原粉 80 min 的多糖得率要高 41.5%;用超声波法,膨化粉 20 min 时的多糖得率比原粉多 46.4%,80 min 时多 25.6%,膨化粉 20 min 的多糖得率与原粉 80 min 的多糖得率相当。随着提取时间的延长,膨化粉和原粉的提取率差均有所缩小。回流法和 70~75 ℃时的超声波法相比较,就原粉来说相差不大,而就膨化粉来说,20 min 时回流法比超声波法多 46.6%,80 min 时多 29.6%。表明桑叶经膨化处理,多糖得率明显提高,提取时间也明显缩短;并且,回流法比超声波法提取的得率要高,在 20 min 时,回流法比超声波法要高 46.6%。

3.5.4　蛋白提取

王芳等[26]采用超声波提取桑叶叶蛋白,通过单因素和正交试验,得出该方法提取桑叶蛋白的最佳优化工艺:以 0.4%的 NaCl 溶液为提取溶剂,料液比为 1:30,超声波 400 W,超声处理 20 min,40 ℃水浴浸提 60 min。此工艺下,桑叶叶蛋白得率为 9.93%,粗蛋白含量为 56.8%,与常规的水提法相比,超声波辅助提取法大大提高了桑叶蛋白的得率。

李刚凤等[27]也采用超声波辅助提取桑叶蛋白,在单因素试验基础上,选择氯化钠浓度、超声波时间、超声功率、料液比为自变量,蛋白质提取率为评价指标,探讨不同因素对桑叶蛋白提取率的影响。结果表明,即料液比 1:8(g:mL)、超声时间 22 min、超声功率 400 W、氯化钠浓度 0.4%,在此工艺条件下,桑叶蛋白提取率达 5.18%。

朱天明等[28]以桑叶为原料,采用纤维素酶辅助提取叶蛋白。通过单因素实验分别考察固液比、加酶量、酶解时间对桑叶叶蛋白溶出量的影响。运用响应面分析方法,得到叶蛋白溶出量的二次多项式回归方程的预测模型,并预测和验证纤维素酶辅助提取桑叶叶蛋白最佳工艺条件为:加酶量为4%,提取时间为2 h,固液比1:38(g:mL)。在此条件下,5 g桑叶叶蛋白溶出量为49.056 mg。

3.5.5 氨基酸的提取

王星天等[29]通过水浸提法同时提取桑叶茶中游离氨基酸与多酚两种成分,利用响应面法对工艺参数进行优化。.结果表明,桑叶茶最佳的浸提条件是浸提温度89 ℃、水茶比87:1(mL:g)、浸提时间16 min。该条件下得到的游离氨基酸提取量为21.46 mg/g,多酚提取量为14.32 mg/g,与理论值误差较小,说明通过Design-Expert软件建立的二次多项数学模型准确可行,优化的浸提工艺稳定可靠,为桑叶茶饮料开发的相关研究提供了参考。

钟杨生等[30]为开发利用桑叶GABA,采用超声-微波协同萃取法提取桑叶GABA。通过单因素和Box-Behnken试验,探究提取时间、料液比、提取温度、超声波功率和微波功率对桑叶GABA提取量的影响。结果表明,提取时间、料液比及提取温度对桑叶GABA的提取影响较大,超声-微波协同萃取法提取的最佳技术参数为料液比1:34、微波功率144 W、超声波功率50 W、提取时间165 s,在此工艺条件下GABA提取量为5.83 mg/g。表明采用超声-微波协同萃取法提取桑叶GABA具有提取率高、提取时间短等优点。

3.5.6 多酚的提取

代燕丽等[31]以"粤葚大10"品种的桑叶粉为原料,选择乙醇浓度、料液质量浓度、超声时间、超声功率、超声次数等5个因素做单因素实验,在这个基础上采用Box-Behnken中心组合试验设计法进行3因素3水平的实验,得到桑叶多酚提取的最佳工艺参数。最终得出的最佳提取工艺条件为:提取次数1次、超声功率400 W、乙醇浓度70%、料液质量浓度0.030 g/mL、超声时间60 min,在此条件下桑叶多酚含量为8.33 mg/g。

3.6 桑叶中化学成分的生理功能

桑叶具有降血糖、降血脂、防血栓、降血压和抗衰老等功能作用。

3.6.1 降血糖

付式杰等[32]采用水提法获得桑叶多糖粗提物,savage法脱蛋白,过氧化氢脱色后,获得桑叶多糖(MLP)。体外实验结果显示MLP可以显著抑制α-葡萄糖苷酶、淀粉酶、脂肪酶活性,并对胆酸盐具有较强的结合能力。研究结果表明,MLP具有较强的降血糖和降血脂活性,有望为相关疾病的预防和治疗提供一定的辅助作用。

刘国艳等[33]以腹腔注射四氧嘧啶建立小鼠糖尿病模型,将建模成功的小鼠随机分成5组,即桑叶水提取液高、中、低剂量组、模型对照组、阳性(拜糖平)对照组,另设正常对照组,连续15 d经胃灌注桑叶水提取物,分别于给药第5、10、15天用葡萄糖氧化酶法测定糖尿病小鼠食后2 h空腹血糖，研究桑叶水提取物的降血糖效果。结果表明：桑叶提取物能显著降低糖尿病小鼠的血糖值，且桑叶提取物剂量越高，降血糖效果越好，呈剂量效应。

侯琼芳等[34]采用腹腔注射四氧嘧啶制造小鼠糖尿病模型，并随机分为模型组，桑叶总黄酮低、高剂量组（0.10、0.20 g/kg），苯乙双胍（10 mg/kg）对照组，连续20天，每天1次，于第21天剪尾并测定血糖水平。结果高剂量桑叶总黄酮具有降低四氧嘧啶诱导的小鼠高血糖，血糖水平下降百分率可达18.05%，与模型组比较，差异有统计学意义。表明高剂量桑叶总黄酮对四氧嘧啶所致的糖尿病小鼠有良好的降糖作用。

王兴婷等[35]研究桑叶DNJ提取物体外抑制α-葡萄糖苷酶活性和体外抗氧化能力。以4-硝基苯基-α-D-吡喃葡萄糖苷为底物，以拜糖平为阳性对照，测定桑叶DNJ提取物在体外对α-葡萄糖苷酶活性的抑制作用。分别采用普鲁士蓝法、DPPH法、邻二氮菲-Fe^{2+}法测定桑叶DNJ提取物体外抗氧化作用。桑叶DNJ提取物在体外对α-葡萄糖苷酶具有较强的抑制作用（IC_{50}=0.350 mg/mL），是阳性对照拜糖平（IC_{50}=0.982 mg/mL）的2.7倍。桑叶DNJ提取物具有较强的体外总抗氧化能力（OD=1.490），具有一定的清除DPPH·（IC_{50}=0.589 mg/mL）和·OH（IC_{50}=1.788 mg/mL）的能力。

陈妍言等[36]研究对比叶发酵前后提取液对四氧嘧啶糖尿病模型小鼠的降血糖作用。用啤酒酵母对桑叶进行发酵，用四氧嘧啶诱导建立糖尿病小鼠模型，将40只建模成功的KM小鼠随机分为模型对照组、未发酵低剂量组（2 g/kg）、未发酵高剂量组（8 g/kg）、发酵低剂量组（2 g/kg）和发酵高剂量组（8 g/kg），每组8只，另取8只健康KM小鼠作为正常对照组。连续灌胃给药15天，每天1次，每两天记录一次各组小鼠的体重，分别于给药的第0、5、10、15天用血糖仪测定各组小鼠禁食12 h后的空腹血糖，研究对比桑叶发酵前后提取液对糖尿病小鼠的降血糖作用。结果：给药15天后，桑叶未发酵低剂量组与发酵低剂量组以2 g/kg的给药量灌胃不能降低糖尿病小鼠的血糖值，而未发酵高剂量组和发酵高剂量组均能明显降低糖尿病小鼠的血糖值。给药第10天，发酵高剂量组与未发酵高剂量组之间血糖值有显著差异（$P<0.05$），而给药第15天，两组间血糖值无显著差异（$P>0.05$）。同时，5组模型组之间糖尿病小鼠的体重无显著差异（$P>0.05$）。表明：连续给药15天，桑叶未发酵提取液与发酵提取液均不能缓解糖尿病小鼠体重的降低。采用啤酒酵母发酵法，未经发酵与经发酵的高剂量桑叶提取液均对糖尿病小鼠有良好的降血糖作用，短期内发酵高剂量组降糖作用优于未发酵高剂量组，长期两者的降糖效果相近。

3.6.2　降血脂、防血栓

马珂等[37]为探明桑叶水提物（mulberry leaves water extracts，MWE）对肥胖症大鼠脂代谢及肠道菌群的影响。采用饲喂SD大鼠高脂饲料，建立肥胖模型。在不改变饲喂方式的条件下，用不同剂量MWE进行干预，测定干预后大鼠的Lee's指数、血脂水平，通过组织切片观察肝组织的变化，提取结肠粪便中的DNA，进行16S rRNA基因PCR，分析菌群组成。结果MWE能降低Lee's指数，改善血脂水平，缓解肝脏脂肪性病变。肥胖大鼠粪便中的变形菌属、蓝细菌增加，拟杆菌减少，MWE干预后有所恢复。表明MWE能在肥胖症大鼠不改变摄食的条件下，减少脂肪的堆积，改善血脂状况，恢复紊乱的肠道菌群。

王玲等[38]研究了桑叶水提物对高脂饮食小鼠粪便中胆固醇代谢产物的影响，将桑叶水提物按其 DNJ 含量设置成高（8.0 mg/kg 体重）、中（4.0 mg/kg 体重）、低（2.0 mg/kg 体重）3 个剂量组，分别灌胃高脂饮食小鼠 4、8、12、16 周，测定各组小鼠粪便 pH、粪固醇、胆汁酸、短链脂肪酸（Short Chain Fatty Acids，SCFAs）含量，并对 SCFAs 和血清胆固醇（Total Cholesterol，TC）水平、动脉粥样硬化指数（Atherosclerosis Index，AI）进行相关性分析。与高脂对照组相比，每天灌胃 8 mg/kg 体重 DNJ 的桑叶水提物 16 周，小鼠粪固醇升高 22.31%，胆汁酸升高 22.31%，SCFAs 升高 36.76%，乙酸升高 39.25%，丙酸升高 96.52%，丁酸升高 60.43%，异丁酸升高 68.05%，戊酸升高 74.21%，异戊酸升高 23.78%，粪便 pH 降低 2.05%，上述指标的变化均具有显著性（$P<0.05$）。血清 TC、AI 分别与乙酸、丙酸、丁酸、异丁酸、戊酸和异戊酸呈极显著负相关（$P<0.01$）。表明桑叶水提物可改善高脂饮食小鼠肠道环境，促进肠道微生物发酵产生 SCFAs，促进粪固醇、胆汁酸排出，从而有助于降血脂作用。

文晋等[39]研究了桑叶生物碱粗提液对高脂饮食小鼠胆固醇合成代谢的影响，将雄性昆明小鼠饲喂高脂饲料的同时灌胃不同剂量的桑叶生物碱粗提液 4 周、8 周、12 周和 16 周，观察小鼠肝脏组织病理学变化，测定血脂水平、肝脏中 3-羟基-3-甲基戊二酸单酰辅酶 A（HMG-CoA）还原酶活性，以及 HMG-CoA 还原酶和固醇调节元件结合蛋白 2（SREBP2）的编码基因 mRNA 表达水平。结果表明，灌胃桑叶生物碱粗提液可以使食用高脂饲料的小鼠肝脏基本恢复正常状态，与高脂对照组相比，以 8 mg/（kg · d）的剂量灌胃桑叶生物碱粗提液（以 DNJ 含量计）16 周后，小鼠总胆固醇（TC）水平降低 36.74%（$P<0.01$），甘油三酯（TG）水平降低 38.61%（$P<0.01$），HMG-CoA 还原酶活性降低16.88%（$P>0.05$），HMG-CoA 还原酶基因 mRNA 的表达量上调 13.30%（$P<0.05$），SREBP2 基因的 mRNA 表达量上调 92.19%（$P<0.01$）。表明桑叶生物碱粗提液可以调节小鼠体内胆固醇代谢。

贺燕等[40]也研究了桑叶水提物对高脂饮食小鼠粪便中胆固醇代谢产物的影响，结果与王玲等[38]研究结果相同。

3.6.3 降血压

桑叶中含有 GABA，GABA 能够改善脑部血液流动，增强血管紧张素转换酶 I（ACE I）的活性，促使血压下降。肾素作用于血管紧张素原放出非活性的血管紧张素 I，通过 ACE 的作用生成具有收缩血管平滑肌活性的血管紧张素Ⅱ从而引起血压升高，ACEI 是 ACE 的抑制剂，可防止血压升高。此外，桑叶中的 MorseninA、B 及 8-环己烯基黄酮亦于降血压有关。

3.6.4 抗衰老

黄思莹等[41]以桑叶（*Morus alba* L.）槲皮素为研究对象，探索其对 D-半乳糖衰老小鼠抗氧化能力和对其肠道菌群多样性的影响。连续 8 周腹腔注射 D-半乳糖［120 mg/（kg · d）］建立小鼠衰老模型，以抗坏血酸为阳性对照组，槲皮素低、中、高剂量组分别按体质量灌胃 50、100、200 mg/（kg · d）30 d，空白对照组灌胃生理盐水 30 d 后测量小鼠血清中总抗氧化能力（T-AOC）、超氧化物歧化酶（SOD）、丙二醛（MDA）和谷胱甘肽过氧化物酶（GSH-Px）的含量，提取小鼠粪便细菌总 DNA，PCR-DGGE 方法检测扩增产物进行多样性分析，与衰老模型组相比，高剂量桑叶槲皮素可以不同程度提高衰老小鼠胸腺和脾脏指数，降低T-AOC、SOD、GSHPx水平和MDA含量（$P<0.05$），同时槲皮素低、中、高剂量组小鼠肠道菌群多样性均高于衰老模型组，且随剂量增加而增加。表明桑叶槲皮素能抑制体内过氧化物的生成，有效清除体内的自由基，显著提高衰老小鼠抗氧化能力，同时可通过改善衰老小鼠肠道菌群多样性，调整肠道菌群，从而延缓衰老。

王灿等[42]研究桑叶黄酮对衰老小鼠的影响。将60只小鼠分成正常对照组、模型组、桑叶黄酮小、中、大组，维生素C组。均灌胃给药，连续30 d，除正常对照组外，小鼠每日背部皮下注射D-半乳糖。末次给药后，小鼠眼眶取血，测SOD、MDA、LPO含量；分组给药同上。除正常对照组外，小鼠每日肌内注射黄体酮（20 mg/kg）合并隔1天给予紫外线照射造衰老小鼠模型，末次给药后，取血测CAT、GSH-PX活力；同时，测量皮肤含水量。结果：叶黄酮大剂量组能显著降低MDA、LPO含量（$P<0.01$），大、中剂量显著升高SOD、GSH-PX含量，提高皮肤含水量（$P<0.05$）。表明桑叶黄酮具有一定的抗衰老作用。

何东与等[43]研究桑叶中黄酮对D-半乳糖致衰老小鼠抗氧化能力的影响。采用连续30天腹腔注射D-半乳糖（200 mg/kg）建立小鼠亚急性衰老模型。建模之后，分别灌胃低、高剂量桑叶黄酮（0.3 g/kg、0.6 g/kg），同时衰老模型组和药物治疗组灌胃同等体积生理盐水与抗坏血酸（0.5 g/kg）。21天后检测小鼠血清中超氧化物歧化酶（SOD）的活性和丙二醛（MDA）的含量。结果表明：与正常对照组相比，衰老模型组中SOD水平极显著降低，MDA含量升高，与衰老模型组比，桑叶黄酮高剂量组可以明显提高小鼠机体SOD活性，降低MDA含量。因此，桑叶黄酮能抑制体内过氧化物的生成，有效清除体内的自由基，提高衰老小鼠的抗氧化能力。

3.6.5　抗肿瘤

盛晨鸣等[44]研究桑叶不同提取物（水提物和醇提物）对肿瘤细胞的细胞毒性，运用四甲基偶氮唑蓝法（MTT法），以人肺癌A549细胞、人肝癌HepG2细胞、人胃癌SGC-7901细胞、人乳腺癌MCF-7细胞为研究对象，比较桑叶不同的提取物（水提物和醇提物）对四种肿瘤细胞的体外抗肿瘤活性。结果桑叶水提物（AML）和醇提物（EML）对上述肿瘤细胞增殖均有不同程度的抑制作用，其中以醇提物的活性最强，且半数抑制浓度（IC_{50}）均最小。表明EML具有较高的体外抗肿瘤活性，AML次之，桑叶提取物有可能用于抗肿瘤治疗。

王志雄等[45]通过流式细胞仪（FCM）和酶联免疫吸附法（ELISA）研究桑叶对乳腺癌肿瘤血管内皮细胞（ECs）细胞凋亡、细胞周期及内皮细胞生长因子受体-2（VEGFR-2）的影响。FCM分析表明，桑叶中有效成分能够诱导异常增殖的内皮细胞凋亡，使细胞周期停滞在DNA合成期，有效阻止内皮细胞的有丝分裂（$P<0.05$），ELISA法结果表明，VEGFR-2的表达受到明显的抑制（$P<0.05$），表明桑叶能够有效促进乳腺癌肿瘤血管内皮细胞的凋亡、影响其细胞周期的分布、抑制乳腺癌肿瘤血管内皮细胞生长因子受体-2的表达，对其增殖具有抑制作用。

王志雄等[46]研究桑叶对肿瘤血管生成中血管内皮细胞增殖、迁移和管腔形成的影响。用CCK-8试剂盒测定HUVEC-2C细胞数量的变化，用Transwell转移小室研究HUVEC-2C

细胞迁移情况,用包被 Matrigel 的 24 孔板来培养 HUVEC-2C 细胞观察其管腔形成情况。实验分为实验组和对照组,每组分别设置 3 个复孔,在实验组中加入桑叶浸出液。观察桑叶对肿瘤血管生成的影响。结果桑叶液可抑制 HUVEC-2C 细胞的增殖能力,抑制作用随着浓度的增长而增强。在浓度为 100、50、25 mg/mL 时,与对照组比较,差异有统计学意义($P<0.05$)。当浓度为 100 mg/mL 的桑叶液时细胞增殖抑制率可达到 37.6%。通过观察 Transwell小室,与对照组比较,添加了桑叶液的 HUVEC-2C 细胞,其迁移能力受到一定的制约作用。Matrigel 实验中,与未加入桑叶液的 HUVEC-2C 细胞所形成的较完整的环状结构比较,加入桑叶液的 HUVEC-2C 细胞在管腔形成方面受到明显的抑制作用。表明桑叶液通过抑制血管内皮细胞增殖、迁移和管腔形成,对肿瘤血管的生成具有抑制作用。

3.6.6 抑菌、杀虫

体外实验表明,鲜桑叶煎剂对金黄色葡萄球菌、乙型溶血性链球菌、白喉杆菌、炭疽杆菌均有较强的抗菌作用,对大肠杆菌、伤寒杆菌、痢疾杆菌、脓绿杆菌也有一定的抗菌作用。此外,鲜桑叶煎剂对钩端螺旋体具有一定的作用。采用 25%桑叶口服液对丝虫病有治疗作用。

3.6.7 改变肠道功能、预防便秘

陈涟昊等[47]研究桑叶多糖对小鼠肠道菌群失调的调节作用。利用盐酸林可霉素诱导小鼠肠道菌群失调。将造模成功的小鼠随机分为桑叶多糖组、乳酶生组、模型组,另设置对照组。桑叶多糖组小鼠 ig 6.0 mg/mL 桑叶多糖溶液 0.6 mL(剂量 0.144 mg/g),乳酶生组小鼠 ig 5.5 mg/mL 乳酶生混悬液 0.6 mL(剂量 0.132 mg/g)。2 次/d,连续给药 7 d。模型组、对照组小鼠自行饮水。取小鼠的新鲜粪便,提取肠道菌 DNA。16S 段 DNA 序列扩增,变性梯度凝胶电泳(DGGE)法分析。比对各条带及样品,进行聚类分析,对各组小鼠肠道微生物群落结构进行主成分分析。结果 DGGE 直观图分析,经过自然恢复、桑叶多糖和乳酶生的作用,小鼠肠道菌群种类有了明显的增加,但与对照组小鼠的肠道菌群比较仍然有差别,并不能完全恢复到原来的水平。聚类分析结果可以看出,与对照组最接近的是乳酶生组,其次是桑叶多糖组,最后是自然恢复组。菌群落结构的主成分分析可以直观地看出,桑叶多糖、乳酶生组小鼠肠道菌群与对照组关系最近,模型组与对照组肠道菌群及其他组肠道菌群的差异明显。表明桑叶多糖对小鼠肠道菌群失调有调节作用。

张立雯等[48]以自发性肥胖的糖尿病模型 db/db 小鼠为研究对象,在药效评价的基础上,通过 16S rDNA 测序的方法研究桑叶黄酮、多糖、生物碱对糖尿病小鼠的生物效应及其对肠道菌群的调节作用。10 只 db/m 小鼠作为空白组(control),40 只 db/db 小鼠随机分为模型组(model)、二甲双胍组(metformin)、桑叶黄酮组(MF)、桑叶多糖组(MP)、桑叶生物碱组(MA),灌胃给药 6 周。结果表明,与正常组相比,db/db 小鼠肠道内菌群从门水平到属水平均发生了显著变化;且模型组小鼠肠道菌中厚壁菌门、变形菌门等比例显著降低,拟杆菌的比例升高;给药后拟杆菌、厚壁菌门中的毛螺菌科、罗斯氏菌属以及脱硫杆菌属等均得到有效调节,尤其是生物碱组调节作用最为显著。表明桑叶有效组分具有改善 db/db 小鼠肠道菌群失调的作用。

参考文献

[1] Wan-Taek Ju, O-Chul Kwon, Hyun-Bok Kim, et al. Qualitative and quantitative analysis of flavonoids from 12 species of Korean mulberry leaves [J]. Journal of Food Science and Technology 2018, 55: 1789-1796.

[2] Jong Hoon Jeong, Nam Keun Lee, Sung Ho Cho, et al. Enhancement of 1-deoxynojirimycin content and α-glucosidase inhibitory activity in mulberry leaf using various fermenting microorganisms isolated from Korean traditional fermented food [J]. Biotechnology and Bioprocess Engineering, 2014, 19: 1114-1118.

[3] Fan Qiu, Tian-Zhen He & Yu-Qing Zhang. The isolation and the characterization of two polysaccharides from the branch bark of mulberry (Morus alba L.) [J]. Archives of Pharmacal Research, 2016, 39: 887-896.

[4] William Tchabo, Yongkun Ma, Giscard Kuate Kaptso, et al. Process Analysis of Mulberry (Morus alba) Leaf Extract Encapsulation: Effects of Spray Drying Conditions on Bioactive Encapsulated Powder Quality [J]. Food and Bioprocess Technology, 2019, 12: 122-146.

[5] Ji Yeon Kim, Hye In Chung, Kyeong-Ok Jung, et al. Chemical profiles and hypoglycemic activities of mulberry leaf extracts vary with ethanol concentration [J]. Food Science and Biotechnology, 2013, 22: 1-5.

[6] Jarinyaporn Naowaboot, Patchareewan Pannangpetch, Veerapol Kukongviriyapan, et al. Antioxidant and Antiglycation Activities of Mulberry Leaf Extract in Streptozotocin-Induced Chronic Diabetic Rats [J]. Plant Foods for Human Nutrition, 2009, 64: 116-121.

[7] Wei Li, Geng Chen, Yujiao Fang, et al. Hydrogen peroxide as a systemic messenger in the photosynthetic induction of mulberry leaves [J]. Journal of Forestry Research, 2021, 32: 945-952.

[8] Ewelina Król, Magdalena Jeszka-Skowron, Zbigniew Krejpcio, et al. The Effects of Supplementary Mulberry Leaf (Morus alba) Extracts on the Trace Element Status (Fe, Zn and Cu) in Relation to Diabetes Management and Antioxidant Indices in Diabetic Rats [J]. Biological Trace Element Research, 2016, 174: 158-165.

[9] 俞燕芳，黄金枝，石旭平，等. 我国桑叶食品开发研究进展[J]. 食品安全质量检测学报，2018，9(7)：1572-1578.

[10] 张传惠. 霜桑叶的食用价值的研究[J]. 食品科学，2001，22(10)：64-65.

[11] Kim Sy. Antioxidative flavonoids from the leaves of Morus alba [J]. Arch Pharm Res., 1999, 22(1): 81.

[12] 金丰秋. 新型功能性饮品—桑茶[J]. 食品科学，2002，21(1)：46-48.

[13] AsanoN, Tomioka E, Kizu H, et al. Sugars with nitrogen in the ring isolated from the leaves of Morus bombycis [J]. Carbohydr. Res., 1994, 253: 235-245.

[14] 赵俊. 桑叶多糖提取工艺优选[J]. 中草药，2000，31(5)：347-349.

[15]苏伟,万聆,简素平,等.桑叶总黄酮提取纯化工艺及抗氧化性研究[J].食品工业科技,2020,41(10):151-156.
[16]张丽霞,魏照辉,赵婉晴.响应面优化超声波辅助酶法提取桑叶总黄酮的工艺[J].江苏农业科学,2019,47(13):217-217+218-221.
[17]田刚,杨丛,赵晓军,等.均匀设计优化超临界 CO_2 流体提取桑叶黄酮的研究[J].农业科学研究,2016,37(4):23-26+35.
[18]王星敏,王露,李鑫,等.水热法提取桑叶中异槲皮苷工艺参数优化[J].农业工程学报,2019,35(9):308-314.
[19]贺胜,周杏子,何海,等.响应面法优化桑叶总生物碱超声提取工艺[J].中国药房,2015,26(25):3537-3540.
[20]王璐,许路路,陈雄,等.响应面法优化低共熔溶剂提取桑叶 DNJ[J].食品工业,2020,41(8):14-17.
[21]薛婷婷,孙庆元,王化旋,等.桑叶脱氧野尻霉素的提取及其特性[J].大连工业大学学报,2018,37(1):23-27.
[22]缪伟伟,王志雄,石仝雨,等.超声波提取桑叶中 1-DNJ 的响应曲面法优化研究[J].中国食品添加剂,2018(5):49-56.
[23]张华,孟博,王莉,等.桑叶多糖超声-微波协同提取工艺优化及其抗氧化活性[J].中成药,2020,42(8):1972-1977.
[24]牛学峰,詹微薇,应旭珍,等.酶-超声双辅助提取桑叶多糖的工艺研究[J].黑龙江农业科学,2015(5):108-111.
[25]骆华星,陈建国,包国良,等.不同处理和提取方式对桑叶多糖提取影响的研究[J].中国卫生检验杂志,2014(18):2644-2646
[26]王芳,乔璐,张庆庆,等.超声波辅助提取桑叶蛋白加工工艺[J].山西农业科学,2014,42(2):174-177.
[27]李刚凤,何智军,杨天友,等.超声波辅助提取桑叶蛋白工艺优化[J].食品工业,2019,40(10):15-18.
[28]朱天明,陈泠伶,杨潇,等.纤维素酶辅助提取桑叶中叶蛋白的工艺[J].西华大学学报:自然科学版,2016,35(2):77-81+109
[29]王星天,李桂水,程丽君,等.响应面试验优化桑叶茶中游离氨基酸与多酚的提取工艺[J].食品科学,2015,36(24):83-88.
[30]钟杨生,陈恒文,陈芳艳,等.超声-微波协同萃取法提取桑叶 γ-氨基丁酸的工艺研究[J].广东农业科学,2018,45(8):107-112.
[31]代燕丽,沈维治,廖森泰,等.响应面法优化超声波辅助提取桑叶多酚工艺[J].热带作物学报,2016,37(8):1588-1594.
[32]付式杰,杨柳,李井雷.桑叶多糖的分离纯化及其体外降血糖降血脂活性[J].食品与营养科学,2020,9(1):59-66.
[33]刘国艳,魏晓蕊,叶群,等.桑叶提取物对糖尿病小鼠降血糖效果的研究[J].扬州大学学报:农业与生命科学版,2013(4):80-83.

[34]侯琼芳,彭瑞光.桑叶总黄酮提取及降血糖作用研究[J].现代医药卫生,2013,29(16):2414-2414+2416.

[35]王兴婷,王德萍,李层层,等.桑叶 DNJ 提取物体外降血糖及抗氧化作用研究[J].食品科技,2017(8):215-219.

[36]陈妍言,李德贤,吕文琪,等.桑叶发酵前后提取液降血糖作用的研究[J].广东化工,2019,46(13):19-20.

[37]马珂,喻凯,何雨轩,等.桑叶水提物对肥胖症大鼠脂代谢及肠道菌群的影响[J].华西药学杂志,2019,34(3):249-252.

[38]王玲,邹莉芳,黄先智,等.桑叶 1-脱氧野尻霉素水提液对高脂饮食小鼠脂肪分解代谢的影响[J].营养学报,2018,40(4):376-380.

[39]文晋,邹莉芳,王玲,等.桑叶生物碱粗提液对高脂饮食小鼠胆固醇合成代谢的影响[J].蚕业科学,2019,45(3):377-385.

[40]贺燕,邹莉芳,黄先智,等.桑叶水提物对高脂饮食小鼠粪便中胆固醇代谢产物的影响[J].现代食品科技,2019,35(5):37-45+295.

[41]黄思莹,黄春萍,刘旭,等.桑叶槲皮素对 D-半乳糖致衰老小鼠抗氧化能力及肠道菌群的影响[J].四川师范大学学报:自然科学版,2020,43(3):373-377.

[42]王灿,左艇,王琳琳.桑叶黄酮抗皮肤衰老实验研究[J].中国医药导报,2011,8(3):30-32.

[43]何东与.桑叶黄酮对衰老模型小鼠抗氧化能力影响的探究[J].山西农经,2017(22):80-81.

[44]盛晨鸣,施晓艳,丁泽贤,等.桑叶不同提取物对肿瘤细胞的细胞毒性作用[J].贵阳中医学院学报,2019(2):30-33+45.

[45]王志雄,高剑文,缪伟伟.桑叶对乳腺癌肿瘤血管内皮细胞抑制作用的研究[J].河南大学学报:自然科学版,2015,45(2):197-201.

[46]王志雄,高剑文,缪伟伟.桑叶对肿瘤血管生成的影响[J].中国医药导报,2014,11(25):22-25.

[47]陈涟昊,张霞,孙世芳,等.桑叶多糖调节小鼠肠道菌群失调的研究[J].现代药物与临床,2015(6):633-636.

[48]张立雯,宿树兰,戴新新,等.桑叶有效组分对 db/db 小鼠肠道菌群的调节作用[J].药学学报,2019(5):867-876.

第 4 章 基于文献计量的大叶紫薇叶活性成分研究趋势分析

4.1 概述

大叶紫薇(*Lagerstroemia speciosa*)(图 4-1),千屈菜科,紫薇属,又名满堂红、痒痒树、痒痒花、海棠树、百日红、西洋水杨梅、无皮树等,为落叶灌木或小乔木。主要生长于澳洲和热带亚洲,在我国主要分布于广东、广西、海南、福建和台湾,在菲律宾、新加坡等东南亚国家,大叶紫薇被称为 banaba。其叶、花和果实都被用于糖尿病的治疗。

近年来,对大叶紫薇功能作用的研究越来越受到人们的关注,日本、美国、菲律宾等国家都在对大叶紫薇的化学成分、功能作用等进行研究,发现大叶紫薇仅具有降血糖的作用,还具有减脂、抗氧化、抗菌和抗肿瘤等功能作用[1-4]。

图 4-1 大叶紫薇叶

大叶紫薇作为东南亚国家传统的降糖天然产物,在日本、美国、菲律宾、印度等国家已经开发为功能性食品产品,每年创造巨大的产值,但我国目前该种产品销售还很少。

4.2 基于 CNKI 的大叶紫薇叶研究文献计量分析

在 CNKI 中用公式 TI=大叶紫薇和发表时间“2010—2020 年”检索所有文献,对年度分布、研究机构、学科分类、期刊来源等进行研究分析,结果如下:

4.2.1 年度分布

对 2000—2020 年发表的大叶紫薇叶研究文献进行检索,共检出 35 篇,其不同年度发表的文献数量如图 4-2 所示。

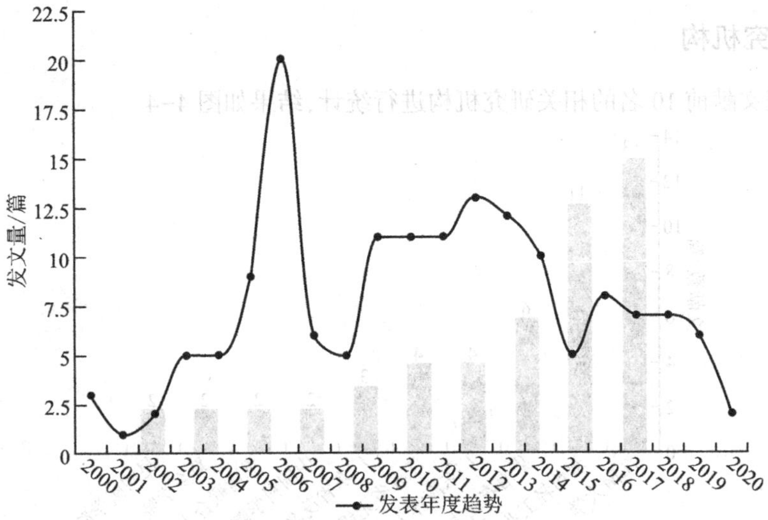

图 4-2　大叶紫薇叶研究文献数量变化趋势

由图 4-2 可见,2000 年开始有大叶紫薇叶研究文献发表,2006 年,大叶紫薇叶研究文献数量最高,达到 16 篇,但随后每年数量都仅仅在 1~2 篇,这是由于 2004 年前,大叶紫薇研究主要在日本、美国进行,2004 年后,江南大学开始进行相关研究,但由于大叶紫薇叶资源在国内不多,同时,不是药食共用食品原料,因此,研究受到关注度不高。

4.2.2　主题分布

大叶紫薇叶研究的主题分布见图 4-3。

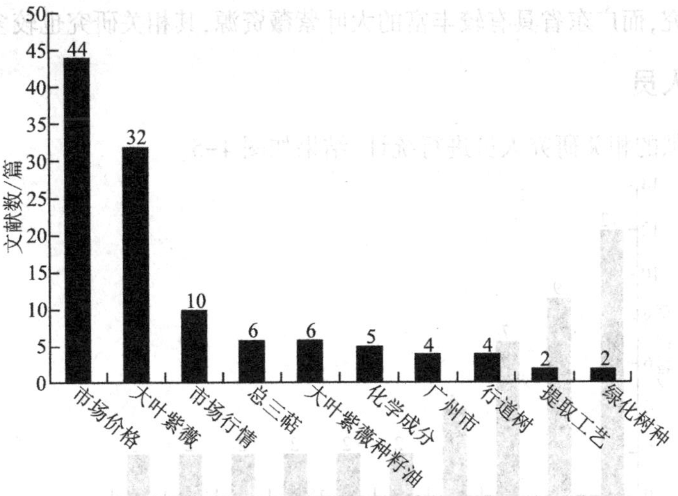

图 4-3　大叶紫薇叶研究主题分布

由图 4-3 可见,主题主要涉及市场价格(44 篇)、大叶紫薇(32 篇)、市场行情(10 篇)、总三萜(6 篇)、大叶紫薇种子油(6 篇)、化学成分(5 篇)、广州市(4 篇)、行道树(4 篇)、提取工艺(2 篇)、绿化树种(2 篇)等。表明对大叶紫薇叶研究主题目前主要作为园林、城市绿化用树,对其栽培和供应室研究的重要方面,同时功能成分提取、分离也开始受到关注。

4.2.3 研究机构

对发表文献前 10 名的相关研究机构进行统计，结果如图 4-4。

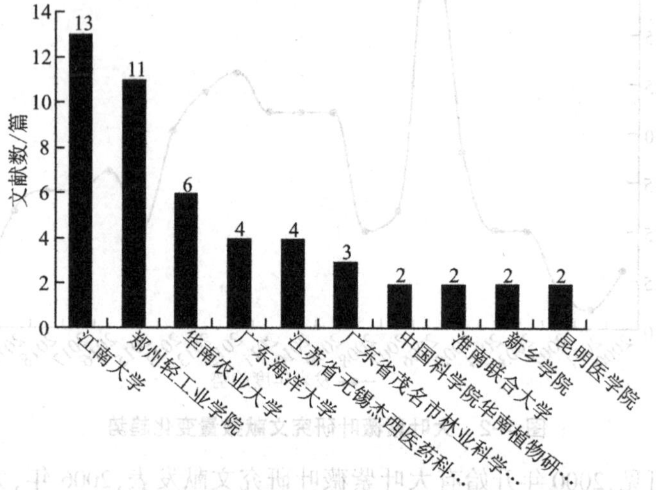

图 4-4 大叶紫薇叶研究相关机构发表文献数量

发表文献前 10 名的相关研究机构分别江南大学（13 篇）、郑州轻工业学院（11 篇）、华南农业大学（6 篇）、江苏省无锡杰西医药科技有限公司（4 篇）、广东海洋大学（4 篇）、广东省茂名市林业科学研究所（3 篇）、中山大学（2 篇）、昆明医学院（2 篇）、安徽中医学院（2 篇）、佛山科学技术学院（2 篇）。江南大学、郑州轻工业学院、广东海洋大学是国内大叶紫薇叶研究领域的主要机构。此外，这是由于江南大学、郑州轻工业大学率先在国内开展相关研究，而广东省具有较丰富的大叶紫薇资源，其相关研究也较多。

4.2.4 研究人员

对发表文献的相关研究人员进行统计，结果如图 4-5。

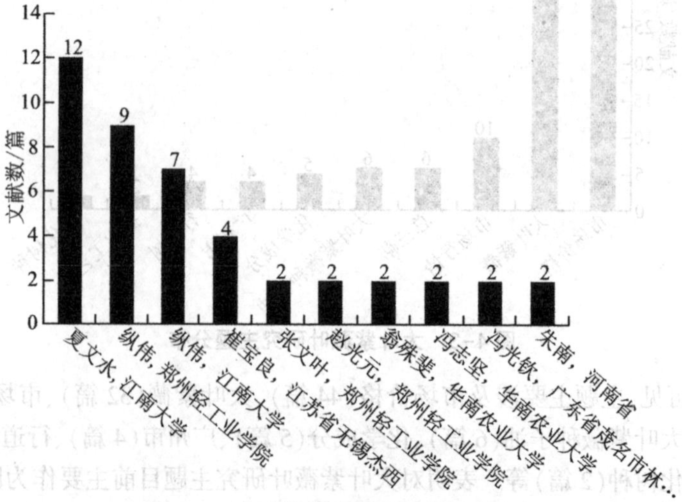

图 4-5 大叶紫薇叶研究相关研究人员

发表文献前 10 名的相关研究人员分别为夏文水(12 篇)、纵伟(9 篇)、纵伟(7 篇)、崔宝良(4 篇)、张文叶(2 篇)、赵光远(2 篇)、翁殊斐(2 篇)、冯志坚(2 篇)、冯光钦(2 篇)、朱南(篇 2)。这和机构研究的情况有关,前 3 名夏文水、纵伟、崔宝良都曾在江南大学进行合作研究。

4.2.5　学科分类分析

对发表文献涉及的相关学科进行统计,结果如图 4-6。

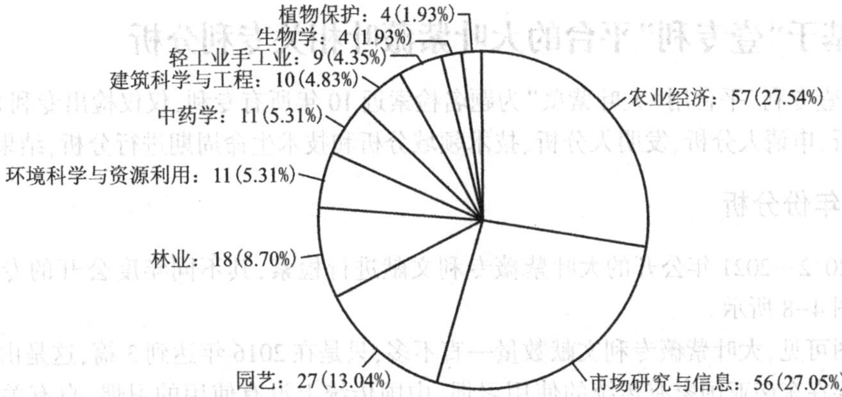

图 4-6　大叶紫薇叶研究相关学科

发表文献前 10 名的学科分别为农业经济(57 篇)、市场研究与信息(56 篇)、园艺(27 篇)、林业(18 篇)、中药学(11 篇)、环境科学与资源利用(11 篇)、建筑科学与工程(10 篇)、轻工业手工业(9 篇)、生物学(4 篇)、植物保护(4 篇)。表明大叶紫薇的栽培和园艺学利用是目前的重点,此外中药与方剂、食品的研究近年来也受到关注。

4.2.6　期刊来源分布分析

对发表文献涉及的期刊来源进行统计,结果如图 4-7。

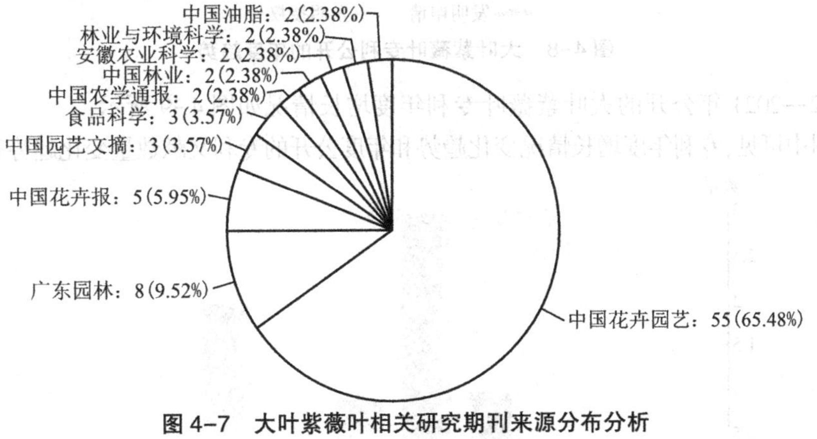

图 4-7　大叶紫薇叶相关研究期刊来源分布分析

虽然发表的文章集中在 28 种期刊中,但中国花卉园艺(55 篇)、广东园林(8 篇)、中国花卉报(5 篇)、食品科学(3 篇)、中国园艺文摘(3 篇)、安徽农业科学(2 篇)、中国油脂

(2 篇)、林业与环境科学(2 篇)、绿化与生活(2 篇)、中国农学通报(2)发文数量较多,表明园艺、食品类杂志是该领域发表文章的主要期刊。

从研究前沿趋势分析,国内大叶紫薇叶研究的领域还主要是园艺领域,在医药、食品领域,对功能成分提取、分析和其降血糖、抗肿瘤等生物活性研究也开始受到关注。这为今后进一步提取这些功能活性物质、制备相关产品,实现大叶紫薇叶精深加工提升其价值提供了良好的基础。

4.3 基于"壹专利"平台的大叶紫薇叶相关专利分析

在"壹专利"平台用"大叶紫薇"为题名检索近 10 年所有专利,仅仅检出专利 8 条,对年份分析、申请人分析、发明人分析、技术领域分析和技术生命周期进行分析,结果如下:

4.3.1 年份分析

对 2012—2021 年公开的大叶紫薇专利文献进行检索,其不同年度公开的专利文献数量如图 4-8 所示。

由图可见,大叶紫薇专利文献数量一直不多,只是在 2016 年达到 3 篇,这是由于大叶紫薇主要在东南亚国家有传统的使用习惯,中国传统上没有使用的习惯,自有关研究者介绍以来,受到关注的程度还不高。

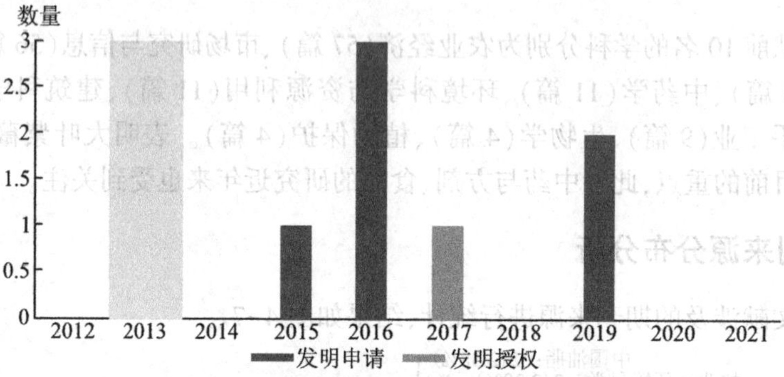

图 4-8 大叶紫薇叶专利公开的年度趋势

2012—2021 年公开的大叶紫薇叶专利年度增长情况如图 4-9 所示。

从图中可见,专利年度增长情况变化趋势和年度公开的专利文献数量变化趋势基本一致。

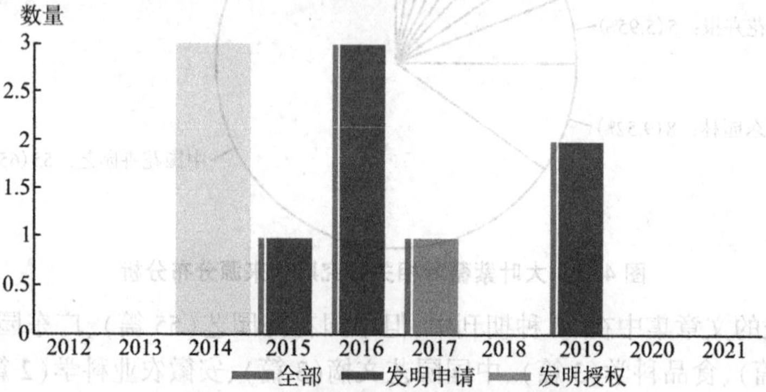

图 4-9 专利公开的年度增长率情况

4.3.2　申请人分析

对 2012—2021 年公开的大叶紫薇叶专利文献进行检索，其申请人的专利公开年度趋势如图 4-10 所示。

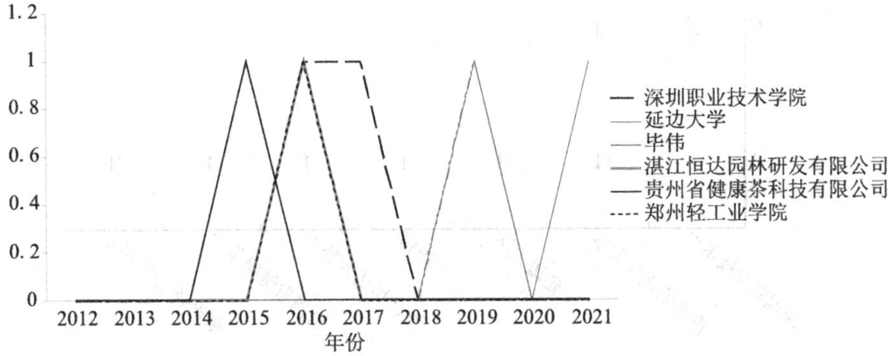

图 4-10　申请人的专利公开年度趋势

对这些申请人公开的专利进行分析，其申请专利数量排名如图 4-11。西深圳职业技术学院、延边大学、毕伟、湛江恒达园林研发有限公司、贵州省健康茶科技有限公司和郑州轻工业学院排名靠前。

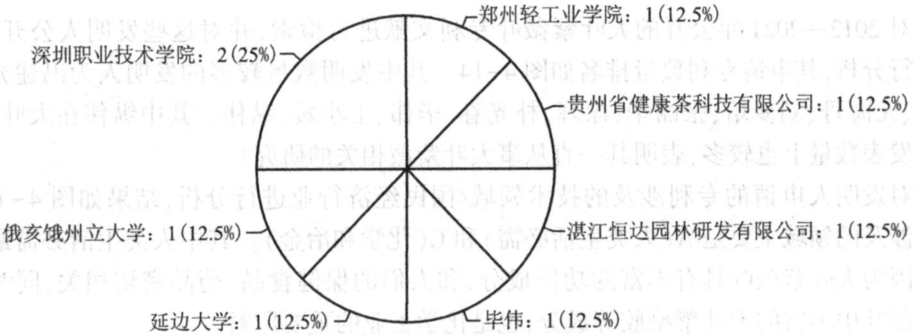

图 4-11　申请专利数量排名

对这些申请人类型构成进行分析，结果如图 4-12。高校申请的专利较多，企业较少，这可能是大叶紫薇的产业化开发还没有收到重视。

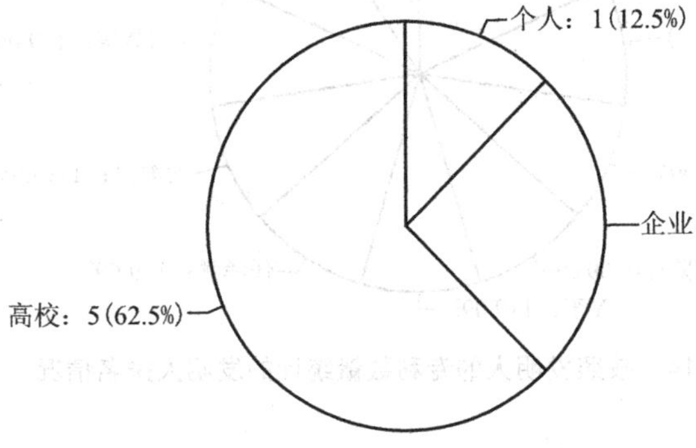

图 4-12　申请人类型构成

对申请人申请的专利涉及的技术领域/国民经济行业进行分析，结果如图 4-13 所示。涉及的领域主要是 A(人类生活必需)、和 C(化学和冶金)。其中人类生活必需最多，这是因为大叶紫薇叶具有丰富的功能成分，和人们的保健食品、药品密切相关。

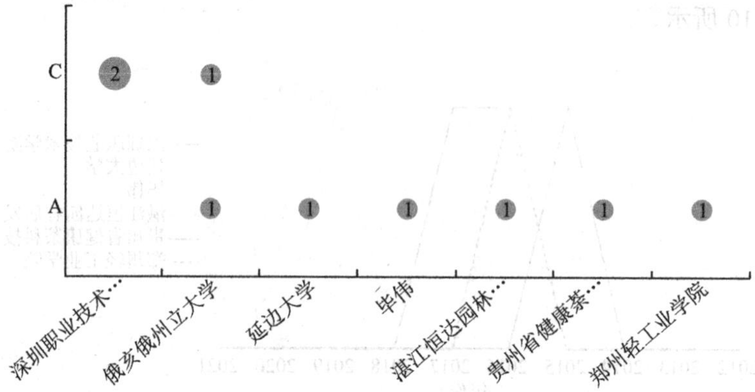

图 4-13　申请人在各技术领域/国民经济的专利分布情况

对申请人专利合作情况及对应数量进行分析，由于申请数量较少，申请人相互无联系。

4.3.3　发明人分析

对 2012—2021 年公开的大叶紫薇叶专利文献进行检索，并对这些发明人公开的专利进行分析，其申请专利数量排名如图 4-14。其中发明数量较多的发明人为冯建光、任泽鹏、元海丹、刘梦培、张丽华、徐晖、朴光春、毕伟、王小媛、纵伟。其中纵伟在大叶紫薇论文发表数量上也较多，表明其一直从事大叶紫薇相关的研究。

对发明人申请的专利涉及的技术领域/国民经济行业进行分析，结果如图 4-15 所示。涉及的领域主要是 A(人类生活必需)和 C(化学和冶金)。其中人类生活必需最多，这是因为大叶紫薇叶具有丰富的功能成分，和人们的保健食品、药品密切相关，同时，大叶紫薇叶中丰富的大叶紫薇胶等成分，也是化学工业的重要原料。

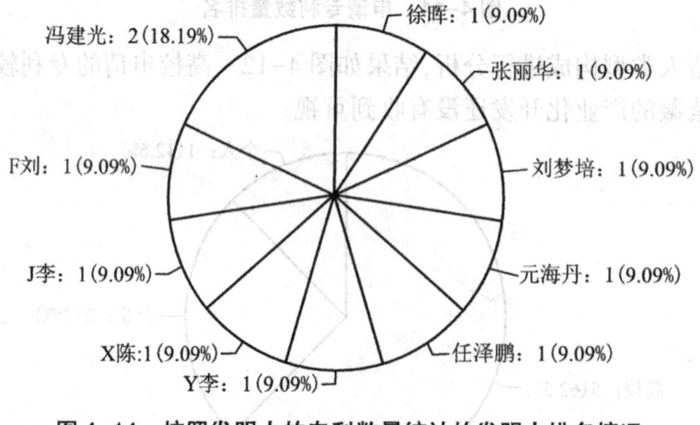

图 4-14　按照发明人的专利数量统计的发明人排名情况

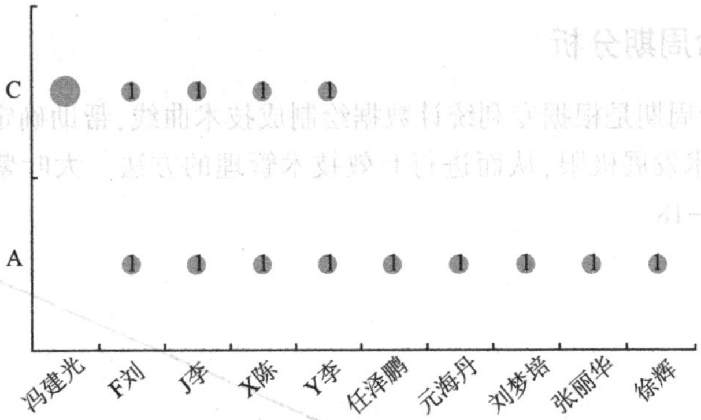

图 4-15 发明人在各技术领域/国民经济的专利分布情况

发明人专利合作情况及对应数量见图 4-16。以合作较多参加人的刘梦培合作者为例,其合作者张丽华、王小媛、纵伟、董宇、赵光远、铁珊珊为合作者的单位同事和学生。

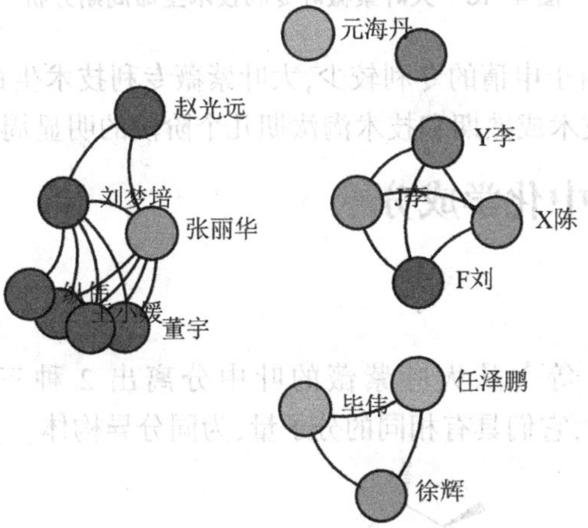

图 4-16 发明人专利合作情况及对应数量

4.3.4 技术领域分析

对申请的专利涉及的技术领域/国民经济行业进行分析,涉及的领域主要是 A(人类生活必需)和 C(化学和冶金)。各涉及的领域排名情况见图 4-17,其中人类生活必需最多。尤其是 A(人类生活必需)和 C(化学和冶金)。

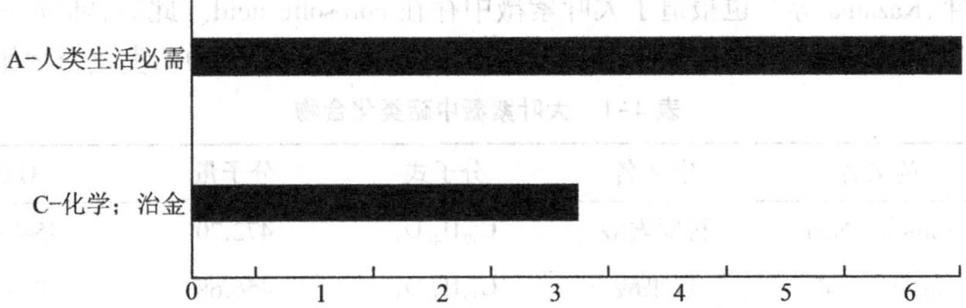

图 4-17 按照 IPC 的专利数量统计的 IPC 排名情况

4.3.5 技术生命周期分析

专利技术生命周期是根据专利统计数据绘制成技术曲线，帮助确定当前技术所处的发展阶段、预测技术发展极限，从而进行有效技术管理的方法。大叶紫薇叶专利技术生命周期分析见图 4-18。

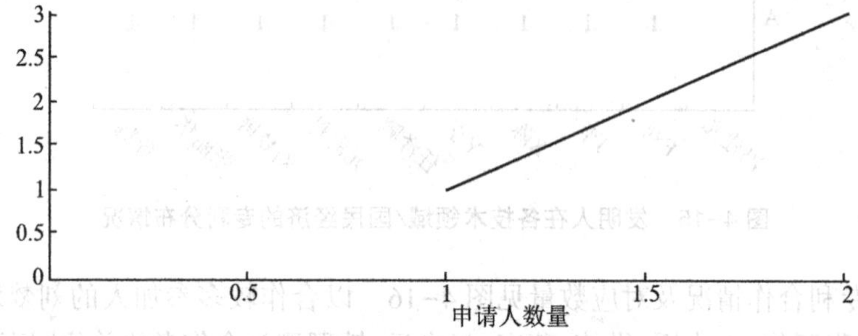

图 4-18 大叶紫薇叶专利技术生命周期分析

从图 4-18 可见，由于申请的专利较少，大叶紫薇专利技术生命周期没有传统的技术引入期、技术发展期、技术成熟期和技术淘汰期几个阶段的明显周期性变化。

4.4 大叶紫薇叶中化学成分

4.4.1 萜类化合物

1993 年，Murakami 等[5] 从大叶紫薇的叶中分离出 2 种三萜酸 corosolic acid 和 maslinic acid（图 4-19），它们具有相同的分子量，为同分异构体。

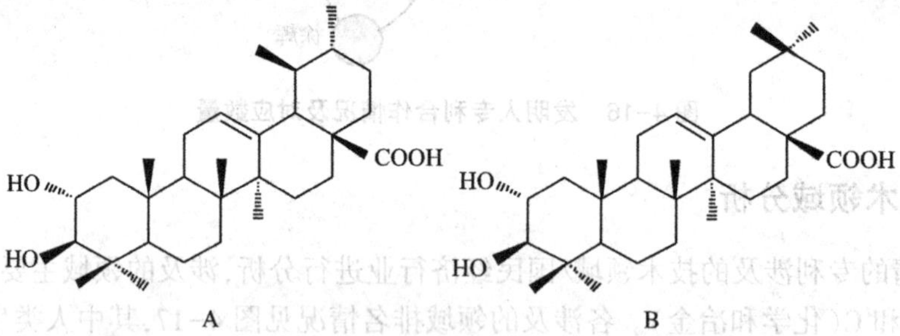

图 4-19 corosolic acid（A）和 maslinic acid（B）的化学结构

2002 年，Kazama 等[6] 也报道了大叶紫薇中存在 corosolic acid。此后，陆续一些研究者从大叶紫薇分析出不同的萜类化合物，冯卫军等[7] 总结，大叶紫薇中萜类化合物如表 4-1。

表 4-1 大叶紫薇中萜类化合物

序号	英文名	中文名	分子式	分子量	GAS 号
1	corosolic acid	科罗索酸	$C_{30}H_{48}O_4$	472.70	4547-24-4
2	ursolic acid	熊果酸	$C_{30}H_{48}O_3$	456.68	77-52-1
3	oleanolic acid	齐墩果酸	$C_{30}H_{48}O_3$	456.71	508-02-1

续表 4-1

序号	英文名	中文名	分子式	分子量	GAS 号
4	maslinic acid	山楂酸	$C_{30}H_{48}O_4$	472.70	4373-41-5
5	alphitolic acid	麦珠子酸	$C_{30}H_{48}O_4$	472.70	19533-92-7
6	asiatic acid	亚细亚酸	$C_{30}H_{48}O_5$	488.70	464-92-6
7	arjunolic acid	阿江榄仁酸	$C_{30}H_{48}O_5$	488.70	465-00-9
8	sitosterol acetate	谷甾醇乙酸酯	$C_{31}H_{52}O_2$	456.74	915-05-9
9	β-sitosterol	β-谷甾醇	$C_{29}H_{50}O$	414.71	83-46-5
10	phytol	植醇	$C_{20}H_{40}O$	296.53	7541-49-3
11	lutein	叶黄素	$C_{40}H_{56}O_2$	568.87	127-40-2

4.4.2　酚类化合物

在大叶紫薇叶中已经分离出多种酚类化合物，包括简单酚类化合物和聚合酚类化合物。Kajimoto 等[8]在分析 15 种商业日本茶的抗氧化活性时，采用薄层色谱（TLC）分析和高效液相色谱（HPLC）分析发现，大叶紫薇茶中含有龙胆酸、没食子酸、鲸蜡烯和间苯二酚，并且发现抗氧化活性与龙胆酸、没食子酸的含量呈正比例关系。

Unno 等[9]采用热水和有机溶剂提取，HP-20 大孔树脂吸附，然后采用氯仿、正己烷、乙酸乙酯和正丁醇进行洗脱，最后用制备 HPLC 分离得到鞣花酸。Yamazaki 等[10]从大叶紫薇叶中分离出一种双酚酸化合物。Takashi[11-12]从大叶紫薇叶中分离出 4 种鞣花单宁酸：3,4-di-O-methyl-4′-β-D-glucosylellagic acid（图 4-20）；3,3′,4,-tri-O-methylellagic acid；3-O-methyle-llagic acid 和 3,4-di-O-methyl-4′-β-D-glucosylellagic acid。

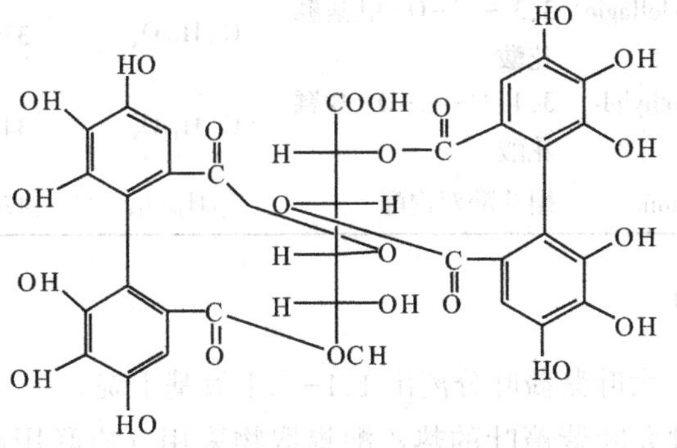

图 4-20　3,4-di-O-methyl-4′-β-D-glucosylellagic acid 的化学结构

Xu 等[13]从大叶紫薇叶和果实中分离出一种以葡萄糖酸将鞣花单宁连接成环的多酚化合物 Lagerstanins A 和其他多酚化合物 2,3,5-O-(sr)-flavogallonyl-4,6-O-(s)-hexahydroxydiphenoyl-D-gluconic acid；5-O-galloyl-4,6-O-(s)-he-xahydroxydiphenoyl-Dglucon 和 2,5-di-O-galloyl-4,6-O-(s)-hexahydroxydiphenoyl-D-gluconic。

Takeo 等[14] 在大叶紫薇叶丙酮提取物中分离出三种多酚类物质：lagerstroemin、flosinB 和 regininA。

冯卫军等[7] 总结，大叶紫薇中酚类化合物如表 4-2 所示。

表 4-2　大叶紫薇中酚类化合物

序号	英文名	中文名	分子式	分子量	CAS 号
1	gallic acid	没食子酸	$C_7H_6O_5$	170.12	149-91-7
2	ellagic acid	鞣花酸	$C_{14}H_6O_8$	302.19	476-66-4
3	4-hydroxycinnamic acid	对香豆酸	$C_9H_8O_3$	164.16	501-98-4
4	esculetine	6,7-二羟基香豆素	$C_9H_6O_4$	178.14	305-01
5	lagerstroemin	印车前明碱	$C_{26}H_{31}NO_5$	437.54	10247-53-7
6	stachyurin	旌节花素	$C_{41}H_{28}O_{26}$	936.65	81739-27-7
7	casuarinin	木麻黄鞣宁	$C_{41}H_{28}O_{26}$	936.65	79786-01-9
8	caffeic acid	咖啡酸	$C_9H_8O_4$	180.15	331-39-5
9	kaempferol	山萘酚	$C_{15}H_{10}O_6$	286.24	520-18-3
10	quercetin	槲皮素	$C_{15}H_{10}O_7$	302.24	117-39-5
11	isoquercitrin	异槲皮苷	$C_{21}H_{20}O_3$	464.38	482-35-9
12	quercetin-7-glucoside	槲皮素-7-葡萄糖苷	$C_{21}H_{20}O_{12}$	464.38	491-50-9
13	4-hydroxybenzoic acid	4-羟基苯甲酸	$C_7H_6O_3$	138.12	99-96-7
14	3,3′-di-O-methylellagic acid	3,3′-二-O-甲基鞣花酸	$C_{16}H_{10}O_8$	330.25	3374-77-4
15	3,4,3′-tri-O-methylellagic acid	3,4,3′-三-O-基鞣花酸	$C_{17}H_{12}O_8$	344.27	1617-49-8
16	valonic acid dilactone	槲斗酸双内酯	$C_{21}H_{10}O_{13}$	470.29	60202-70-2

4.4.3　其他化合物

Takahashi 等[15] 从大叶紫薇叶分离出 1,1-二丁氧基丁烷。

Takahash 等[16] 对大叶紫薇叶的热乙醇提取物采用气质联用(GC/MS)技术进行分析，检测出二十九烷醇、三十一烷、三十三烷醇、二十四烯和二十六烯、软脂酸乙酸乙酯、十七烷酸乙酸乙酯、硬脂酸乙酸乙酯、花生酸乙酸乙酯和山嵛酸，此外，还检测出 lasubine Ⅱ和几种 m/z 为 223、248、248 和 278 的生物碱。

Garcia 等[17] 在大叶紫薇叶中发现含有 β-谷甾醇。

Manalo 等[18]分析了大叶紫薇叶中的氨基酸组成和脂肪酸组成，发现其含有 16 种氨基酸组成。Sinhababu 等[19]采用石油醚进行提取，经过柱色谱分离后得到几个组分，通过 GC/MS 分析，发现其含有壬二酸、12-acetyloxy-9-octadecenoic acid、16-methyl-heptadecanoic acid。

4.5　大叶紫薇叶中化学成分的提取

虽然目前大叶紫薇叶降糖等功能作用已得到公认，但大叶紫薇叶中活性成分尤其是其降糖活性成分目前还不十分清楚。

1993 年，Murakamicc 等[5]在研究大叶紫薇甲醇提取物对葡萄糖向肿瘤细胞中的转移活性时，从中提取分离了 2 种三萜酸 corosolic acid 和 maslinic acid，并通过测定各成分促进葡萄糖转移到细胞中的活性的比较，首次提出 corosolic acid 是大叶紫薇中降血糖的主要活性成分。

Azama 等[6]通过小鼠实验表明大叶紫薇具有降血糖活性，也从中分离出 corosolic acid，认为它是降血糖活性成分。William 等[20]在制备大叶紫薇提取物的软胶囊和硬胶囊时，采用了以下提取方法（图 4-21）：

干叶 —80%乙醇、80 ℃提取 1.5 h→ 提取液 —冷却到室温、过滤→ 滤液 —活性炭吸附后过滤→ 滤液 —真空浓缩→ 浓膏

图 4-21　William 等采用的提取流程图

他们将提取液进行 HPLC 分析，发现其中含有 3%的 corosolic acid，他们将提取物制备为含 1%的 corosolic acid 的胶囊后进行降糖作用的临床观察，在解释降糖作用原因时，他们仍然认为 corosolic acid 是大叶紫薇降糖的主要活性成分。此外，还有许多文献[21-21]也都认为 corosolic acid 是大叶紫薇中降血糖的主要活性成分。

2002 年，Takeo[14]等采用如图 4-22 所示的提取分离过程，通过一系列的提取、分离和活性鉴定发现，大叶紫薇中三种鞣花单宁成分 lagestroemin、flosinB 和 regininA 具有较好的降糖效果。Liu[23]在研究大叶紫薇热水提取物对 3T3-L1 细胞的葡萄糖转移活性和脂肪分化活性影响时，将热水提取物在 Dianion HP-20 树脂柱上分别以水和甲醇洗脱，得水洗脱物（BWE）和甲醇洗脱物（BME），其提取步骤如图 4-23 所示。他们通过活性检验，各部分活性大小依次为 BME>BE>BWE，从而说明大叶紫薇降血糖有效成分应该是热稳定的、水溶但相对非极性的成分。在此基础上，他们又将大叶紫薇用热水和甲醇分别提取，得到热水提取物（BE）和甲醇提取物（ME），经过活性检测，发现 BE 具有较强的刺激葡萄糖转移进入 3T3-L1 脂肪细胞的作用，而 ME 无此作用，由于 corosolic acid 是水不溶性物质，因此，表明 corosolic acid 不是降糖有效成分。他们将 BE 采用三次 HPLC 进行分离，其步骤如图 4-24 所示。通过对 HPLC 分离得到的高活性 SSF16 组分进行 Q-TOF 电质谱分析，发现其分子量为 939 g/mol 和 935 g/mol，因此，他们推断其可能是 penta-O-galloy1-D-glucose 或 ellagitannin casuarictin，但他们没有得到该活性组分的准确化学结构。

Suzuki 等[24]在研究大叶紫薇对消化酶的抑制作用时，采用 1 kg 的干叶，经过热水提取和树脂（DianionHP-20）分别用水和甲醇洗脱，最后分别得到热水提取物（HWE）、水洗

脱物（HPWE）和甲醇洗脱物（HPME）分别为17%、9%和8%，其多酚含量分别为59%、28%和80%，从而表明多酚可能和抑制消化酶的活性有关，可起到降血糖的作用。

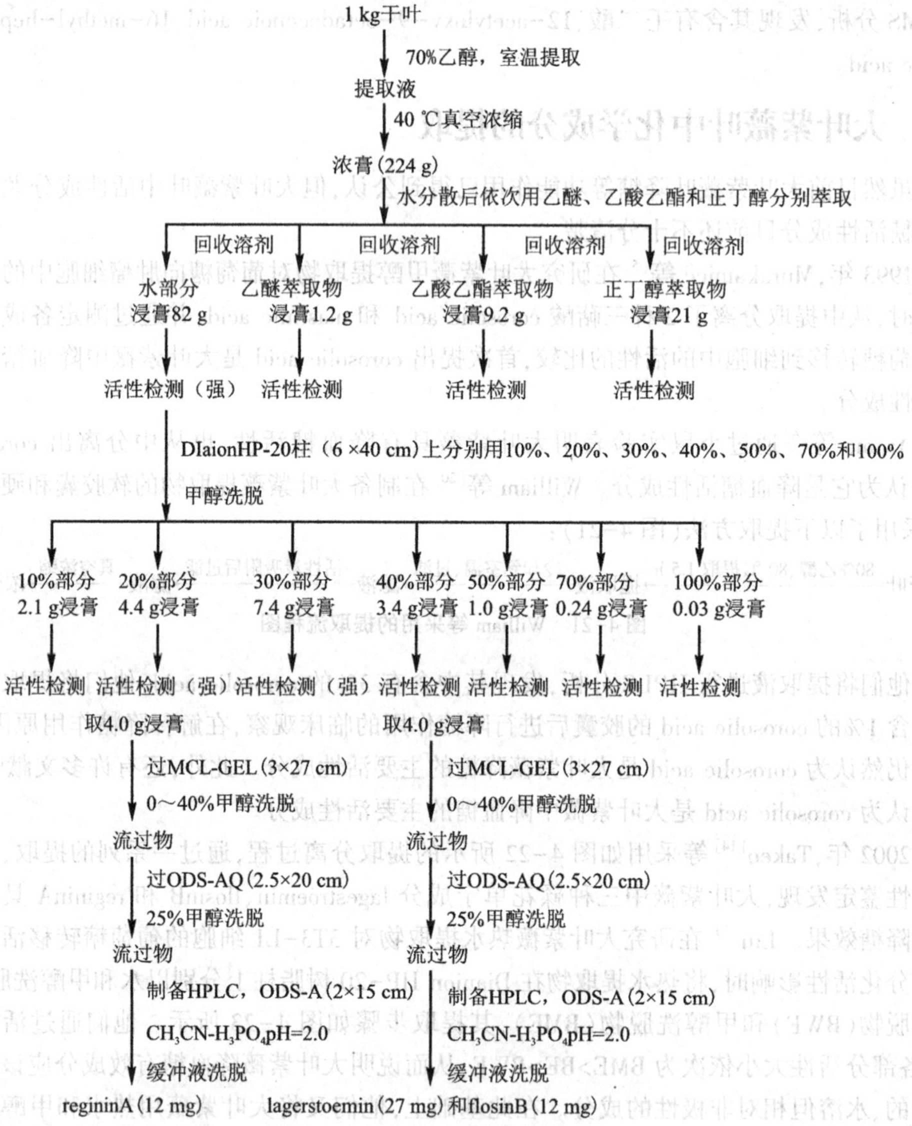

图4-22　Takeo 等采用的提取分离流程[9]

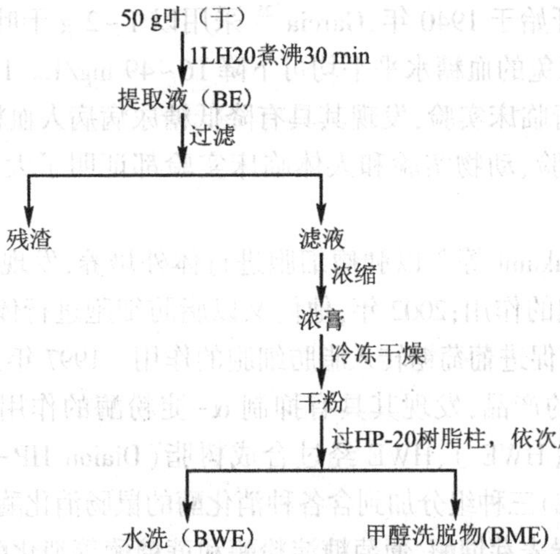

图 4-23　Liu 等采用的提取分离流程图

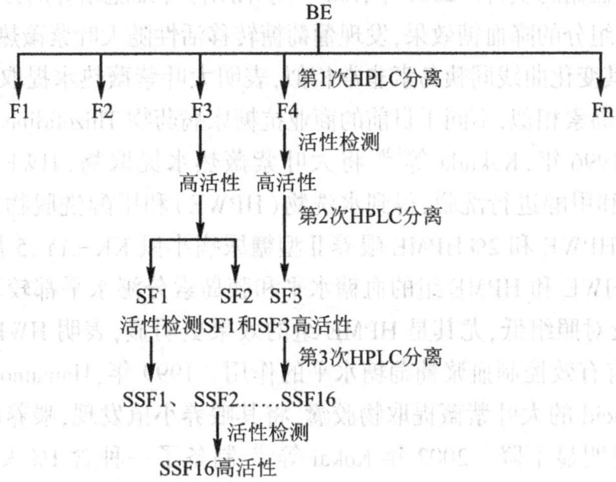

图 4-24　Liu 等制备 HPLC 流程图

从以上不同学者研究的情况来看,他们所报道的降糖活性成分主要包括两种类型的化学物质:一是以 corosolic acid 为代表的萜类化合物,二是多酚类化合物。他们的研究还存在以下问题:一是筛选模型的选择问题;二是筛选分离的方案上还存在一定的缺陷。Murakamicc 等[6]在筛选活性成分时,采用的筛选模型是肿瘤细胞模型,肿瘤细胞是一种代谢异常的细胞,其糖代谢过程和正常机体的糖代谢过程会存在一定的偏差。Takeo[14]采用的分离过程只对醇提物进行了分离,而未对水提物进行分离,这就造成只分离出萜类化合物,而造成酚类成分被忽略;而 Liu 等[23]只对热水提取物进行了分离,未对醇提物进行分离,这就造成只分离出酚类化合物,而造成萜类成分被忽略。此外,他们在研究时都没有考虑化合物之间的相互作用问题。

4.6　大叶紫薇叶中化学成分的生理功能

4.6.1　降血糖作用

目前对大叶紫薇叶功能作用的研究主要集中在大叶紫薇的降血糖作用。大叶紫薇叶的降血糖效果的研究最早开始于 1940 年，Garcia[25] 采用以 1～2 g 干叶/kg 体重的剂量喂养普通家兔，发现每 24 h 家兔的血糖水平平均可下降 16～49 mg/L。1956 年，Garcia[26] 又采用大叶紫薇叶提取物进行临床实验，发现其具有降低糖尿病病人血糖的效果。

近年来，人们采用体外实验、动物实验和人体临床实验都证明了大叶紫薇叶提取物具有降血糖的功能作用。

体外实验中：1993 年，Murakami 等[6] 以肿瘤细胞进行体外培养，发现大叶紫薇提取物具有促进葡萄糖转入肿瘤细胞的作用；2002 年，他们又以脂肪细胞进行体外培养[14]，发现大叶紫薇 70%乙醇提取物具有促进葡萄糖转入脂肪细胞的作用。1997 年，Kokai [22] 等发明一种含大叶紫薇热水提取物的产品，发现其具有抑制 α-淀粉酶的作用。2002 年 Suzuki 等[24] 将大叶紫薇热水提取物（HWE ）、HWE 经过合成树脂（Diaion HP-20）的水洗脱物（HPWE）和甲醇洗脱物（HPME）三种组分加到含各种消化酶的鼠肠消化酶中，发现 HWE 和 HPME 具有有效抑制淀粉酶、异麦芽糖酶、葡萄糖淀粉酶和蔗糖酶等消化酶的作用，从而能够延缓餐后血液中血糖的上升。2001 年，Liu[23] 等采用体外细胞培养的方法，研究大叶紫薇热水提取物中不同组分的降血糖效果，发现葡萄糖转移活性随大叶紫薇热水提取物（BE）浓度的变化而变化，其变化曲线同胰岛素非常相似，表明大叶紫薇热水提取物（BE）刺激葡萄糖转移的机理同胰岛素相似，不同于目前的商业抗糖尿病药物 Thizolidinediones（TZDs）。

动物实验中：1996 年，Kakuda 等[26] 将大叶紫薇热水提取物（HWE）通过 HP-20 树脂，然后分别以水和甲醇进行洗脱，得到水洗物（HPWE）和甲醇洗脱物（HPME），然后分别以 5%HWE、3%HPWE 和 2%HPME 喂养Ⅱ型糖尿病小鼠 KK-AY，5 周后，同喂养纤维素的对照组相比，HWE 和 HPME 组的血糖水平和胰岛素分泌水平都较对照组低，其血浆的胆固醇水平也较对照组低，尤其是 HPME 组的效果更明显，表明 HWE 和 HPME 组，尤其是 HPME 组具有有效控制血浆葡萄糖水平的作用。1999 年，Hamamoto 等[27] 制备了一种含 1%corosolic acid 的大叶紫薇提取物胶囊，将其喂养小鼠发现，喂养后 90 min，小鼠的血糖水平比对照组明显下降。2002 年 Kokai 等[28] 制备了一种含 1%大叶紫薇叶提取物的产品发现它可有效抑制醛糖还原酶，从而可起到治疗糖尿病的作用。

纵伟等研究大叶紫薇总三萜对糖尿病小鼠葡萄糖耐量的影响，采用口服葡萄糖耐糖实验测定总三萜对葡萄糖耐量的影响，结果见表 4-3。

表 4-3　总三萜对空腹血糖和葡萄糖耐量的影响　($\bar{x}\pm s$, $n=10$)

组别	血糖浓度/（mmol/L）			
	0 min	30 min	60 min	120 min
正常对照组	5.29±1.54	7.84±1.38	6.84±1.61	5.53±1.28
模型对照组	10.23±2.32[aa]	21.14±2.47[aa]	20.41±2.29[aa]	19.32±2.33[aa]
金芪降糖片组	10.35±2.42	21.43±2.65	16.81±2.71[**]	10.29±2.24[**]
总三萜低剂量组	10.28±3.21	21.38±3.19	14.97±2.28[**]	10.20±3.53[**]
总三萜高剂量组	10.87±3.42	22.01±3.10	13.20±3.45[**]	10.34±3.37[**]

[aa] $P<0.01$ 于对正常对照相比非常显著；[**] $P<0.01$ 于对模型对照相比非常显著

从实验结果可见,正常对照组糖耐量正常,服用葡萄糖后,其血糖在 30 min 时达到最高值,随后逐渐下降,120 min 时降到正常水平。模型对照组其血糖在 30 min 时达到最高值,其后一直维持在较高水平,表现为糖耐量降低的特征,金芪降糖片组、总三萜低剂量组和高剂量组,血糖在 30 min 时也达到最高值,但随后逐渐下降,120 min 时降到正常水平。这表明,金芪降糖片组、总三萜低剂量组和高剂量组具有改善糖尿病鼠糖耐量能力。

纵伟等还研究喂服总三萜对对四氧嘧啶所致糖尿病小鼠血糖的影响,结果见表 4-4。从结果可见,金芪降糖片组、总三萜低剂量组和总三萜高剂量组均能够显著降低四氧嘧啶所致大鼠血糖升高,与糖尿病模型对照组相比,其血糖分别降低率为 52.0%、49.1%和 57.4%。与模型对照组相比,差异非常显著。总三萜高剂量组和总三萜低剂量组与金芪降糖片组相比,差异不显著,表明总三萜低剂量组和高剂量组的降糖效果于金芪降糖片组相当。

表 4-4　总三萜对血糖的影响　($\bar{x}\pm s, n=10$)

组别	剂量/[mg/(kg·d)]	血糖浓度/(mmol/L)	降低率/%
常对照组		5.32±1.71	
模型对照组		21.34±2.51[aa]	
金芪降糖片组	1 800	10.24±2.31**	52.0
总三萜低剂量组	100	10.87±3.42**	49.1
总三萜高剂量组	250	9.10±2.71**	57.4

[aa] $P<0.01$ 于对正常对照相比非常显著；** $P<0.01$ 于对模型对照相比非常显著

尿糖是血糖水平的表现方式之一,当血糖含量升高时到超过肾小管吸收能力时,葡萄糖就会经肾脏到达尿中形成糖尿,因此。24 h 尿糖含量,可以反映一天糖代谢的状况。喂服总三萜对糖尿病大鼠尿糖的影响见表 4-5。从结果可见,金芪降糖片组、总三萜低剂量组和总三萜高剂量组均能够显著降低四氧嘧啶所致大鼠尿糖升高,与糖尿病模型对照组相比,其尿糖分别降低率为 77.1%、69.6%和 83.6%。与模型对照组相比,差异非常显著。总三萜高剂量组和总三萜低剂量组与金芪降糖片组相比,差异不显著,表明总三萜低剂量组和高剂量组的降尿糖效果于金芪降糖片组相当。

表 4-5　总三萜对尿糖的影响　($\bar{x}\pm s, n=10$)

组别	剂量/[mg/(kg·d)]	尿糖浓度/(mmol/L)	降低率/%
正常对照组		0	
模型对照组		2.8±0.42[aa]	
金芪降糖片组	1 800	0.64±0.32**	77.1
总三萜低剂量组	100	0.85±0.24**	69.6
总三萜高剂量组	250	0.46±0.38**	83.6

[aa] $P<0.01$ 于对正常对照相比非常显著；** $P<0.01$ 于对模型对照相比非常显著

临床实验中,1999 年 Ikeda 等[28]采用含大叶紫薇提取物的胶囊对糖尿病病人进行临床实验,发现其具有治疗糖尿病的作用。2003 年,William 等[20]将含 1% corosolic acid 的大叶紫薇甲醇提取物制备为软胶囊和硬胶囊,对 56 名Ⅱ型糖尿病人进行了临床观察,结果表明,每人每天供给剂量 32 mg 和 48 mg 的两组,两周后,他们的血糖水平有明显下降,服用软胶囊组的病人,其血糖水平平均下降 30%,服用硬胶囊组的病人,其血糖水平平均下降 20%,表明两种胶囊都具有降血糖的效果,且软胶囊的降糖效果优于硬胶囊。

4.6.2 减脂作用

Suzuki 等[29]在研究大叶紫薇治疗Ⅱ型糖尿病的作用时发现,雌性小鼠在服用含有大叶紫薇提取物的饲料时,具有防止肥胖的作用,通过对 5 周龄的雌性 KK-AY 小鼠喂养含有 5% 大叶紫薇提取物的饲料 12 周后发现,同饲养纤维素的对照组相比,饲养期间,小鼠的食量没有发生改变,但体重和脂肪组织明显低于对照组,他们虽然没有观察到大叶紫薇提取物有明显降低血糖的效果,但喂养大叶紫薇提取物的小鼠,其血球 ALC 明显下降;虽然血脂含量没有明显下降,但同对照组相比,其肝脂含量下降 65%,他们认为这是由于甘油三酯的积累减少所造成的,表明大叶紫薇提取物具有减脂的作用。

1999 年,日本 Jikeikai 医药大学医药和健康中心[30]在对 24 名Ⅱ型糖尿病患者的临床实验中发现,服用大叶紫薇提取物 15 d 后(以 corosolic acid 计 48 mg/d),患者体重平均下降 4.0%,尤其是其中 6 位女性,体重平均下降 8.3%。

虽然观察到大叶紫薇具有减脂的作用,但目前,对大叶紫薇减脂功能有效成分的准确化学结构还未见报道,只是松山太[31]在研究大叶紫薇降低血中中性脂的作用时,认为其中含有一定量的 corosolic acid 是其起作用的原因。

脂肪代谢紊乱是糖尿病的特征之一,糖尿病脂肪代谢紊乱主要表现为脂肪合成减少和分解加速,经 β-氧化而产生的大量乙酰辅酶 A 促进胆固醇合成旺盛,使血中胆固醇升高。脂肪代谢失常的另一结果是血中甘油三酯增高。纵伟等研究喂服总三萜对对对四氧嘧啶所致糖尿病小鼠血脂的影响。结果见表 4-6。

表 4-6 总三萜对血脂的影响 $(\bar{x}\pm s, n=10)$

组别	剂量/[mg/(kg·d)]	TG/(mmol/L)	TC/(mmol/L)	HDL-C/(mmol/L)	LDL-C/(mmol/L)
正常对照组	—	0.86±0.38	2.10±0.89	0.88±0.23	0.47±0.16
模型对照组	—	3.32±0.89[aa]	3.08±0.62[aa]	0.46±0.21[aa]	1.01±0.27[aa]
金芪降糖片组	1 800	2.42±0.72*	2.09±0.52**	0.70±0.18*	0.53±0.19**
总三萜低剂量组	100	2.49±0.68*	2.31±0.45**	0.68±0.16*	0.50±0.22**
总三萜高剂量组	250	2.37±0.61*	2.11±0.21**	0.72±0.24*	0.48±0.24**

[a] $P<0.05$ 于对正常对照相比显著,[aa] $P<0.01$ 于对正常对照相比非常显著;

* $P<0.05$ 于对模型对照相比显著,** $P<0.01$ 于对模型对照相比非常显著

从结果来看,模型对照组血清 TC、TG 与 LDL-C 显著升高,HDL-C 降低,与正常组相比,差别非常显著。而给予金芪降糖片和总三萜治疗后,与模型对照组相比,血清 TC、TG 与 LDL-C 显著降低,HDL-C 升高,其中 TC、HDL-C 差别显著;TG 与 LDL-CTG 差别非常显著。表明金芪降糖片和总三萜可明显对抗大鼠血脂代谢紊乱,总三萜高剂量组和总三萜低剂量组与金芪降糖片组相比,差异不显著,表明总三萜低剂量组和高剂量组的对血脂肪的影响效果于金芪降糖片组相当。

4.6.3 抗氧化作用

Tomonori 等[32-33]采用亚油酸体系、1,1-联苯-2-间三硝基苯(DPPH)体系、次黄嘌呤/黄嘌呤氧化酶(HPX/XOD)体系以及叔丁基氢过氧化物(BHP)诱导鼠肝均浆脂质过氧化体系研究了大叶紫薇水提取物的抗氧化作用,结果表明:大叶紫薇水提取物在亚油酸体系中具有强烈的抗氧化作用,其抗氧化作用强于同浓度的 α-生育酚;其淬灭 DPPH 和 O^{2-} 自由基的作用能力也强于同浓度的 α-生育酚;其抑制脂质过氧化能力的效果基本同 L-抗坏血酸相当。他们还将大叶紫薇叶乙醇提取物进行了抗氧化测试[34],发现其具有抑制 XOD 的活性,当将乙醇提取物经过大孔树脂 HP-20 进行纯化后发现,其抗氧化的功能增强。

Kajimoto 等[8]在分析 15 种日本保健茶的抗氧化活性时,发现大叶紫薇茶具有较强的淬灭 DPPH 自由基的作用。

4.6.4 抗病毒作用

大叶紫薇的活性成分具有抗人鼻病毒(humanrhinovirus,HRV)和抗人类免疫缺陷病毒 1(HIV-1)感染的作用。Park 等[35]发现大叶紫薇中鞣花酸对 HRV2、HRV3 和 HRV4 具有抑制作用,且鞣花酸对 HRV2、HRV3 和 HRV4 的抗病毒活性分别为利巴韦林的 1.8 倍、2.3 倍和 2.2 倍。Song 等[36]发现大叶紫薇中槲皮素-7-葡萄糖苷(quercetin-7-glucoside, Q7G)通过早期阶段抑制 HRV2 的复制,发挥其抗 HRV2 作用。

4.6.5 抗肿瘤作用

Khan[37]等采用大叶紫薇叶等植物提取物培养人肿瘤细胞,发现大叶紫薇叶等提取物对人肿瘤细胞株 Erythromyeoid K562、B-lymphoid Raji、T-lymphoid Jurkat 和 Erythroleukemic HEL 等具有一定的抑制作用。

据报道,菲律宾、马来西亚、印度尼西亚、泰国和印度等东南亚国家使用大叶紫薇茶作为饮料已经有 1 500 多年的历史,人们将其作为保健预料饮用,用于预防和治疗糖尿病、水肿和溃疡,长期的服用历史证明其安全无毒。

目前,相关基础研究较多,但工业化开发大叶紫薇叶资源的文献还较少,如果大叶紫薇叶能够被批准为药食共用食品原料,今后其研究将更加受到关注,产业化开发也将上一个新台阶。

参考文献

[1] Guo Sen, Ren Xiameng, He Kan, et al. The anti-diabetic effect of eight Lagerstroemia speciosa leaf extracts based on the contents of ellagitannins and ellagic acid derivatives [J]. Food & Function, 2020, 11(2): 1560-1571.

[2] Sai Saraswathi V, Saravanan D, Santhakumar K. Isolation of quercetin from the methanolic extract of Lagerstroemia speciosa by HPLC technique, its cytotoxicity against MCF-7 cells and photocatalytic activity [J]. Journal of Photochemistry and Photobiology B: Biology, 2017, 171: 20-26.

[3] Sai Saraswathi V, Santhakuma K. Photocatalytic activity against azo dye and cytotoxicity on MCF-7 cell lines of zirconium oxide nanoparticle mediated using leaves of Lagerstroemia speciosa [J]. Journal of Photochemistry and Photobiology B: Biology, 2017, 169: 47-55.

[4] Sai Saraswathi V, Kamarudheen Neethu, Bhaskara Rao K V. Biofilm inhibition formation of clinical strains of Pseudomonas aeruginosa mutans, photocatalytic activity of azo dye and GC-MS analysis of leaves of Lagerstroemia speciosa [J]. Journal of Photochemistry and Photobiology B: Biology, 2017, 169: 148-160.

[5] Murakami C, Myoga K, Kasai R, et al. Screening of plant constituents for effect on glucose transport activity in Enrlich ascites tumour cells. Chemical and Pharmaceutical Bulletin [J]. 1993, 41: 2129-2231.

[6] Kazama Masayoshi, Toyo Koso Kangaku K K. Influence of banaba-kuwa extracted on plasma glucose level in rat. Food Style 21 [J]. 2002, 6(4): 98-102.

[7] 冯卫军, 李海兰, 朴光春. 大叶紫薇化学成分及药理作用研究进展 [J]. 国际药学研究杂志, 2017, 44(10): 941-946.

[8] Kajimoto G, Murakami C. Antioxidant activity of several commercial teas and their components, Journal of Japanese Society of Nutrition and Food Science [J]. 1999, 52(4): 209-218.

[9] Unno Ttomonori, Sakane Iwao, Tsunoda Takami. Inhibition of xanthine oxidase by an aqueous extract of banaba leaves (*Lagerstroemia speciosa*). Nippon Shokuhin Kagaku Kogaku Kaishi [J]. 2000, 47(9): 740-743.

[10] Yamazaki, Kazuo, Hazeki, et al. Pharmaceutical composition containing hexaoxydiphenic acid derivatives having insulin-like effect, and manufacture thereof [P]. JP 2002255804.

[11] Takahashi M, Osawa K, Ueda J, et al. The components of the plants of *Lagerstroemia*genus. Ⅲ: The structure of the new tannin' lagertannin" from the leaves of *Lagerstroemia speciosa*(L.) Pers. Yakugaku Zasshi [J]. 1976, 96(8): 984-987.

[12] Takashi M, Ueda J, Sasaki J, et al. The components of the plants of *Lagerstroemia* genus. Ⅳ. On the presences of the ellagic acid derivatives from the leaves ofLagerstroemia subcostata Koehne, and L.speciosa(L.) Pers.and the synthesis of 3,4-di-O-methylellagic

acid. Yakugaku Zasshi [J].1977,97(8):880-882.

[13]Yaming Xu,Sakai Takashi,Tanaka Takashi. Tannins and related compound.CVI.Preparation of aminoalditol derivatives of hydrolysable tannins having α-andβ-glucopyranose cores,and its application to the structure elucidation of new tannins,reginins A and B and flosin A,isolated fromlagerstroemia flos-reginae Retz.Chemical &Pharmaceutical Bulletin [J].1999,39(3):639-646.

[14]Takeo H,Haruko M,Royji K,et al. Ellagitannins from *Lagerstroemia specious* as activators of glucose transport in fat cells. Planta Medica [J].2002,68:173-175.

[15]Takahashi M,Osawa K,Sato T. Chemical structure of the new component,lageracetal from the leaves of *Lagerstroemia speciosa*. Yakugaku Zasshi [J].1973,93(7):861-863.

[16]Takahashi M, Osawa K, Ueda J, et al, The components of the plants of *Lagerstroemia* Genus. VI. Alkaloids and others in the leaves ofLagerstroemia speciosa (L.) Pers [J]. Annu.Rep.Tohoku Coll.Pharm, 1979,26:65-68.

[17]Garcia Lourdes L, Fojas Felicita R, Castro Irma R, et al. Pharmaceutico-chemical and pharmacological studies on a crude drug from *Lagerstroemia specious*(L.)Pers. Philippine Journal of Science [J].1987,116(4):361-375.

[18]Manalo Josefina B,De Vera Fe V,Teresita S.Phytochemical investigation of *Lagerstroemia specious* leaves(banaba)-Pers. Philippine Journal of Science [J].1993,122(1):15-31.

[19]Sinhababu A,Laskar S,Thakur S,et al. Characterization and identification of antibacterial components in extracts in extracts of seed from *lagerstroemia speciosa*. Advances in Food Science [J].1999,21(1-2):19-22.

[20]William V, Judy Siva P,Hari W W. Antidiabetic activity of a standardized extract (Glucosol™) from *Lagerstroemia specious* leaves in Type II Diabetics A dose-dependence study. Journal of Ethnopharmacology [J].2003,87:115-117.

[21]amasaki Kazuo. Effect of soma saponins on glucose transport system.Book of Abstracts, 210th ACS National Meeting [J]. American Chemical Society, Washington, D, C. 1995,223.

[22]Egawa Kazuyasu. *Lagerstroemia speciosa* (Banaba).Shokulin Kino SozaiⅡ(Cofnference), 237-241.

[23]Fan Liu,Kim J K,Li Y S,et al. An extract of *Lagerstroemia specious L.* has insulin-like glucose uptake-stimulatory and adipocyte differentitation-inhibitory activities in 3T3-L1 cell. Biochemical and Molecular Action of Nutrients [J].2001,131(9):2242-2247.

[24]Suzuki Y,Hayashi K,Sakane L,et al. Sugar decomposition inhibitor,digestive enzyme activity inhibitor, insulin secretion controller, and healthy food and beverage. European patent application [P].Ep1 166 790 A1.

[25]Garcia F. On the hypoglycemic effect of decocation of *Lagerstroemia specious* administered orally. Journal of the Philippine Medicinal Associations [J].1940,20:395-402.

[26]Garcia F. Plantisul tablets in the treatment of diabetes mellitus. Journal of the Philippine

Medicinal Associations [J].1956,31:216-224.
[27] Kakuda T, Sakane I, Takihara T. Hypoglycemic effect of extracts from *Lagerstroemia specious* L. Leaves in genetically diabetic KK-AY mice. Bioscience Biotechnology and Biochemistry [J].1996,60:204-208.
[28] Ikeda Y, Chen J T, Matsuda T. Effectiveness and safety of banaba tablet containing extract from banaba in patients with mile type 2 diabetes. Japanese Pharmacology &Therapeutics [J].1999,27:829-835.
[29] Suzuki Yuko, Unno Tomonori, Ushitani Masao, et al. Antiobesity activity of extracts from *Lagerstroemia specious* leaves on female KK-Ay mice. Journal of Nutritional Science &Vitaminology [J].1999,45(6):791-795.
[30] Yoshio Ikeda, Jui-Tung Chen, Takemi Mtsuda. Effectiveness and safety of banabamin tablet containing extract from banaba in patients with mild type 2 diabetes. Japan Pharmacology & Therapeutics [J].1999,27:829.
[31] 松山太.代谢异常改善方法すよそのめの组成物[P].日本公开特许公报,特开2002-205945.
[32] Tomonori U, Iwao Ti, Masumizu M K, et al. Antioxidative activity of water extracts of *Lagerstroemia specious* leaves. Bioscience Biotechnology and Biochemistry [J].1997,61(10):1772-1774.
[33] Tomonori U, Iwao S, Takami T. Isolation of xanthine oxidase inhibitors lagerstroemia [P].JP2000290188.
[34] Tomonori U, Iwao S, T akami K. Inhibition of xanthine oxidase by an aqueous extract of banaba leaves (*Lagerstroemia speciosa*). Nippon Shokuhin Kagaku Kaishi [J].2000,47(9):740-743.
[35] Park S W, Kwon M J, Yoo J Y, et al. Antiviral activity and possible mode of action of ellagic acid identified in Lagerstroemia speciosa leaves toward human rhinoviruses[J].BMC Complem Altern Med, 2014, 14(1):171.
[36] Song J H, Park K S, Kwon D H, et al. Anti-human rhinovirus 2activity and mode of action of quercetin-7-glucoside from *Lagerstroemia speciosa*[J]. J Med Food, 2013, 16(4):274-279.
[37] Khan Mahmud Tareq Hassan, Lampronti Ilaria, Martello Dino, et al. Identification of pyrogallol as an antiproliferative compound present in extracts from the medcinal plant emblica officinalis: Effects on in vitro cell growth of human tumor cell lines. International Journal of Oncology [J].2002,21(1):18-192.

第 5 章　基于文献计量的银杏叶活性成分研究趋势分析

5.1　概述

银杏(*Ginkgo biloba* L.)(图 5-1)为我国特有树种,为银杏科银杏属植物,是现存种子植物中最古老的植物,被人们誉为“活化石”。银杏的药用部位主要是叶和果。我国拥有世界数量最多的银杏资源,现今我国北接吉林南达顺德,西起新疆东至浙江,27 个省市自治区都有银杏树广泛分布,银杏叶含黄酮类化合物、萜类、酚类、各种微量元素和 17 种氨基酸等化学成分[1-3],具备减少血清胆固醇,提升冠状动脉血流量,改善脑血液循环,缓解平滑肌痉挛,松弛支气管和抑菌等药理作用[4-6],年来随着我国研究的深入,银杏叶的经济价值也水涨船高。因此,将银杏叶资源化,深化开发利用,形成相应的产业链,对于提高银杏叶的利用率有着非比寻常的现实意义。

图 5-1　银杏叶

5.2　银杏叶化学成分及生理功能研究趋势文献计量分析

在 CNKI 中用公式 TI=银杏+叶和发表时间“2010—2020 年”检索所有文献,对年度分布、研究机构、学科分类、期刊来源等进行研究分析,结果如下:

5.2.1　年度分布

对 2000—2020 年发表的银杏叶研究文献进行检索,共检出 5 583 篇,其不同年度发表的文献数量如图 5-2 所示。

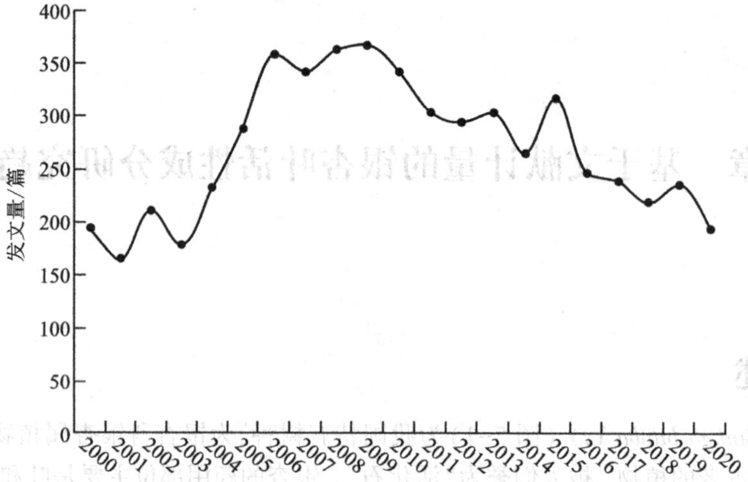

图 5-2　银杏叶研究文献数量变化趋势

由图 5-2 可见,2000 年开始银杏叶研究文献发表数量持续增加,2015 年,银杏叶研究文献数量最高,达到 317 篇,随后数量略有下降,表明银杏叶作为一种植物药资源,一直受到关注。

5.2.2 主题分布

银杏叶研究的主题分布见图 5-3 。

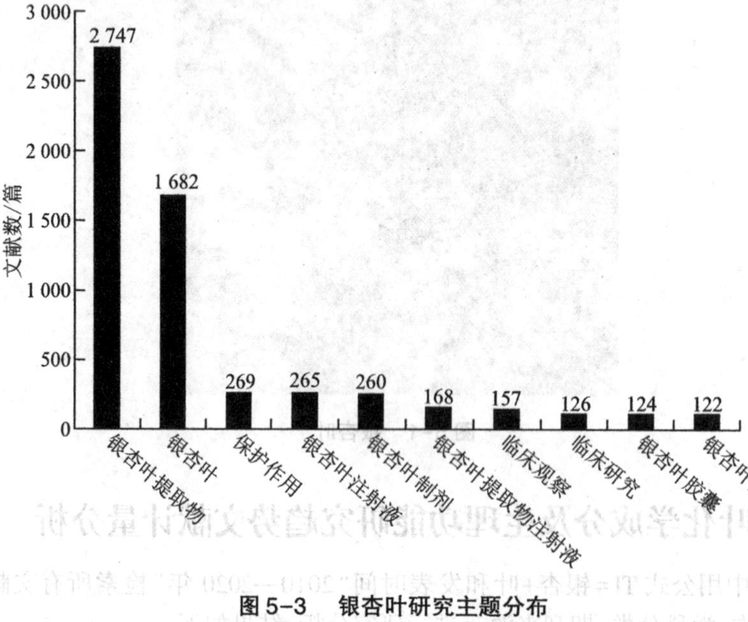

图 5-3　银杏叶研究主题分布

如图可见,主题主要涉及银杏叶提取物(2 747 篇)、银杏叶(1 682 篇)、保护作用(269 篇)、银杏叶注射液(265 篇)、银杏叶制剂(260 篇)、银杏叶提取物注射液(168 篇)、临床观察(157 篇)、临床研究(126 篇)、银杏叶胶囊(124 篇)、银杏叶黄酮(122 篇)等。表明对银杏叶研究主题主要是银杏叶提取物药用产品开发及其疗效研究。

5.2.3　研究机构

对发表文献前 10 名的相关研究机构进行统计，结果如图 5–4。

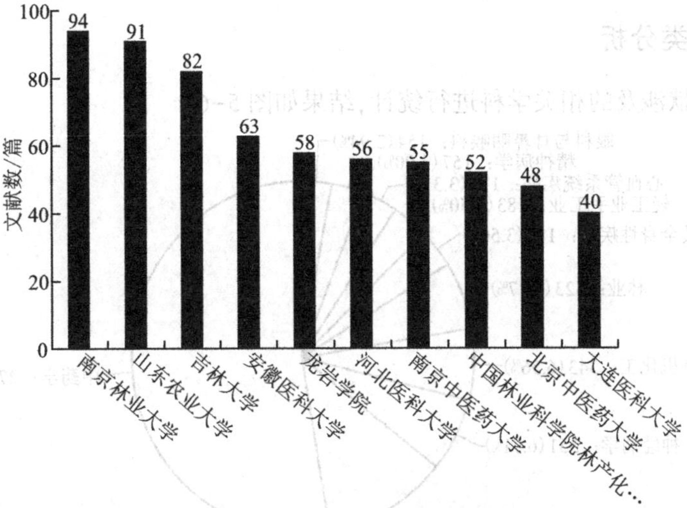

图 5–4　银杏叶研究相关机构发表文献数量

发表文献前 10 名的相关研究机构分别为南京林业大学（94 篇）、山东农业大学（91 篇）、吉林大学（82 篇）、安徽医科大学（63 篇）、龙岩学院（58 篇）、河北医科大学（56 篇）、南京中医药大学（55 篇）、中国林业科学院林产化学工业研究所（52 篇）、北京中医药大学（48 篇）、大连医科大学（40 篇）。这是由于一方面，江苏、山东是银杏种植大省，另一方面，银杏叶主要是作为药用植物开发，因此，研究机构大多为江苏、山东的林业院校和一些医药院校。

5.2.4　研究人员

对发表文献的相关研究人员进行统计，结果如图 5–5。

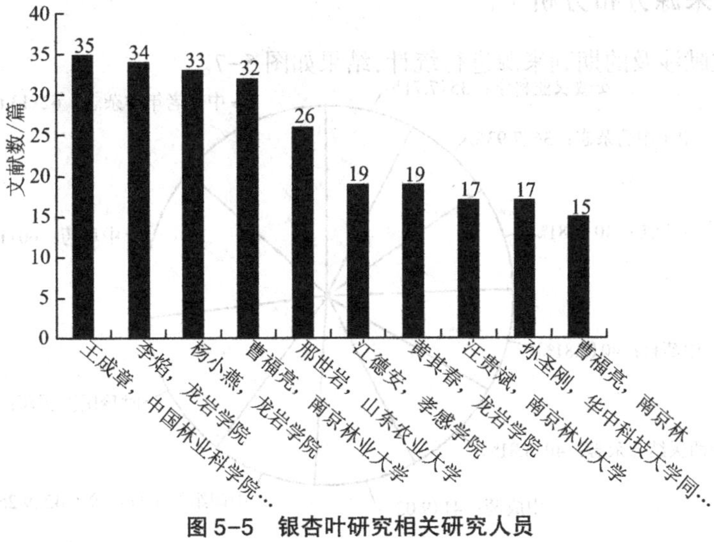

图 5–5　银杏叶研究相关研究人员

发表文献前 10 名的相关研究人员分别为王成章(35 篇)、李焰(34 篇)、杨小燕(33 篇)、曹福亮(32 篇)、邢世岩(26 篇)、汪贵斌(17 篇)、孙圣刚(17 篇)、童萼塘(14 篇)、傅欣彤(14 篇)、陈国荣(14 篇)。这些研究者基本为上述前 10 名研究机构的科研人员。

5.2.5 学科分类分析

对发表文献涉及的相关学科进行统计,结果如图 5-6。

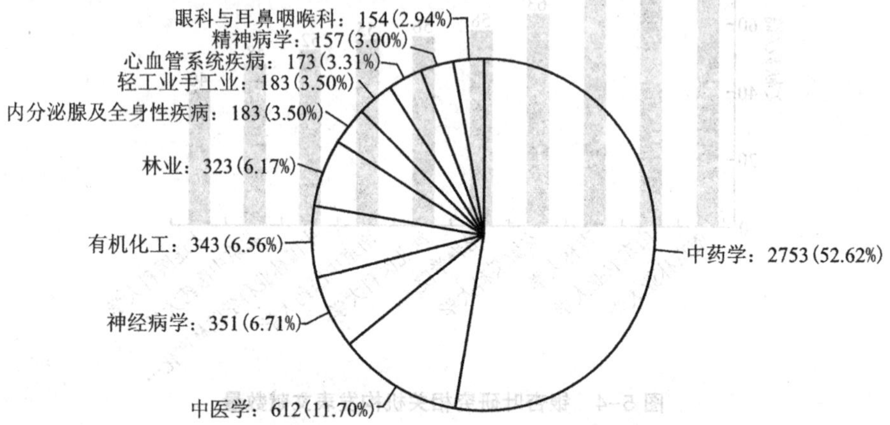

图 5-6 银杏叶研究相关学科

发表文献前 10 名的学科分别为中药学(2 753 篇)、中医学(612 篇)、神经病学(351 篇)、有机化工(343 篇)、林业(323 篇)、内分泌腺及全身性疾病(183 篇)、轻工业手工业(183 篇)、心血管系统疾病(173 篇)、精神病学(157 篇)、眼科与耳鼻咽喉科(154 篇)。其中中药与医疗发表文献数量占绝对优势,表明中药研究是近年来的研究热点,此外,为研究药用效果,医学和化学工程研究也是比较热点的学科。

5.2.6 期刊来源分布分析

对发表文献涉及的期刊来源进行统计,结果如图 5-7。

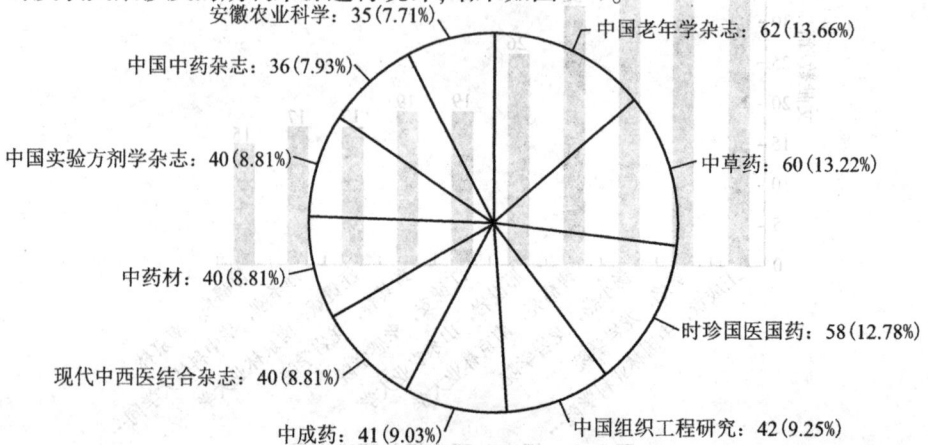

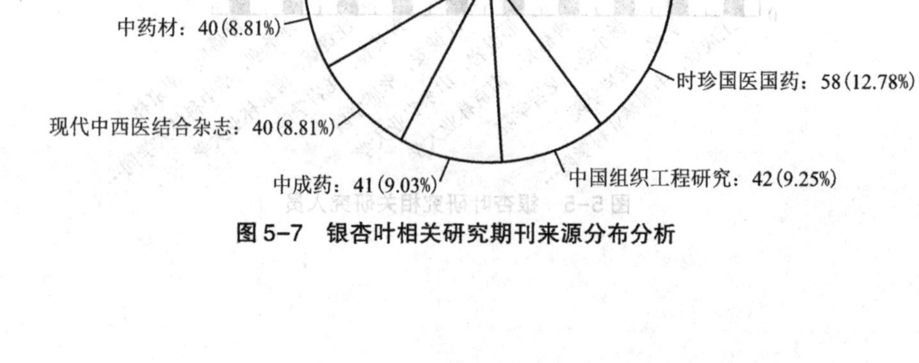

图 5-7 银杏叶相关研究期刊来源分布分析

发表的文章中，中国老年学杂志（62 篇）、中草药（60 篇）、时珍国医国药（58 篇）、中国组织工程研究（42 篇）、中成药（41 篇）、中国实验方剂学杂志（40 篇）、中药材（40 篇）、现代中西医结合杂志（40 篇）、中国中药杂志（3 6 篇）、安徽农业科学（35 篇）为发文数量前 10 名，这是因为银杏叶作为一种心脑血管疾病治疗的有效药物，心脑血管疾病多发于老年人，因此，受到相关的药学和医学杂志重视。

5.3　基于“壹专利”平台的银杏叶相关专利分析

在“壹专利”平台用“银杏叶”为题名检索近 10 年所有专利，共检出专利 1 827 条，对年份分析、申请人分析、发明人分析、技术领域分析和技术生命周期分析，结果如下

5.3.1　年份分析

对 2012—2021 年公开的银杏叶专利文献进行检索，其不同年度公开的专利文献数量如图 5-8 所示。

由图可见，2012 年开始银杏叶专利文献数量持续增加，2019 年，银杏叶专利文献数量最高，达到 119 篇，2020 年后有所下降。

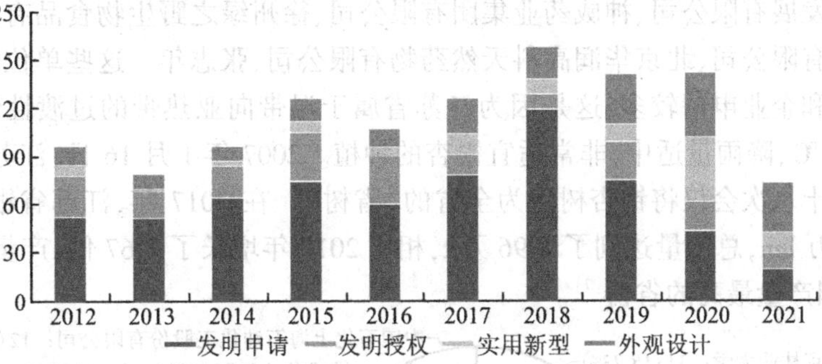

图 5-8　银杏叶专利公开的年度趋势

2012—2021 年公开的银杏叶专利年度增长情况如图 5-9。

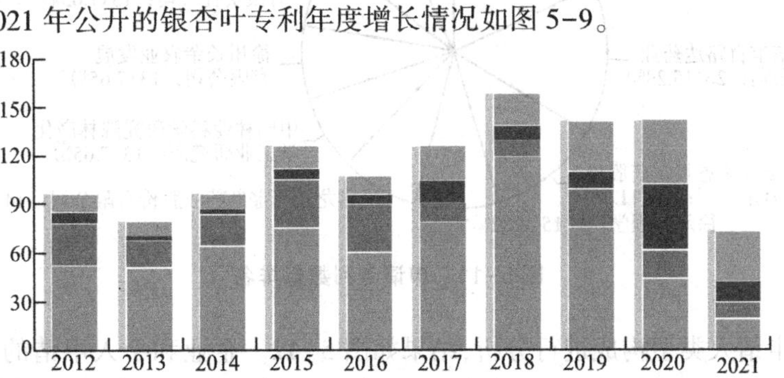

图 5-9　专利公开的年度增长率情况

从图中可见，专利年度增长情况变化趋势和年度公开的专利文献数量变化趋势基本一致。

5.3.2 申请人分析

对2012—2021年公开的银杏叶专利文献进行检索，其申请人的专利公开年度趋势如图5-10所示。

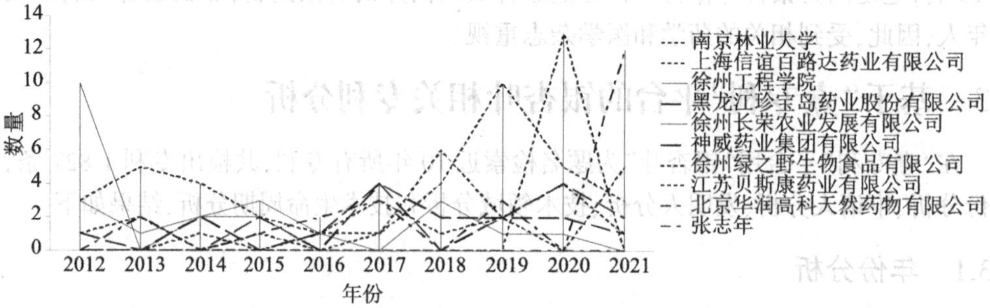

图5-10 申请人的专利公开年度趋势

对这些申请人公开的专利进行分析，其申请专利数量排名如图5-11。南京林业大学、上海信谊百路达药业有限公司、徐州工程学院、黑龙江珍宝岛药业股份有限公司、徐州长荣农业发展有限公司、神威药业集团有限公司、徐州绿之野生物食品有限公司、江苏贝斯康药业有限公司、北京华润高科天然药物有限公司、张志年。这些单位中，江苏北部地区的高校和企业申请较多，这是因为江苏省属于温带向亚热带的过渡性气候，年平均气温13~16 ℃，降雨量适中，非常适宜银杏的种植。2007年1月16日，江苏省十届人大常委会第二十八次会议将银杏树定为全省的“省树”。在2017年，江苏省银杏种植面积已超过5.5万hm，总产量达到了8.96万t，相比2010年增长了1.67倍，产量占全国45%左右，为全国产量最高的省份[7]。

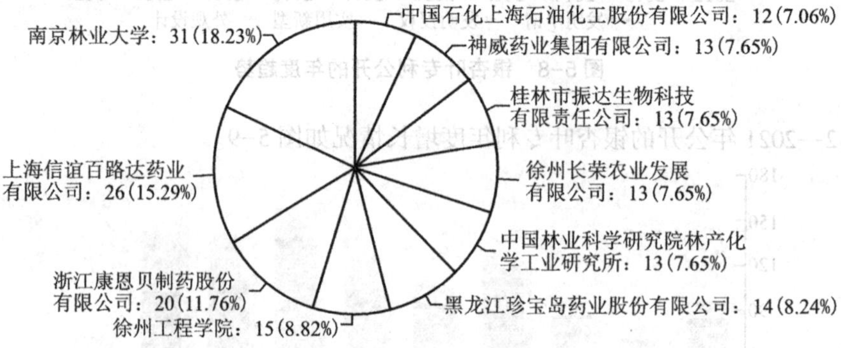

图5-11 申请专利数量排名

对这些申请人类型构成进行分析，结果如图5-12。企业和个人申请的专利较多，和发表的银杏叶相关论文相比，发表论文方面，高校和科研院所较多，但在专利申请方面，企业和个人更加重视专利的申请。

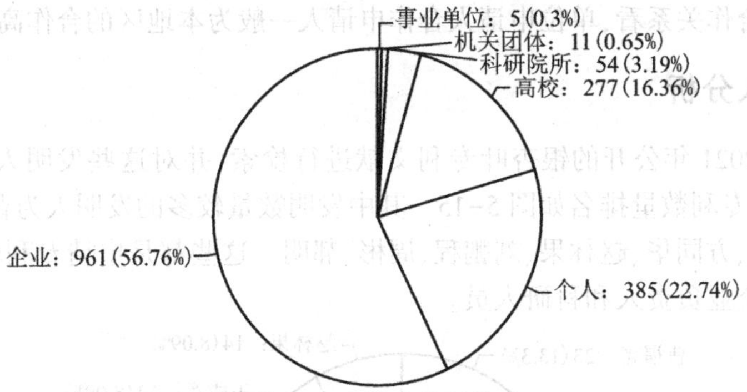

图 5-12　申请人类型构成

对申请人申请的专利涉及的技术领域/国民经济行业进行分析，结果如图 5-13 所示。

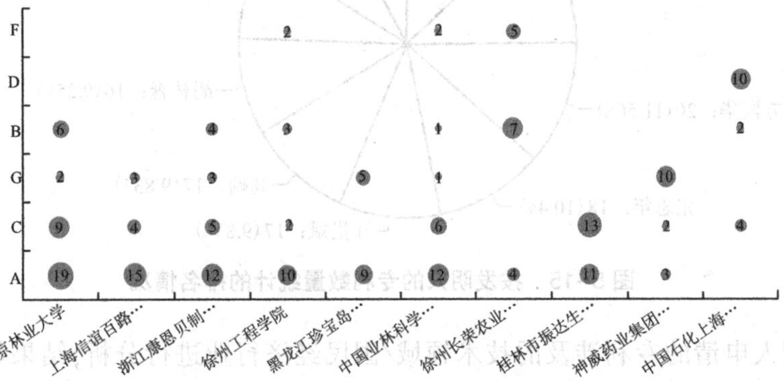

图 5-13　申请人在各技术领域/国民经济的专利分布情况

涉及的领域包括 A（人类生活必需）、C（化学；冶金）、G（物理）、B（作业；运输）、D（纺织；造纸）和 F（机械工程；照明；加热；武器；爆破）等各个领域，这是因为银杏叶应用领域广阔，可应用在各个领域，但其中还是以 A（人类生活必需）、C（化学，冶金）为多，这是这是因为银杏叶是药食共用原料，具有丰富的功能成分，可加工为食品、药品等产品，和 A（人类生活必需）、C（化学；冶金）密切相关。

对申请人专利合作情况及对应数量进行分析，结果如图 5-14 所示。

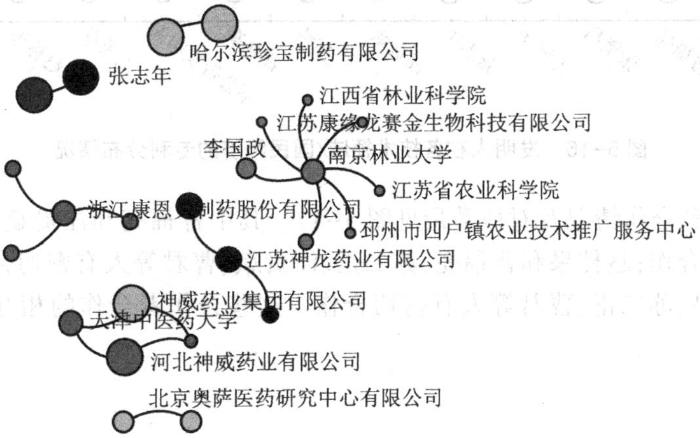

图 5-14　申请人专利合作情况及对应数量

从申请人合作关系看，单位申请人合作申请人一般为本地区的合作高校和企业。

5.3.3 发明人分析

对 2012—2021 年公开的银杏叶专利文献进行检索，并对这些发明人公开的专利进行分析，其申请专利数量排名如图 5-15。其中发明数量较多的发明人为曹福亮、张奎昌、张志年、汪贵斌、方同华、赵林果、刘鹏程、周彬、郝明。这些都是申请专利较多的企业、高校科研院所的企业负责人和科研人员。

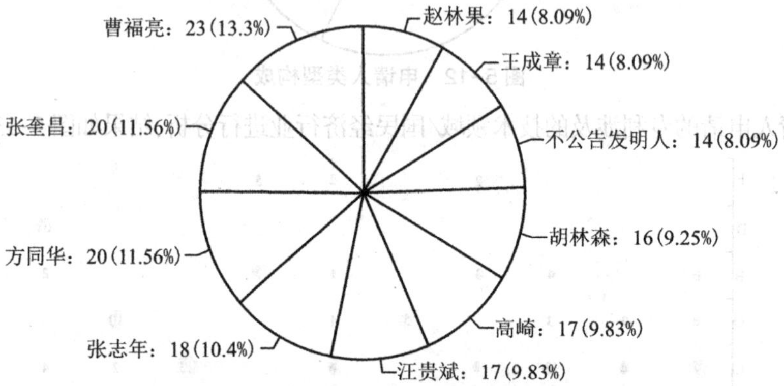

图 5-15　按发明人的专利数量统计的排名情况

对发明人申请的专利涉及的技术领域/国民经济行业进行分析，结果如图 5-16 所示。其中 A(人类生活必需)、C(化学；冶金)最多，这和申请人涉及的领域情况相似。

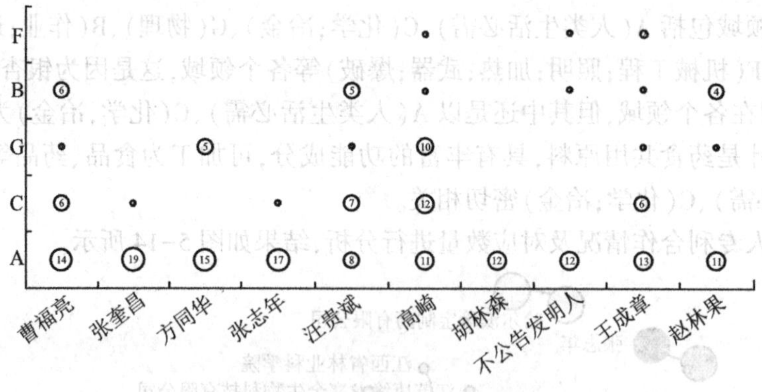

图 5-16　发明人在各技术领域/国民经济的专利分布情况

发明人专利合作情况及对应数量见图 5-17。其中曹福亮和汪贵斌、赵林果、苏二正等人有密切合作；赵林果和曹福亮、苏二正、汪贵斌、曹君等人有密切合作；汪贵斌和曹福亮、赵林果、苏二正、曹君等人有密切合作。这些合作者合作的相互交叉，共同完成专利。

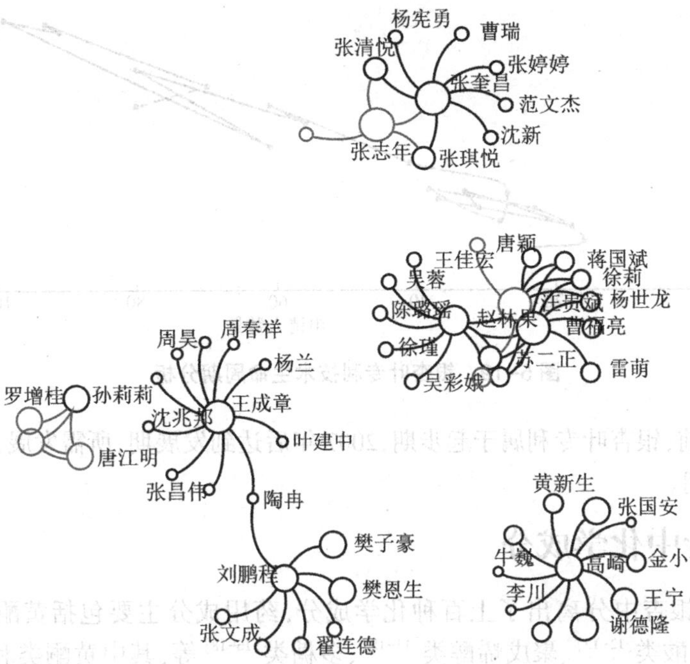

图 5-17　发明人专利合作情况及对应数量

5.3.4　技术领域分析

对申请的专利涉及的技术领域/国民经济行业进行分析，涉及的领域包括 A(人类生活必需)、C(化学；冶金)、G(物理)、B(作业；运输)、D(纺织；造纸)和 F(机械工程；照明；加热；武器；爆破)等各个领域。各涉及的领域排名情况见图 5-18，其中 A(人类生活必需)、C(化学；冶金)最多。

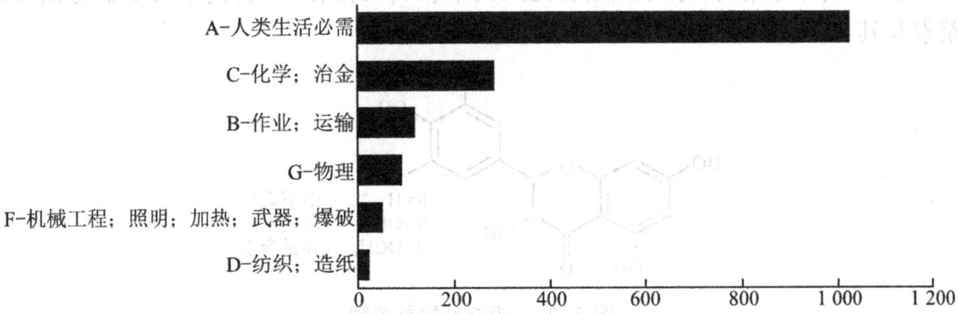

图 5-18　按照 IPC 的专利数量统计的 IPC 排名情况

5.3.5　技术生命周期分析

银杏叶专利技术生命周期分析见图 5-19。

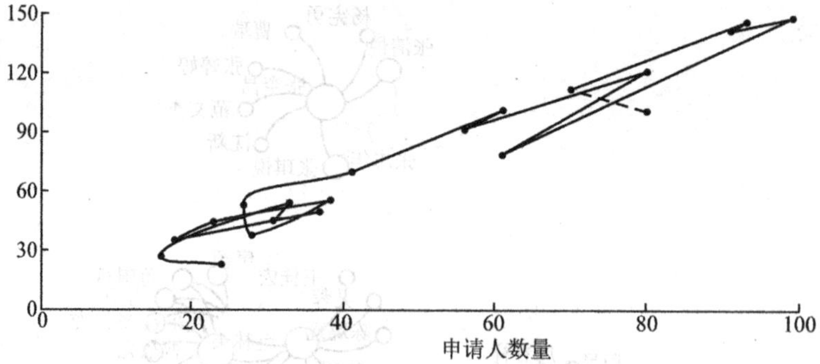

图 5-19　银杏叶专利技术生命周期分析

2007 年以前，银杏叶专利属于起步期，2007 年后达到发展期，所需发展，但 2016 年又开始进入下降期。

5.4　银杏叶中化学成分

目前，已从银杏中分离出了上百种化学成分，药用成分主要包括黄酮类[8-9]、内酯类[10-11]、有机酚酸类[12-13]、聚戊烯醇类[14-15]、多糖类[16-18]等，其中黄酮类和内酯类是银杏叶发挥药理作用的主要化学成分[19]。

5.4.1　银杏黄酮

黄酮是银杏的主要活性成分，银杏叶中黄酮类化合物由单黄酮、双黄酮、儿茶素 3 类组成，到目前为止已分离出 40 种黄酮类化合物。

5.4.1.1　单黄酮

在化学结构上，单黄酮属于 3，5，7，4′-OH 黄酮醇，主要由槲皮素、山茶素、异鼠李素、杨梅皮素、木樨草素、洋芹素等黄酮苷元及其单、双、三糖苷组成，其中大多数是槲皮素、山茶素及其苷，其母核结构如图 5-20。

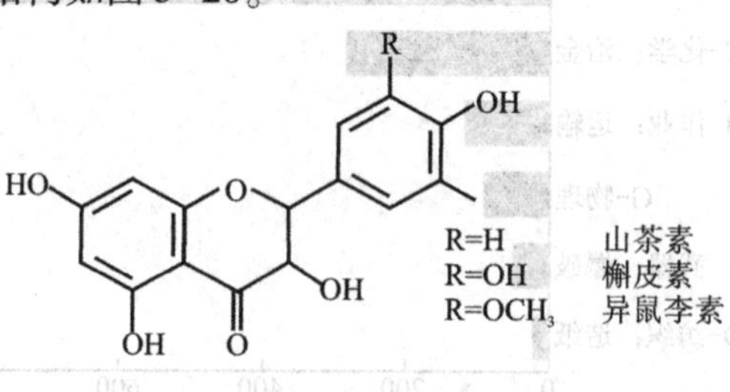

图 5-20　银杏叶的单黄酮

5.4.1.2　双黄酮

双黄酮化合物主要由 2 分子的黄酮或 2 分子的二氢黄酮，或 1 分子黄酮和 1 分子二氢黄酮通过 C—C 键或 C—O—C 结构连接起来。目前已从银杏中分离出 6 种双黄酮化合物，分别为异银杏黄素、银杏黄素、白果黄素、5′-甲氧基白果黄素、阿曼托黄素、西阿多黄素。其母核结构如图 5-21。

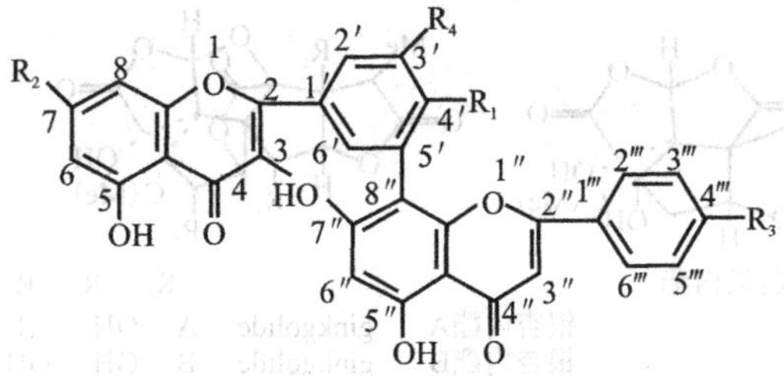

图 5-21　银杏叶的双黄酮母核

根据其 R_1、R_2、R_3、R_4基团的不同,6 种双黄酮结构如表 5-1。

表 5-1　银杏叶中的双黄酮

化合物	R_1	R_2	R_3	R_4
银杏黄素	CH_3	CH_3	H	H
异银杏黄素	CH_3	H	CH_3	H
阿曼托黄素	H	H	H	H
白果黄素	CH_3	H	H	H
西阿多黄素	CH_3	CH_3	CH_3	H
5′-甲氧基白果黄素	CH_3	H	H	OCH_3

5.4.1.3　儿茶素

从银杏中分离出的儿茶素类共有 6 种:儿茶素、没食子儿茶素、表儿茶素、表没食子儿茶素(图 5-22)及聚合的 4,8′-没食子儿茶素没食子儿茶素、4,8′-儿茶素没食子儿茶素。

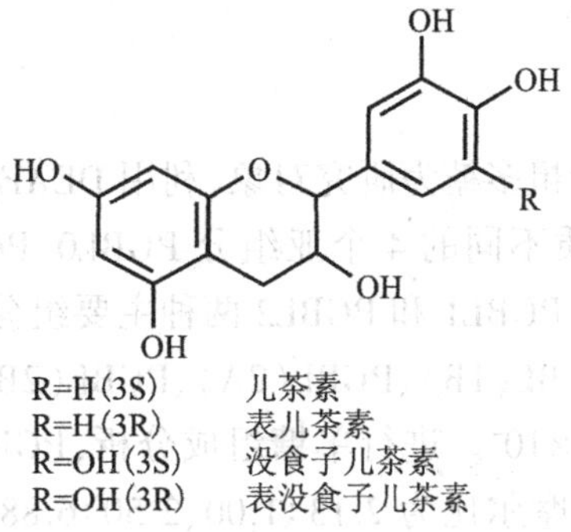

图 5-22　银杏叶的儿茶素单体

5.4.2　银杏内酯

银杏内酯为银杏特有成分,在化学结构上属于萜类化合物,因此又称银杏萜内酯,包括二萜内酯类和倍半萜内酯,目前已分离出 6 种萜内酯统称为银杏内酯,包括银杏内酯 A、B、C、J、M 和白果内酯组成(图 5-23)。

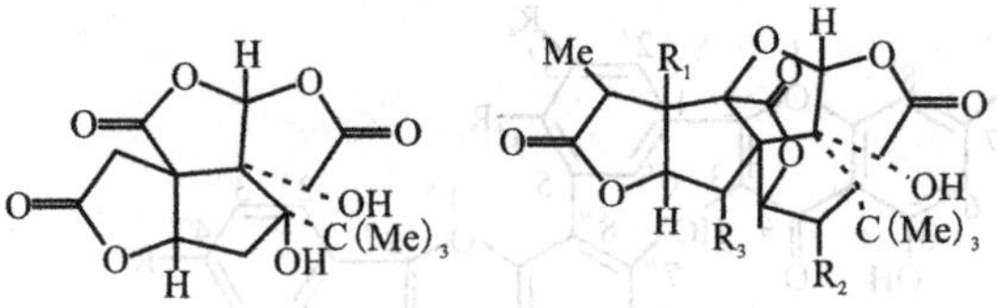

白果内酯

			R_1	R_2	R_3
银杏内酯A	ginkgolide	A	OH	H	H
银杏内酯B	ginkgolide	B	OH	OH	H
银杏内酯C	ginkgolide	C	OH	OH	OH
银杏内酯M	ginkgolide	M	H	OH	OH
银杏内酯J	ginkgolide	J	OH	H	OH

图 5-23 银杏叶的银杏内酯

5.4.3 银杏酚酸类

银杏酚酸类是银杏中具有重要生理活性的成分之一，它是一类水杨酸的衍生物，为6-烷基或6-烯基水杨酸。从银杏叶中分离出的酚酸类成分主要有咖啡酸、原儿茶酸、香草酸、p-香豆酸、p-羟基苯酸、阿魏酸、绿原酸。

5.4.4 聚戊烯醇类

银杏聚戊烯醇是由异戊烯基单元及终端异戊烯醇组成的线性长链化合物（图 5-24）。聚戊烯醇类目前仅在银杏叶中发现。

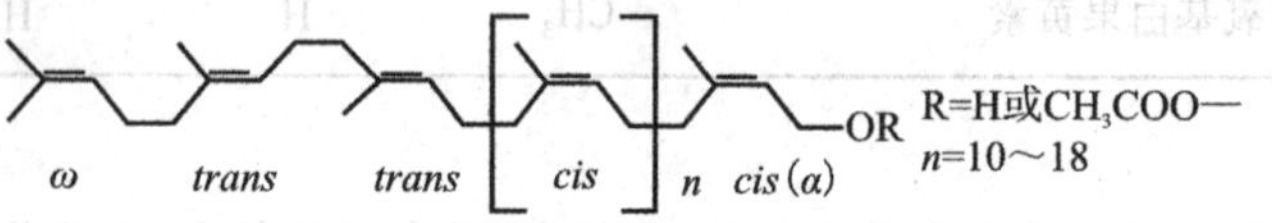

图 5-24 银杏叶的聚戊烯醇类

5.4.5 银杏多糖

尹雯等[20]以水提银杏叶粗多糖为研究对象，利用 DEAE-Sepharose Fast Flow 离子交换层析柱分离，得到电荷性质不同的 4 个亚组分 PGBL0、PGBL1、PGBL2、PGBL3。利用 Sepharcyl-300 凝胶柱层析对 PGBL1 和 PGBL2 两种主要组分进行进一步分离纯化，得到 4 种均一多糖 PGBL(1A)、PGBL(1B)、PGBL(2A)、PGBL(2B)，其重均分子量分别为1.4×10^4、9.0×10^3、1.2×10^5 和 3.0×10^4。进行单糖组成分析，PGBL(1A)由鼠李糖、半乳糖醛酸、半乳糖和阿拉伯糖组成，摩尔比为 2.13∶1.00、2.50∶6.88，PGBL(1B)由甘露糖、鼠李糖、葡萄糖醛酸、半乳糖醛酸、半乳糖和阿拉伯糖组成，摩尔比为 1.00∶3.50、1.00∶1.50、6.75∶11.50；P G B L(2 B)由甘露糖、鼠李糖、葡萄糖醛酸、半乳糖醛酸、半乳糖和阿拉伯糖组成，摩尔比为 2.50∶4.83、3.83∶1.00、3.00∶3.00，PGBL(2A)由甘露糖、鼠李糖、葡萄糖醛酸组成，摩尔比为 2.19∶1.57∶1.00。

胡绪乔等[21]用热提醇沉的方法提取多糖，使用 Sevag 法除蛋白，粗多糖用 DEAE-52 和 DEAE-Sepharose Fast Flow 进行色谱分离，精多糖用凝胶排阻色谱法测定分子量，红外光谱检测糖构型，高效离子色谱法测单糖组成，结果两个精多糖 GBPB-W 和 GBPB-S 的分子量分别为 26 300 和 19 100,均由鼠李糖、阿拉伯糖、半乳糖、葡萄糖、甘露糖组成,比例分别为(3.48∶8.47∶3.73∶1.76∶1)和(5.34∶5.37∶5.27∶1∶1.68)。

杨静峰等[22]从银杏叶中提取水溶性多糖并进一步纯化,得到均一的多糖 PGBL3 并研究其组成、性质及其活性。结果 PGBL3 为均一组分,GC 分析其单糖组成为 Gal、Man、Glc、Ara、Rha、GalA,摩尔比为 6.0∶2.4∶1.9∶2.1∶1.9∶1.0。表明 PGBL3 为酸性杂多糖,分子量为 1×10^5。

黄桂宽等[23]经水提、醇沉等得到银杏叶多糖(LGBP)。将 LGBP 上 Sephadex G100 层析柱,分离得到 LGBP-A 和 LGBP-B 两种多糖,经电泳与凝胶柱层析鉴定均为单一多糖。平均分子量分别为 11×10^4 和 2×10^4。经纸层析与高效液相色谱证实其单糖组成分别是 LGBP-A:D-葡萄糖、L-鼠李糖、D-木糖和 LGBP-B:D-葡萄糖。

5.4.6　有机酸类

银杏叶中主要含有脂肪酸、羟基酸、氨基酸、糖质酸、莽草酸和 6-羟基犬脲喹啉酸(6-HKA)。其中 6-HKA 是广谱中枢神经系统氨基酸类递质,其结构如图 5-25。

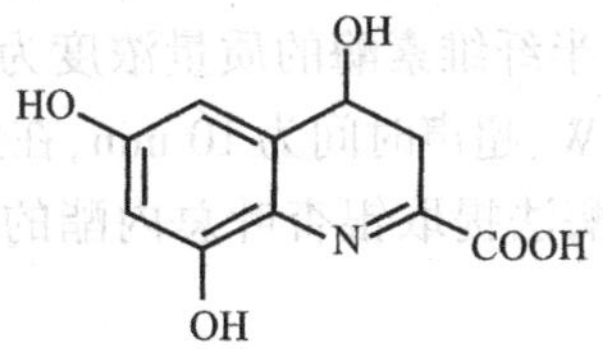

图 5-25　6-羟基犬脲喹啉酸

此外,银杏叶含有多种营养成分尤其是蛋白质、糖、维生素 C、维生素 E、胡萝卜素、类胡萝卜素、原花色素等[24]。

5.5　银杏叶中化学成分的提取分离

5.5.1　银杏叶中黄酮的提取分离

姚金昊等[25]依据真实溶剂类导体屏蔽模型,通过计算筛选出银杏叶中类黄酮提取所用的天然低共熔溶剂。以类黄酮得率为考察指标,在单因素实验的基础上,采用 Box-Behnken 响应面法对提取工艺进行优化。结果表明氯化胆碱/甘油体系(摩尔比 1∶2)为较优的天然低共熔溶剂,当银杏叶与天然低共熔溶剂固液比为 1∶30.7(g∶mL),73.2 ℃下提取 4.1 h 时,回归模型预测类黄酮理论得率可高达 5.70%,与验证试验值 5.68%基本一致。

张杨洋等[26]研究了超声波辅助酶法提取银杏叶总黄酮的最佳工艺条件,考察了酶的添加量、超声温度、超声时间、乙醇体积分数四个条件对银杏叶黄酮提取率的影响,单因素实验和正交试验结果表明,银杏叶黄酮的最佳提取工艺为:在液料比为 20∶1固定值的基础下,酶的添加量为 0.16 g(纤维素酶 0.08 g,果胶酶 0.08 g),超声温度 50 ℃,超声时间 45 min,乙醇体积分数 60%,在此条件下黄酮的提取率为 4.66%。

李敬等[27]研究了银杏叶黄酮类化合物的微波辅助提取工艺。通过单因素试验和正交试验确定了银杏叶黄酮微波提取的最佳条件为乙醇浓度 80%,料液比 1∶20(g∶mL),辐射时间15 s,微波功率640 W,该条件下总黄酮提取率为6.82%。

李凤艳等[28]研究纤维素酶、果胶酶、半纤维素酶复合酶酶解提取银杏叶中黄酮类化合物的最佳工艺条件。以黄酮得率为考察指标,通过单因素试验及正交试验确定最佳提取工艺。结果复合酶法提取银杏叶总黄酮的最佳工艺条件为酶用量0. 4%,酶解温度40 ℃,酶解时间120 min,pH 5.5,纤维素酶:果胶酶:半纤维素酶为2:3:1。该条件对银杏叶的细胞组织具有较强的破壁力,与不加酶相比,总黄酮提取率提高了36. 6%。表明采用复合酶法提取条件温和,提高了总黄酮提取率。

赵琦君等[29]通过正交试验对二氧化碳超临界流体法提取银杏叶中黄酮工艺进行研究。正交实验结果分析表明,超临界流体萃取最佳工艺条件为:萃取压力35 MPa,萃取温度50 ℃,萃取时间1.5 h,夹带剂浓度90%。

5.5.2 银杏叶中内酯的提取分离

戴余军等[30]采用超声波辅助酶法提取银杏叶总内酯。以银杏叶总内酯提取率为试验指标,通过单因素试验和正交试验确定其最佳工艺条件。结果超声波辅助酶法提取银杏叶总内酯的最佳工艺条件为:半纤维素酶的质量浓度为0.7%、酶解温度为50 ℃、酶解时间为90 min、超声功率为420 W、超声时间为10 min,在此条件下,银杏叶中总内酯提取率达到0.535 4%。超声波辅助酶法提取银杏叶总内酯的工艺简单,提取率高,可用于银杏叶总内酯的工业化生产。

张晓娟等[31]为研究复合酶预处理法对银杏叶总萜内酯浸出率的影响。采用单因素实验对银杏叶酶解预处理过程中的酶种类、酶用量、酶解时间、酶解温度、pH值五个关键因素进行探索,酶解后用20%乙醇-水溶液对银杏叶酶解液进行回流提取,LX-5型大孔吸附树脂对提取液进行纯化,浓缩干燥得银杏叶提取物产品。结果表明,银杏叶酶解预处理法的最佳工艺为:复合酶(纤维素酶：果胶酶=1:1),用量为银杏叶的1/300、酶解时间4.0 h、酶解温度50 ℃、初始pH值4.0。在该工艺条件下获得的银杏叶总萜内酯提取率为0.55%,银杏叶提取物中总萜内酯含量为8.96%,高于银杏叶提取物国际商务标准(总内酯含量≥6%)。说明复合酶预处理条件下银杏叶总萜内酯提取率高,为工业化生产高质量银杏叶提取物提供了理论依据。

张晴晴等[32]采用超临界流体CO_2萃取银杏叶中银杏内酯,并对其提取工艺进行优化,考察了萃取压力、萃取温度、萃取时间对萃取率的影响。结果表明:最佳工艺为萃取压力25 MPa,萃取温度47 ℃,分离温度51 ℃,分离压力8 MPa,萃取时间90 min。此工艺条件下的萃取率可达5.14%。

李文东等[33]为提高银杏内酯的提取率及提取效率,采用亚临界水提取银杏叶中银杏内酯,通过单因素实验探讨了提取温度、提取时间、提取次数和料液比对银杏叶中银杏内酯提取率的影响。运用正交实验优化得到提取工艺条件为提取温度180 ℃,提取时间30 min,提取3次,料液比1:25(g:mL),在此条件下,银杏内酯提取率为0.462 3%。亚临界水提取银杏内酯具有绿色环保、无有机溶剂残留、提取率高等特点。

李艳萍等[34]研究同步提取银杏叶中总黄酮、总内酯工艺。在单因素试验基础上,以提取时间、料液比、乙醇体积分数、提取时间为影响因素,正交试验得到优化提取工艺为提取时间为 1.5 h，料液比 1∶25，乙醇体积分数 60%，提取次数 1 次，总黄酮、总内酯质量分数分别为 0.561%、0.315%。

张武圣等[35]建立了一种较为简单地从银杏叶提取物（GBE）中分离纯化银杏内酯 B（GB）单体的工艺方法。依次通过 GBE 热水溶解、乙酸乙酯萃取、结晶及重结晶方法对 GBE 中 GB 单体进行分离纯化。结果确定 GB 最佳分离纯化工艺为：将 GBE 用热水溶解，加入乙酸乙酯萃取 3 次，合并乙酸乙酯萃取液，萃取液用 2% $NaHCO_3$ 除杂，收集除杂后乙酸乙酯萃取液，减压浓缩至干，用 50% 乙醇回流溶解后静置析晶，抽滤后得到 GB 粗结晶，粗结晶用 80% 甲醇重结晶 2 次。该工艺制备得到的 GB 单体纯度≥98%，总收率约为 60%。该工艺稳定、简便易行，适合工业化大生产。

5.5.3　银杏叶中多糖的提取分离

张晓娜等[36]研究银杏叶多糖的碱提工艺，在考察料液比、温度、时间和 NaOH 浓度 4 个单因素对多糖得率影响的基础上，采用响应面法对银杏叶多糖的碱提工艺条件进行优化研究，结果表明，在料液比 1∶25（g∶mL）、温度 86 ℃、时间 170 min 和 NaOH 浓度 0.13 mol/L条件下，多糖得率达到最大值 10.37%。

豆佳媛等[37]采用超声波辅助法提取银杏叶多糖，通过单因素实验和正交实验优化银杏叶多糖的提取工艺条件。确定优化的提取工艺条件为：以蒸馏水为提取剂、料液比 1∶20（g∶mL）、超声功率 300 W、提取时间 50 min。在此工艺条件下，银杏叶多糖的平均提取率可达 4.60%。

崔旭兰等[38]比较不同提取方法对银杏叶中多糖含量的影响。采用水提醇沉法、酶解-水提醇沉法、超声波-水提醇沉法、微波-水提醇沉法制备银杏叶多糖，不同提取方法的银杏叶多糖提取物得率及含量分别为：水提醇沉法 12.58%、5.69%，酶法-水提醇沉法 14.05%、6.68%，超声波-水提醇沉法 14.12%、6.82%，微波-水提醇沉法 13.31%、6.15%。表明不同提取方法制备的银杏叶多糖提取物得率和含量不一，其中以超声波—水提醇沉法最高，水提醇沉法最低。

张琳等[39]研究酶解法提取银杏叶多糖。采用纤维素酶法结合水提法，再将提取液用体积分数为 95% 的乙醇沉淀，提取银杏叶多糖。10 g 银杏叶用纤维素酶法的提取银杏叶多糖的量为（0.1953±0.0111）g，水提法的提取量为（0.166 9±0.003 6）g。纤维素酶法与水提法比较，提取量更高。

5.6　银杏叶中化学成分的生理功能

5.6.1　降血脂

陈为健等[40]研究银杏叶对高脂大鼠的降血脂作用。采用高脂饲料喂养 Wistar 大鼠制备高脂血症大鼠模型，设置低、中、高（4、8、12 $mg/kg_{体重}$）三个剂量组灌胃给药，以血脂康胶囊作为阳性对照，高血脂模型组给予等容量蒸馏水，连续给药 30 d，末次给药 24 h 后取血，测定血清总胆固醇（TC）、甘油三酯（TG）、高密度脂蛋白胆固醇（HDL-C）及低密度脂蛋白胆固醇（LDL-C）的含量。结果与模型组相比，中、高剂量给药组以及阳性对照组大鼠血清 TC、LDL-C 含量明显降低，中、高剂量给药组以及阳性对照组 HDL-C 含量明显升高，阳性组和高剂量组大鼠血清 TG 含量明显降低。表明银杏叶具有较明显的降血脂作用。

张蔚[41]探讨银杏叶胶囊对高脂血症代谢的影响及抗氧化作用。将 108 例高脂血症患者随机分为对照组和观察组。对照组(50 例)给予瑞舒伐他汀治疗,观察组(58 例)在对照组治疗基础上予以银杏叶胶囊治疗,2 周为 1 个疗程,两组均治疗 4 个疗程。观察比较治疗前后血清总胆固醇(TC)、甘油三酯(TG)、低密度脂蛋白胆固醇(LDL-C)、高密度脂蛋白胆固醇(HDL-C)水平,并测定血清过氧化脂质(LPO)、谷胱甘肽过氧化物酶(GSH-Px)、过氧化氢酶(CAT)、超氧化物歧化酶(SOD)及丙二醛(MDA)活性。结果治疗前两组患者血脂情况、LPO、GSH-Px、CAT、SOD 及 MDA 水平均无显著差异;治疗结束后,观察组 TC、TG、LDL-C 水平及 LPO、MDA 含量明显降低,HDL-C 水平及 GSH-Px、CAT、SOD 活性则显著升高($P<0.01$);对照组 TC、TG、LDL-C 水平及 LPO、MDA 含量明显降低,HDL-C 水平及 SOD 活性显著升高,而 GSH-Px 和 CAT 含量无明显统计学差异。表明银杏叶胶囊可通过清除体内自由基调节血脂代谢,发挥抗动脉粥样硬化作用。

朱成义等[42]探讨银杏叶提取物对血脂水平、血液流变学及血小板功能的影响。将 80 例高脂血症患者随机分为对照组和治疗组,治疗组 41 例,对照组 39 例。对照组给予拜阿司匹林肠溶片 100 mg 口服,每天 1 次。在上述治疗的基础上,治疗组患者加用银杏叶酊 2 mL 口服,每天 3 次进行干预。观察 3 个月后两组患者的血脂水平、血液流变学指标、血小板聚集率及血小板黏附率变化情况。结果治疗后,治疗组患者的血清总胆固醇(TC)、甘油三酯(TG)、低密度脂蛋白胆固醇(LDL-C)水平均下降,高密度脂蛋白胆固醇(HDL-C)升高,差异有统计学意义;治疗组患者的全血高切黏度、低切黏度、血浆黏度和血浆纤维蛋白原均显著降低;治疗组患者的血小板聚集率和血小板黏附率均下降,差异均有统计学意义。表明银杏叶提取物可以降低高脂血症患者的 TC、TG、LDL-C 水平,升高 HDL-C 水平,改善血液流变学指标,降低血小板聚集率和血小板黏附率。

陈梅霞等[43]研究银杏叶提取物及银杏黄酮对实验性高脂血症大鼠血脂水平的影响,并对其调脂药效进行比较。以喂饲法建立高脂血症大鼠模型,分别灌胃给予银杏叶提取物(5 g/kg)及银杏黄酮(50、100、150 mg/kg),给药 10 周,测定血清总胆固醇(TC)、甘油三酯(TG)、高密度脂蛋白胆固醇(HDL-C)、谷草转氨酶(AST)、谷丙转氨酶(ALT),并计算低密度脂蛋白胆固醇(LDL-C),动脉粥样硬化指数(AI)和 TC/HDL-C。结果银杏叶提取物及银杏黄酮均能显著降低血清 TC、TG、LDL-C、AI 及 TC/HDL-C,并且能升高HDL-C。结论:表明银杏叶提取物及银杏黄酮均能调节高脂血症大鼠血脂水平。相比较而言,银杏叶提取物具有更强的降低胆固醇、甘油三酯、低密度脂蛋白的作用,且具有起效早,作用稳定的特点。

5.6.2 改善血流量,增加脑供血

李元静等[44]观察银杏总内酯注射液对实验性脑缺血及脑血流量的影响用小鼠结扎双侧颈总动脉和断头模型观察动物存活和喘息时间;大鼠结扎双侧颈总动脉,观察脑缺血大鼠脑血管通透性;大鼠脑缺血再灌试验,观察血清 SOD、MDA 的水平;以电磁流量计探头测定麻醉犬颈总动脉血流量,观察脑血流量和脑血管阻力的变化。结果银杏总内酯注射液 1.5 mg/kg 可明显延长小鼠存活和喘息时间,抑制大鼠脑血管通透性。3.0 mg/kg

可提高大鼠血清 SOD 含量、降低 MDA 水平。0.75 mg/kg 明显增加麻醉犬脑血流量，降低脑血管阻力。表明银杏总内酯注射液对脑缺血及脑血流量具有明显改善作用。

程子翠等[45]探讨蛛网膜下腔出血(SAH)后脑淋巴引流阻滞对脑缺血的影响和银杏内酯、银杏黄酮的保护作用。将雄性 Wistar 大鼠 64 只分为对照组、SAH 组、SAH+脑淋巴引流阻滞(CLB)组、SAH+CLB+溶剂组、SAH+CLB+银杏内酯组(又分 20 mg、80 mg/kg 组)、SAH+CLB+银杏黄酮组(又分 50 mg、200 mg/kg 组)。于第二次 SAH 后 3 d，用激光多普勒血流计针式探头记录脑实质局部血流量(rCBF)；放免法测定血浆内皮素-1(ET-1)含量。结果第二次 SAH 后 3 d，可见脑实质血流量明显降低，尤以 SAH+CLB 组、SAH+CLB+溶剂组降低较为显著。SAH 后血浆 ET-1 含量增加，SAH+CLB 组、SAH+CLB+溶剂组 ET-1 含量增加更为明显。银杏内酯、银杏黄酮可减轻 CLB 对 SAH 所致脑实质微循环血流量降低，降低血浆 ET-1 含量，且呈剂量依赖性。表明脑淋巴引流阻滞可显著加重 SAH 后脑实质血流量下降，银杏内酯和银杏黄酮对之具有一定改善作用。

5.6.3　抗衰老作用

覃红斌等[46]银杏叶提取物(GBE)对老年大鼠免疫功能及抗衰老的作用。采用 GBE 连续胃饲老年大鼠 7 天后(0.4 mg/d)，检测 T 淋巴细胞增殖水平，NK 细胞活性，抗体形成细胞分泌抗体的能力及血清 IL-6 水平；30 天后取血液、肝脏、脑，测定超氧化物歧化酶(SOD)、谷胱甘肽过氧化物酶(GSH-Px)活力、丙二醛(MDA)含量及单胺氧化酶(MAO)活力。结果与对照组比较，T 淋巴细胞增殖水平，NK 细胞活性，抗体形成细胞分泌抗体的能力及血清 IL-6 水平显著增加；同时显著增高血液和肝脏中 SOD、GSH-Px 活力，显著降低 MDA 含量。MAO 活力未见显著差异；显著降低脑中 MDA 含量，显著降低脑中 MAO 活力。表明 GBE 具有增强老年大鼠的免疫调节功能和抗衰老的作用。

吴树亮等[47]研究银杏叶提取物对小鼠海马神经元超微结构的影响及抗衰老作用。取小鼠海马作实验材料，用定量体视学方法观察两组小鼠在不同时期海马神经元胞体、胞核、核仁等形态参数的变化，然后对结果用逐步回归的方法进行分析。结果随着鼠龄的增加，细胞核体积逐渐减少，神经元损失较多，而银杏叶组上述变化较不明显。表明银杏叶提取物可以影响小鼠海马神经元的超微结构，具有抗衰老作用。

5.6.4　调节血压

成俊等[48]研究银杏叶提取物(GBE)对阻塞性睡眠呼吸暂停综合征(OSAS)合并高血压大鼠血压的影响及 GBE 可能的作用机制。取 30 只健康雄性 SD 大鼠随机均分为正常对照(NC)组、慢性间歇性低氧(CIH)组、GBE 灌胃组，各组 10 只。于实验前后采用无创血压分析仪观察大鼠血压变化，HE 染色观察大鼠心肌、肾、腹主动脉的病理变化，同时检测大鼠血清中肿瘤坏死因子 α(TNF-α)、白细胞介素 1(IL-1)、白细胞介素 6(IL-6)的含量，及外周脂肪组织中 Toll 样受体 4(TLR4)、c-Jun 氨基末端激酶(JNK)蛋白及其 mRNA 表达水平。结果 CIH 组大鼠血压明显高于对照组($P<0.01$)，GBE 灌胃组大鼠血压显著低于 CIH 组，与 NC 组相比，CIH 组心肌细胞、肾小管明显水肿呈水样变性，GBE 灌胃组与 CIH 组比较心肌细胞、肾小管水肿显著降低，各组腹主动脉均无明显病理改变，与

NC 组比较,CIH 组大鼠血清中 TNF-α、IL-1、IL-6 的含量均显著增高,GBE 灌胃组与 CIH 组比较大鼠血清中 TNF-α、IL-1、IL-6 的含量显著降低,GBE 灌胃组与 NC 组比较 TNF-α、IL-6 的含量差异无统计学意义,而 IL-1 的含量 GBE 灌胃组明显高于 NC 组,与 NC 组比较,CIH 组外周脂肪组织中 TLR4、JNK 蛋白及其 mRNA 表达水平显著增高,而 GBE 灌胃组其表达含量显著低于 CIH 组。表明 GBE 可以抑制 OSAS 合并高血压大鼠脂肪组织 TLR4、JNK 蛋白及 mRNA 的表达,降低血清中 TNF-α、IL-1、IL-6 的水平,对 OSAS 合并高血压大鼠血压有显著降压作用。

成俊等[49]还观察间歇性低氧及持续性低氧对大鼠血压的影响,探讨银杏叶提取物(GBE)对阻塞性睡眠呼吸暂停综合征(OSAS)并发高血压大鼠血压的作用。采用健康雄性 SD 大鼠 50 只,随机分为正常对照组、间歇低氧组、间歇低氧 GBE 组、持续低氧组和持续低氧 GBE 组,每组 10 只。实验前后测量大鼠血压变化,苏木精-伊红(HE)染色观察大鼠心肌、肾、腹主动脉的病理变化,检测大鼠血清中丙二醛(MDA)、4-羟基壬烯酸(4-HNE)、低氧诱导因子 1α(HIF-1α)的含量,外周脂肪组织中 Toll 受体 4(TLR4)、JNK 蛋白及其 mRNA 表达水平。结果间歇低氧组大鼠血压明显高于正常对照组、持续低氧组和间歇低氧 GBE 组,与正常对照组比较,间歇低氧组和持续低氧组心肌细胞、肾小管明显水肿,呈水样变性,与间歇低氧组、持续低氧组比较,间歇低氧 GBE 组和持续低氧 GBE 组心肌细胞、肾小管水肿显著降低,腹主动脉均无明显病理改变,与正常对照组比较,间歇低氧组、持续低氧组大鼠的血清中 MDA、4-HNE、HIF-1α 的含量均显著增高,外周脂肪组织中 TLR4、JNK 蛋白及其 mRNA 表达水平均显著增高,与间歇低氧组、持续低氧组比较,间歇低氧 GBE 组、持续低氧 GBE 组大鼠血清中 MDA、4-HNE、HIF-1α 的含量均显著降低,外周脂肪组织中 TLR4、JNK 蛋白及其 mRNA 表达水平均显著降低。表明间歇性低氧可以引起大鼠血压升高,而持续低氧则不能,GBE 可以抑制 OSAS 及持续低氧大鼠脂肪组织 TLR4、JNK 蛋白及 mRNA 的表达,并降低血清中 MDA、4-HNE、HIF-1α 的水平,减轻低氧对组织器官的损害。

王存良等[50]研究银杏叶提取物对肾性高血压大鼠(RHR)的降压作用以及血清一氧化氮(NO)的影响,同时观察 RHR 心、脑、肾组织中丙二醛(MDA),超氧化物歧化酶(SOD)活性的变化。采用两肾一夹法(2K1C)复制肾性高血压大鼠(RHR)模型,将造模成功的大鼠按照血压高低随机分为 5 组:空白对照组、银杏叶提取物高、中、低剂量组、阳性药卡托普利组,每组 8 只。在给药前和给药后 2、4、6、8 周测量大鼠的收缩压(SBP)和舒张压(DBP),在给药后 8 周,测量大鼠血清 NO 的含量,测心、脑、肾组织中 MDA,SOD 的变化。结果给药 8 周后,银杏叶提取物明显降低 RHR 的血压,其中高剂量组的降压幅度与卡托普利组比较没有显著性差异,银杏叶提取物高剂量组和卡托普利组可以提高大鼠血清 NO 含量,提高心、脑、肾组织中 SOD 水平,降低 MDA 含量。表明银杏叶提取物的降压作用可能与提高舒血管物质 NO 含量有关,并可能通过抗氧化起到保护靶器官的作用。

5.6.5 降血糖

王存良等[51]观察银杏叶提取物对糖尿病小鼠的降血糖作用。给断乳的小鼠饲喂高脂饲料,制备糖尿病模型,造模成功的小鼠随机分为给药组和模型组,外加空白对照组;给药组分别给予0.3、0.6、1.2 g/kg剂量的银杏叶提取物，模型组和空白组给予等体积的蒸馏水，给药1个月后测定小鼠的空腹血糖值，糖耐量以及血清MDA和SOD的含量。结果银杏叶提取物可以显著降低高血糖小鼠的空腹血糖值（$P<0.01$），降低血清MDA的含量，但是对高血糖小鼠的糖耐量的影响不大。表明银杏叶提取物可以降低糖尿病小鼠的血糖值。

于蕾妍等[52]为研究复合螺旋藻多糖与银杏有效成分的降血糖作用，试验选用SPF级昆明种雄性小鼠，腹腔注射0.2 mL 200 mg/(kg·d)四氧嘧啶，连续5 d，断尾采血测定空腹血糖，其值大于11.1 mmol/L时表明造模成功。试验小鼠随机分为空白对照组（C组）、模型组（M组）、阳性对照组（CY组）、单一用药组螺旋藻多糖组（P组）、银杏黄酮组（F组）、银杏内酯组（L组），复合用药组将螺旋藻多糖（PSP）与银杏叶有效成分（GBE）配制成1∶1（CP1组）、2∶1（CP2组）、1∶2（CP3组）的复合组，每组10只，共9组。对照和CY组每只小鼠灌服2.5 mg/(kg·d)格列本脲，其余各组按200 mg/(kg·d)灌服相应药物，每天1次，连续灌服30 d，测定小鼠血糖值及体重、脾脏指数、胸腺指数及肝糖原等指标。结果显示，与M组相比，用药组小鼠体重均极显著增加，复合用药组药效高于单一用药组；各用药组脾脏、胸腺指数均极显著升高，肝糖原含量极显著增多，血糖值极显著下降，其中CP2组的小鼠血糖值降幅最大，其降糖率为52.14%，肝糖原增加为61.88%。表明螺旋藻多糖和银杏叶有效成分发生了协同增效作用，对由四氧嘧啶引起的高血糖小鼠有明显的降血糖作用。

尚禹东等[53]通过体外药效学实验研究银杏叶提取物（GBE）对α-葡萄糖苷酶的抑制作用，探讨其降血糖的作用机制。提取大鼠小肠中的α-葡萄糖苷酶液，利用葡萄糖试剂盒测定酶活力，体外抑制实验分为正常对照组、阳性对照组及GBE高、中、低剂量组（10.0、5.0、2.5 g/L），对反应体系中的葡萄糖浓度进行测定，计算药物对蔗糖酶的抑制率，离体器官实验分为正常对照组、阴性对照组、阳性对照组和GBE高、中、低剂量组（10.0、5.0、2.5 g/L），对反应体系中的淀粉光密度值进行测定，计算药物对淀粉酶的抑制率，半数抑制率（IC_{50}）实验将GBE分为7个剂量组，分别计算药物对α-糖苷酶的抑制率及IC_{50}；抑制曲线实验分为正常对照组、阳性对照组及GBE组，计算反应速率，以底物浓度的倒数作为横坐标，以反应速率的倒数作为纵坐标，绘制抑制曲线。结果大鼠小肠酶活力值为67.2活力单位。与正常对照组比较，GBE高、中、低剂量组蔗糖酶抑制率明显增加，与正常对照组比较，GBE高剂量组大鼠小肠中淀粉酶抑制率明显增加，GBE对蔗糖酶的IC_{50}值为0.758 6 g/L，对淀粉酶的IC_{50}值为0.910 1 g/L，GBE组趋势线与正常对照组斜率相近，且截距大于正常对照组趋势线。表明GBE对α-糖苷酶具有良好的抑制作用，其作用机制为反竞争性抑制。

此外，银杏叶还具有抗炎、抗病毒作用和抗肿瘤作用等多种作用[54-55]。

参考文献

[1] Houn-Lin Chiu, Hui-Ya Lin, Thomas Ching-Cherng Yang. Determination of ginkgolide A, B, and bilobalide in biloba L. extracts by microdialysis-HPLC [J]. Analytical and

Bioanalytical Chemistry,2004,379:445-448.

[2]Vivek K Bajpai,Yangseon Kim, Kwang-Hyun Baek. Phenolic Content,Lipid Peroxidation Inhibition and Antioxidant Potential of Leaf Essential Oil of Ginkgo biloba in Various Scavenging Models[J].National Academy Science Letters,2017,40:95-99.

[3]Meryl B Cruz,Benjamin J Place,Laura J Wood,et al. A nontargeted approach to determine the authenticity of Ginkgo biloba L. plant materials and dried leaf extracts by liquid chromatography-high-resolution mass spectrometry (LC-HRMS) and chemometrics[J].Analytical and Bioanalytical Chemistry,2020,412:6969-6982.

[4] Bonhee Ku,Dongsoo Kim,Eun-Mi Choi.Anti-melanogenic effect of the aqueous ethanol extract of Ginkgo biloba leaf in B16F10 cells[J].Toxicology and Environmental Health Sciences,2020,1:287-295.

[5] Emine Yalcln,Külti Gğ in Cavus o ğ lu,Ali Acar,et al.In vivo protective effects of Ginkgo biloba L. leaf extract against hydrogen peroxide toxicity: cytogenetic and biochemical evaluation[J].Environmental Science and Pollution 2020,27:3156-3164.

[6] Daniela Oliveira,Cheryl Latimer,Pier Parpot,et al.Antioxidant and antigenotoxic activities of Ginkgo biloba L. leaf extract are retained after in vitro gastrointestinal digestive conditions[J].European Journal of Nutrition,2020,59:465-476.

[7] 龚苏宁,陆凌云.江苏省银杏产业发展现状及转型升级建议—兼论以古银杏为主题的自然公园建设[J].中国果树,2020,6:98-101.

[8] Feng Xu,Linling Li,Weiwei Zhang,et al.Isolation,characterization,and function analysis of a flavonol synthase gene from Ginkgo biloba[J].Molecular Biology Reports,2012,39:2285-2296.

[9]Dan-Dan Wu,Cheng Qu,Xin-Guang Liu,et al.A Simple High-Performance Liquid Chromatography Method for the Assay of Flavonoids in Ginkgo biloba Leaves[J].World Journal of Traditional Chinese Medicine. 2021,7(01):47-53.

[10]Mee Hee Jeon,Sang Hyun Sung,Hoon Huh,et al. Ginkgolide B production in cultured cells derived from Ginkgo biloba L. leaves[J]. Plant Cell Reports,1995,14,:501-504.

[11] Lin Damu, Wu Hongqiang, Zhou Zongwei, et al. Ginkgolide B improves multiterritory perforator flap survival by inhibiting endoplasmic reticulum stress and oxidative stress [J]. Journal of Investigative Surgery,2021,34(6): 610-616.

[12] Satyan K S,Jaiswal A K,Ghosal S,et al. Anxiolytic activity of ginkgolic acid conjugates from Indian Ginkgo biloba[J].Psychopharmacology,1998.136: 148-152.

[13] Lufei Tian,Minghao Zhou,Xiaomei Pan,et al.Supercritical CO_2 extraction and response surface optimization of ginkgolic acids from ginkgo biloba exopleura[J]. Korean Journal of Chemical Engineering,2015,32:1649-1654.

[14]张昌伟,马余璐,陶冉,等.银杏叶聚戊烯醇的分离纯化及其亲水衍生物的合成[J].林产化学与工业,2019,39(1):41-45.

[15]金婕妤,王丹丹,高崎.银杏叶中聚戊烯醇提取和分离纯化工艺概述[J].中国医药工

业杂志,2020,51(5):572-578.

[16]Christian Ude,Manfred Schubert-Zsilavecz,Mario Wurglics. Ginkgo biloba Extracts: A Review of the Pharmacokinetics of the Active Ingredients[J].Clinical Pharmacokinetics ,2013,52:727-749.

[17]Bo Jiang,Hongyan Zhang,Changjian Liu,et al.Extraction of water-soluble polysaccharide and the antioxidant activity from Ginkgo biloba leaves[J]. Medicinal Chemistry Research,2010,19:262-270.

[18]Jiacheng Fang,Zheng Wang,Pei Wang; et al. Extraction,structure and bioactivities of the polysaccharides from Ginkgo biloba: A review [J]. International Journal of Biological Macromolecules,2020,162:1897-1905.

[19]杨慧萍.高睿银杏药用成分及药理作用研究进展[J].动物医学进展,2017,38(8):96-99.

[20]黄桂宽,李毅,谢荣仿,等.银杏叶多糖的分离纯化及鉴定[J].中国生化药物杂志,1996,17(4):157-159.

[21]杨静峰,张旭,梁忠岩,等.银杏叶水溶性多糖的分离、纯化、初步鉴定及活性研究[J].特产研究,2006,28(4):51-53.

[22]胡绪乔,原菲,严春艳,等.银杏多糖的分离鉴定和体外抗氧化活性测试[J].中药材,2011,34(12):1950-1953.

[23]尹雯,夏玮,徐志珍,等.银杏叶多糖的系统分离纯化与单糖组成研究[J].食品科技,2018,43(5):186-190.

[24]陈西娟,王成章,叶建中.银杏叶化学成分及其应用研究进展[J].生物质化学工程.2008,42(4):57-62.

[25]姚金昊,刘芝涵,李春露,等.基于COSMO-RS方法筛选低共熔溶剂及银杏叶类黄酮提取工艺优化[J].食品工业科技,2020,41(17):181-186.

[26]张杨洋,朱肖月,仁增措姆,等.超声辅助酶法提取银杏叶总黄酮的研究[J].中国食品添加剂,2020,31(3):70-75.

[27]李敬,尤颖,吕惠丽,等.银杏叶黄酮的微波辅助提取及其抑菌作用研究[J].中国调味品,2020,45(8):143-146.

[28]李凤艳,王凯,朱鹏,等.复合酶法优化提取银杏叶总黄酮的工艺研究[J].中国现代中药,2018,20(9):1142-1145.

[29]赵琦君,莫润宏,陈如祥,等.CO_2超临界流体法提取银杏叶黄酮工艺的研究[J].江西林业科技,2009(3):27-28+40.

[30]戴余军,仇小艳,田春元,等.超声波辅助酶法提取银杏叶总内酯的工艺研究[J].食品科技,2014,39(12):244-248.

[31]张晓娟,赵正栋,张辰露,等.复合酶预处理法对银杏叶总萜内酯提取率的影响[J].天然产物研究与开发,2018,30(3):429-433.

[32]张晴晴,喻明军,曹帅,等.银杏叶中银杏内酯的提取工艺优化[J].化工设计通讯,2017,43(4):115-116.

[33]李文东,郑振佳,高乾善,等.银杏内酯的亚临界水提取工艺研究[J].化学与生物工程,2017,34(5):33-36.
[34]李艳萍,张立虎,吴红雁,等.银杏叶中总黄酮、总内酯同步提取工艺的优化[J].中成药,2020,42(10):2720-2722.
[35]张武圣.银杏叶提取物中银杏内酯B分离纯化工艺研究[J].中国中医药现代远程教育,2015(23):136-138.
[36]张晓娜,李云波,黄滢洁,等.响应面法优化银杏叶多糖碱提工艺的研究[J].粮食与油脂,2021,34(4):87-89+103.
[37]豆佳媛,雷黛旖,逯莉,等.超声波辅助法提取银杏叶多糖的工艺研究[J].化学与生物工程,2020,37(11):51-54.
[38]崔旭兰,陈锦桃,何杜朋,等.不同提取方法对银杏叶多糖含量的影响[J].广州中医药大学学报,2019,36(1):115-118.
[39]张琳,张彦,仙靓,等.酶解法提取银杏叶多糖的初步研究[J].化工科技,2017,25(4):40-42.
[40]陈为健.银杏叶对高血脂大鼠血脂水平的影响[J].全科口腔医学电子杂志,2019,6(28):173-173+175.
[41]张蔚.银杏叶胶囊对高脂血症血脂代谢的影响及抗氧化作用分析[J].中国初级卫生保健,2016,30(6):70-72.
[42]朱成义,伊琼,马金力,等.银杏叶提取物对血脂、血液流变学及血小板的影响[J].临床内科杂志,2016(7):490-492.
[43]陈梅霞,苏洁,张玥莉,等.银杏叶提取物与银杏黄酮对高脂血症大鼠血脂水平影响的比较研究[J].中国新药杂志,2014,23(7):833-838.
[44]李元静,张月玲,芮菁.银杏总内酯注射液对实验性脑缺血及脑血流量的影响[J].中药药理与临床,2007,23(4):26-29.
[45]程子翠,孙保亮,杨明峰,等.银杏内酯及银杏黄酮对脑淋巴阻滞后鼠脑实质微循环血流量变化的影响[J].中国微循环,2009(5):355-358.
[46]覃红斌.银杏叶提取物提高老年大鼠免疫功能及抗衰老的实验研究[J].辽宁中医杂志,2007,34(6):836-838.
[47]吴树亮,金连弘,肖辉,等.银杏叶对小鼠海马神经元超微结构的影响及抗衰老作用[J].中国局解手术学杂志,2002,11(4):346-348.
[48]成俊,陈梅晞,李艳红,等.银杏叶提取物对阻塞性睡眠呼吸暂停综合征合并高血压大鼠血压的影响[J].安徽医科大学学报,2015,50(3):324-328.
[49]成俊,陈梅晞,李艳红,等.银杏叶提取物对低氧大鼠血压及心肾血管的影响[J].医药导报,2016,35(1):25-30.
[50]王存良.银杏叶提取物对肾性高血压大鼠血压及其靶器官脂质过氧化的影响[J].中国实验方剂学杂志,2010(18):146-149.
[51]王存良.银杏叶提取物降血糖作用的实验研究[J].时珍国医国药,2011,22(7):1776-1777.
[52]于蕾妍,隋君霞,李华涛,等.螺旋藻多糖与银杏叶提取物复方对四氧嘧啶模型小鼠

的降血糖作用[J].中国畜牧兽医,2019,46(7):2176-2182.
[53]尚禹东,张郑瑶,丁云录,等.银杏叶提取物对α-葡萄糖苷酶的抑制作用及其降血糖作用机制[J].吉林大学学报(医学版),2011,37(3):427-432.
[54]曾心怡,曾雪斌.银杏叶总黄酮体内抗肿瘤作用及抗氧化活性研究[J].医学临床研究,2016,33(3):528-531.
[55]张立虎,吴婷婷,赵林果,等.银杏叶提取物中黄酮类化合物抗肿瘤活性研究进展[J].中国药学杂志,2019,54(6):444-449.

第 6 章 基于文献计量的辣木叶活性成分研究趋势分析

6.1 概述

辣木(*Moringa oleifera Lam*)又名鼓槌树、洋椿树,为辣木科(*Moringaceae*)辣木属(*MoringaAdans*)多年生深根性落叶乔木,为药食两用植物。辣木适应生长在热带和亚热带地区,因其具有营养价值和研究价值,我国东南沿海等地区已有引种并建立了栽培基地。辣木科(Moringaceae)在全球仅有一个属,共 14 个品种,印度传统辣木(Moringa oleifera Lam)是目前人们研究和利用最多的一个品种,其具有生长快、分布范围广的特点。辣木叶(图 6-1)中富含多种活性物质,例如多酚、多糖、黄酮、水溶性蛋白等,具有降血糖、降血脂、抗氧化、抗菌等功能作用[1]。

图 6-1 辣木叶

6.2 辣木叶化学成分及生理功能研究趋势文献计量分析

在 CNKI 中用公式 TI=辣木+叶和发表时间“2010—2020 年”检索所有文献,对年度分布、研究机构、学科分类、期刊来源等进行研究分析,结果如下:

6.2.1 年度分布

对 2000—2020 年发表的辣木叶研究文献进行检索,共检出 190 篇,其不同年度发表的文献数量如图 6-2 所示。

由图 6-2 可见,2015 年,辣木叶研究文献数量开始快速增加,2018 年达到 55 篇,随后保持在较高水平,这是由于 2012 年 10 月,辣木叶被中国卫生部批准为中国新资源食品,开始受到关注,研究成果在随后快速增加。

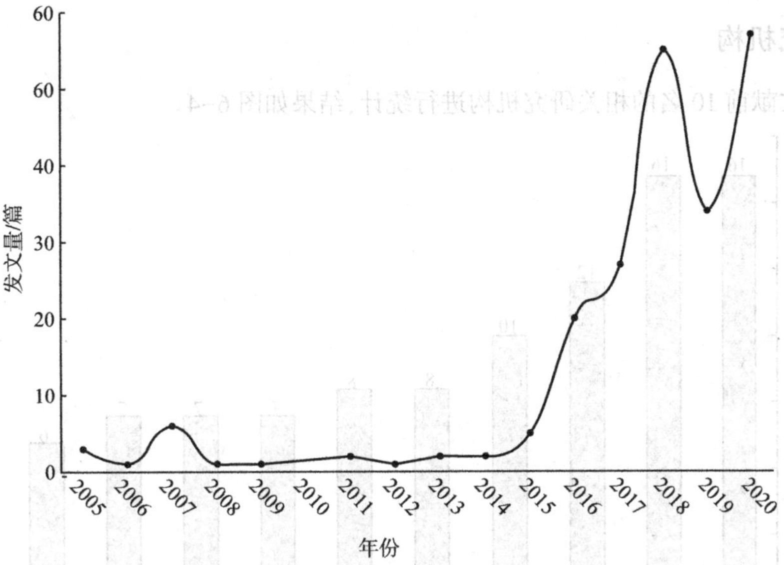

图6-2　辣木叶研究文献数量变化趋势

6.2.2　主题分布

辣木叶研究的主题分布见图6-3。

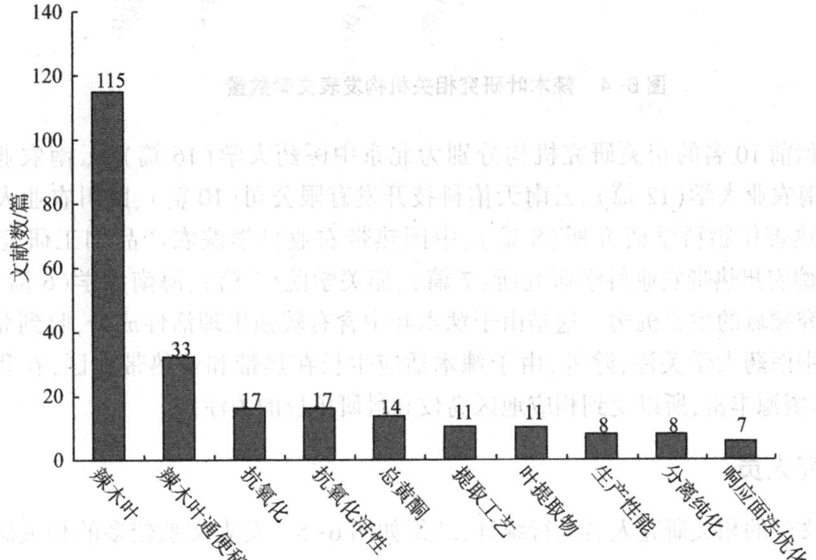

图6-3　辣木叶研究主题分布

如图6-3可见,主题主要涉及辣木叶(115篇)、辣木叶通便复方(33篇)、抗氧化(17篇)、抗氧化活性(17篇)、总黄酮(14篇)、提取工艺(11篇)、叶提取物(11篇)、生产性能(8篇)、分离纯化(8篇)、响应面法优化(7篇)。

6.2.3 研究机构

对发表文献前10名的相关研究机构进行统计，结果如图6-4。

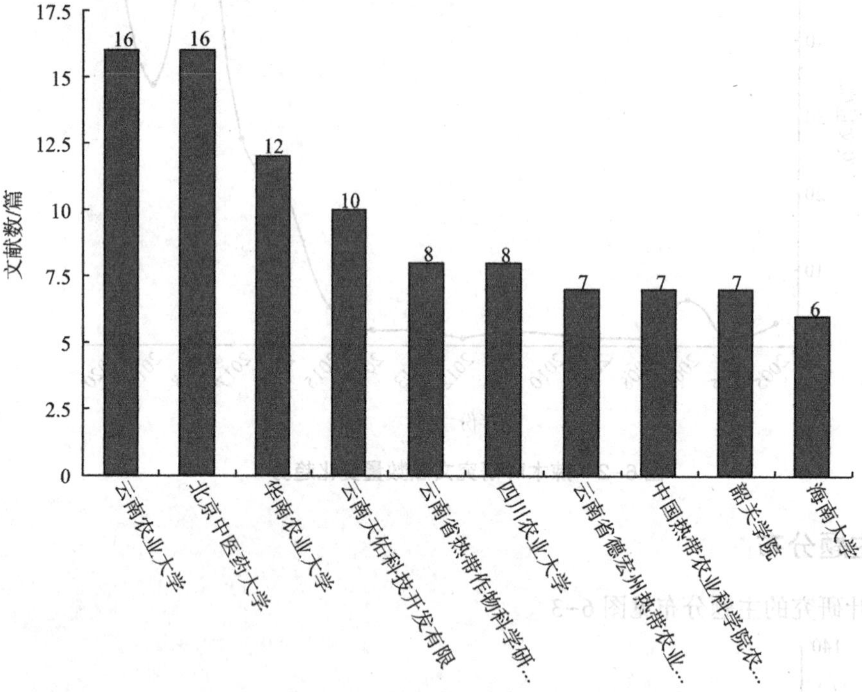

图6-4 辣木叶研究相关机构发表文献数量

发表文献前10名的相关研究机构分别为北京中医药大学（16篇）、云南农业大学（16篇）、华南农业大学（12篇）、云南天佑科技开发有限公司（10篇）、四川农业大学（8篇）、云南省热带作物科学研究所（8篇）、中国热带农业科学院农产品加工研究所（7篇）、云南省德宏州热带农业科学研究所（7篇）、韶关学院（7篇）、海南大学（6篇）是国内辣木叶研究领域的主要机构。这是由于辣木叶中含有较强生理活性成分，收到北京中医药大学等中医药大学关注，除外，由于辣木适应生长在热带和亚热带地区，在我国广东、云南地区资源丰富，所以受到相应地区高校和科研单位的关注。

6.2.4 研究人员

对发表文献的相关研究人员进行统计，结果如图6-5。发表文献较多的相关研究人员分别为李梦薇（9篇）、刘洋（8篇）、顾文宏（8篇）、李积华（7篇）、田洋（7篇）、李守岭（7篇）、周伟（7篇）、李国明（5篇）、何军（5篇）、张永根（4篇）。这和其所在的单位相关。

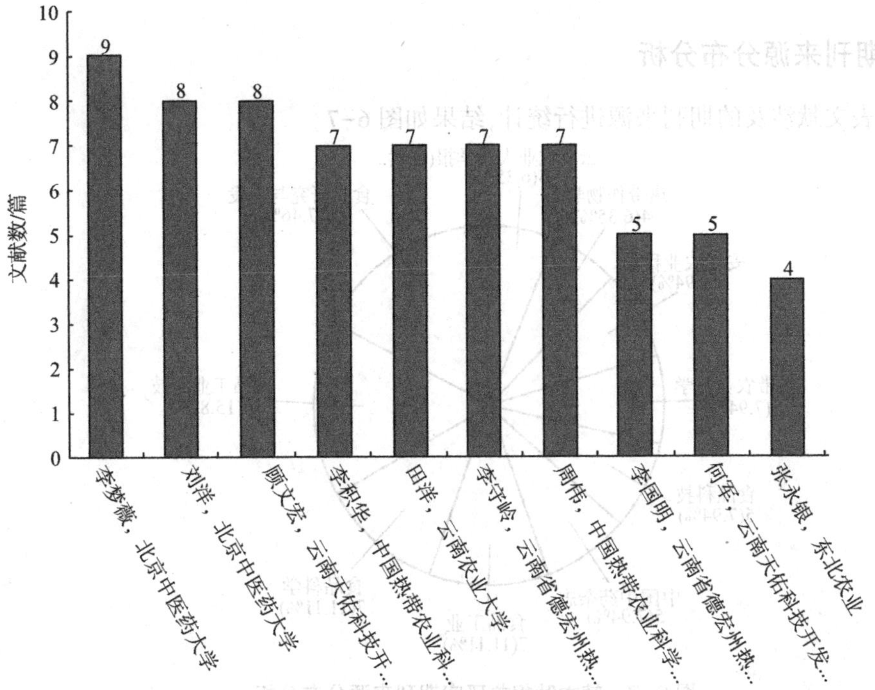

图 6-5　辣木叶研究相关研究人员

6.2.5　学科分类分析

对发表文献涉及的相关学科进行统计，结果如图 6-6。

发表文献前 10 名的学科分别为中药学(60 篇)、轻工业手工业(53 篇)、畜牧与动物医学(30 篇)、有机化工(26 篇)、林业(20 篇)、一般化学工业(14 篇)、化学(12 篇)、生物学(10 篇)、水产和渔业(4 篇)、农作物(3 篇)。其中中药学发表文献数量占绝对优势，表明中药与方剂研究是近年来的研究热点，此外，食品的研究也是比较热点的学科。

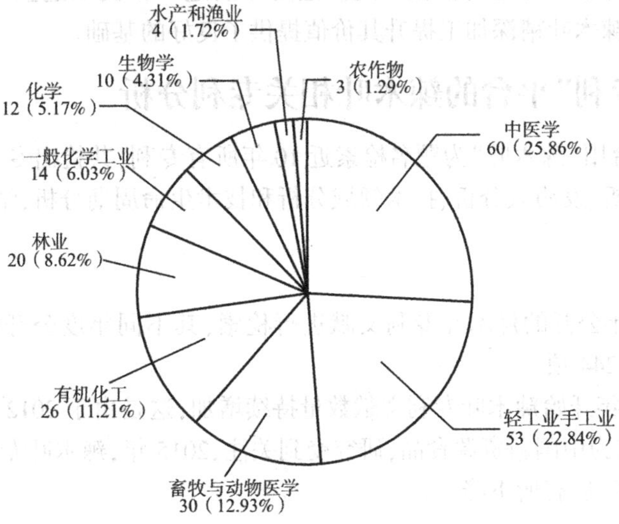

图 6-6　辣木叶研究相关学科

6.2.6 期刊来源分布分析

对发表文献涉及的期刊来源进行统计，结果如图 6-7。

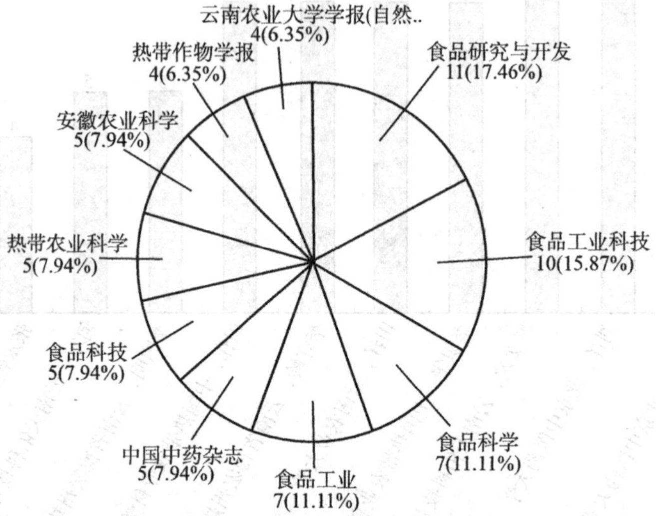

图 6-7　辣木叶相关研究期刊来源分布分析

虽然发表的文章集中在 30 种期刊中，但食品研究与开发（11 篇）、食品工业科技（10 篇）、食品工业（7 篇）、食品科学（7 篇）、中国中药杂志（5 篇）、食品科技（5 篇）、热带农业科学（5 篇）、安徽农业科学（5 篇）、热带作物学报（4 篇）、华南农业大学（4 篇），为发文前 10 期刊，发文数量较多，表明食品类、医药类和农学类杂志是该领域发表文章的主要期刊。

从研究前沿趋势分析，国内辣木叶研究的领域还主要是医药、食品领域，主要是功能成分提取、分析和其降血糖等生物活性研究。这为今后进一步提取这些功能活性物质、制备相关产品，实现辣木叶精深加工提升其价值提供了良好的基础。

6.3 基于“壹专利”平台的辣木叶相关专利分析

在“壹专利”平台用“辣木叶”为题名检索近 10 年所有专利，共检出专利 1 827 条，对年份分析、申请人分析、发明人分析、技术领域分析和技术生命周期分析，结果如下

6.3.1 年份分析

对 2012—2021 年公开的辣木叶专利文献进行检索，其不同年度公开的专利文献数量如图 6-8 所示，共 244 项。

由图可见，2013 年开始辣木叶专利文献数量持续增加，这是由于 2012 年 10 月，辣木叶被中国卫生部批准为中国新资源食品，研究受到关注，2015 年，辣木叶专利文献数量最高，达到 36 篇，2019 年后有所下降。

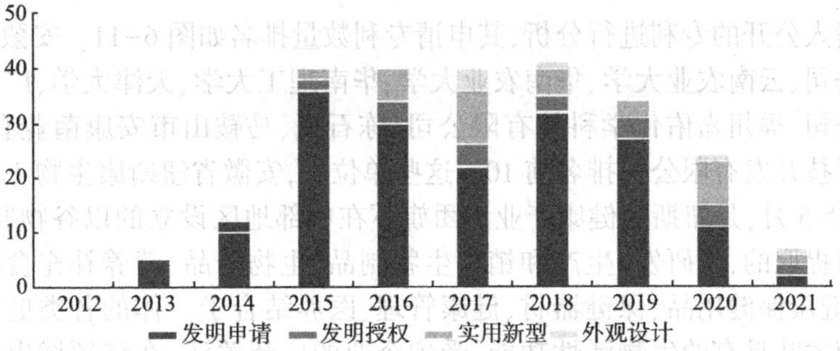

图 6-8　辣木叶专利公开的年度趋势

2012—2021 年公开的辣木叶专利年度增长情况如图 6-9。

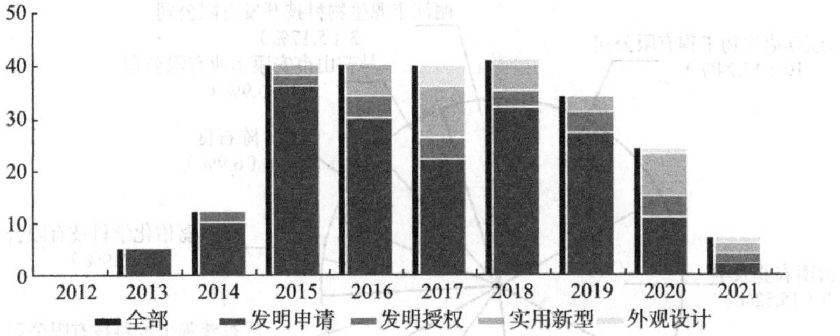

图 6-9　专利公开的年度增长率情况

从图中可见，专利年度增长情况变化趋势和年度公开的专利文献数量变化趋势基本一致。

6.3.2　申请人分析

对 2012—2021 年公开的辣木叶专利文献进行检索，其申请人的专利公开年度趋势如图 6-10 所示。

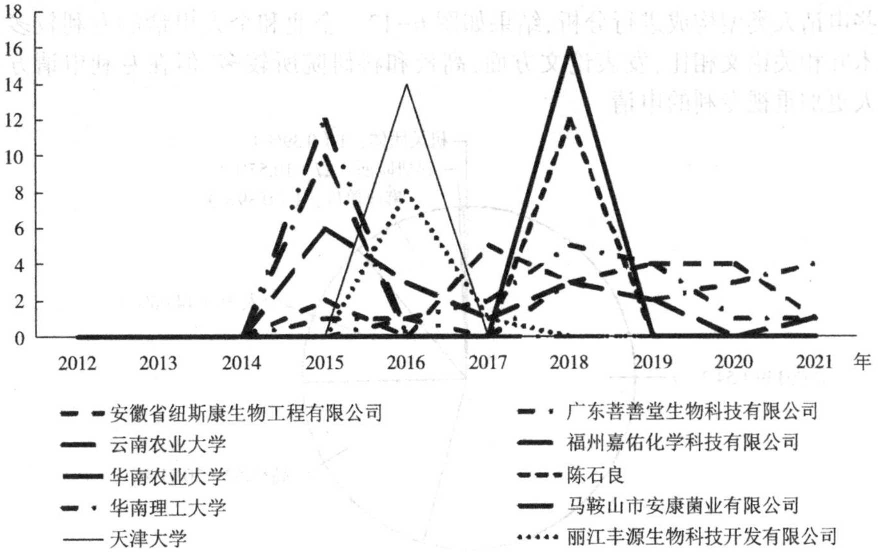

图 6-10　申请人的专利公开年度趋势

对这些申请人公开的专利进行分析，其申请专利数量排名如图 6-11。安徽省纽斯康生物工程有限公司、云南农业大学、华南农业大学、华南理工大学、天津大学、广东菩善堂生物科技有限公司、福州嘉佑化学科技有限公司、陈石良、马鞍山市安康菌业有限公司、丽江丰源生物科技开发有限公司排名前 10。这些单位中，安徽省纽斯康生物工程有限公司成立于 2013 年 5 月，是纽斯康健康产业集团旗下在中部地区设立的以谷物胚芽、植物精华为主要原料提取的，集研发、生产和销售生物制品、生物药品、营养补充食品及各种营养代餐产品、健康保健用品、保健器材、健康管理、医养结合于一体的各类健康营养产品企业。由于辣木叶具有的生物活性功能，受到企业的广泛关注，在该领域申请较多的专利。同时，辣木适应生长在热带和亚热带地区，我国东南沿海等地区已有引种并建立了栽培基地。因此，广东、福建等省的高校和企业申请专利也较多。

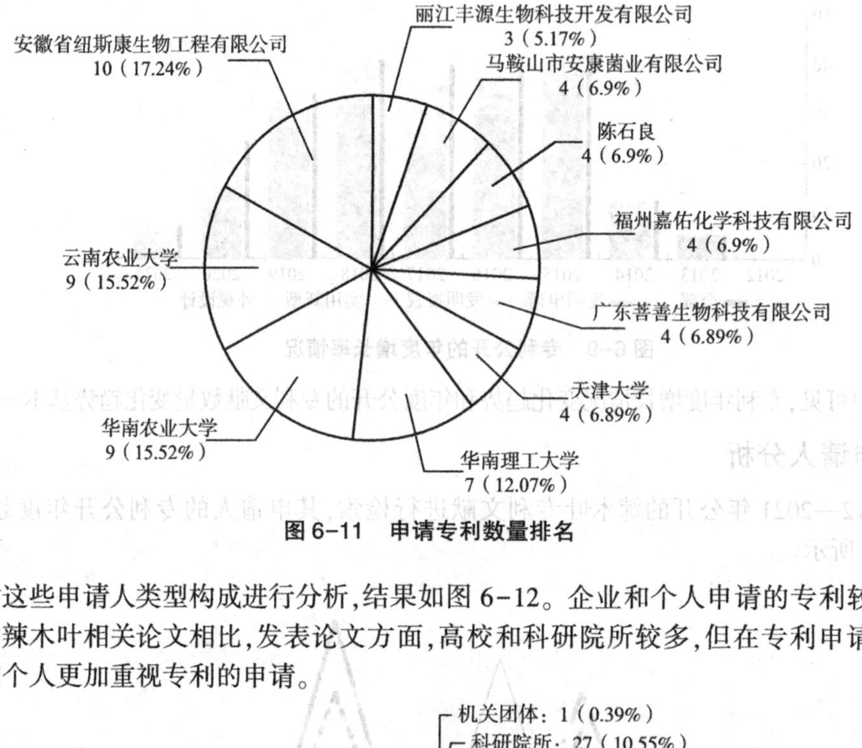

图 6-11　申请专利数量排名

对这些申请人类型构成进行分析，结果如图 6-12。企业和个人申请的专利较多，和发表的辣木叶相关论文相比，发表论文方面，高校和科研院所较多，但在专利申请方面，企业和个人更加重视专利的申请。

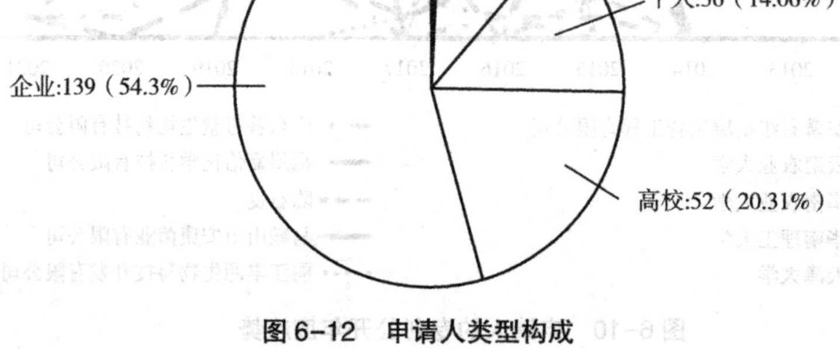

图 6-12　申请人类型构成

对申请人申请的专利涉及的技术领域/国民经济行业进行分析,结果如图6-13所示。

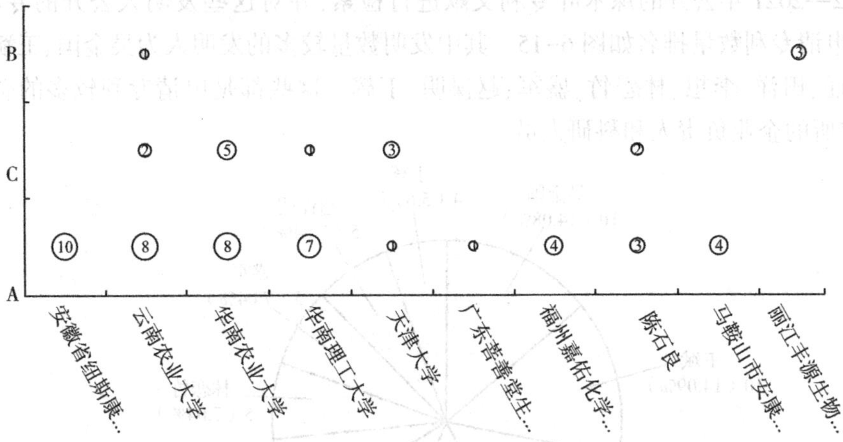

图6-13　申请人在各技术领域/国民经济的专利分布情况

涉及的领域包括A(人类生活必需)、C(化学;冶金)。这是因为辣木叶是药食共用原料,具有丰富的功能成分,可加工为食品、药品等产品,和A(人类生活必需)、C(化学;冶金)密切相关。

对申请人专利合作情况及对应数量进行分析,结果如图6-14所示。

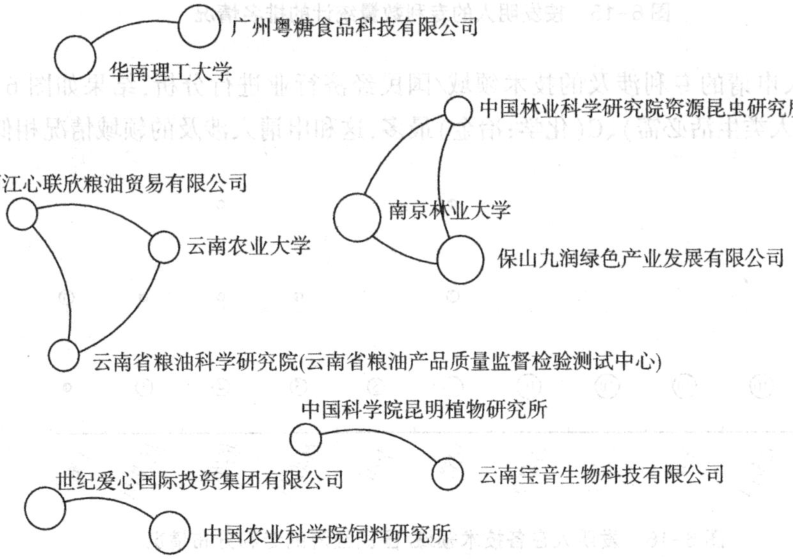

图6-14　申请人专利合作情况及对应数量

从申请人合作关系看,单位申请人合作申请人一般为本地区的合作高校和企业。

6.3.3 发明人分析

对2012—2021年公开的辣木叶专利文献进行检索，并对这些发明人公开的专利进行分析，其申请专利数量排名如图6-15。其中发明数量较多的发明人为吴金国、王斌、王远保、马淑瑶、田洋、李想、林恋竹、盛军、赵谋明、丁辉。这些都是申请专利较多的企业、高校科研院所的企业负责人和科研人员。

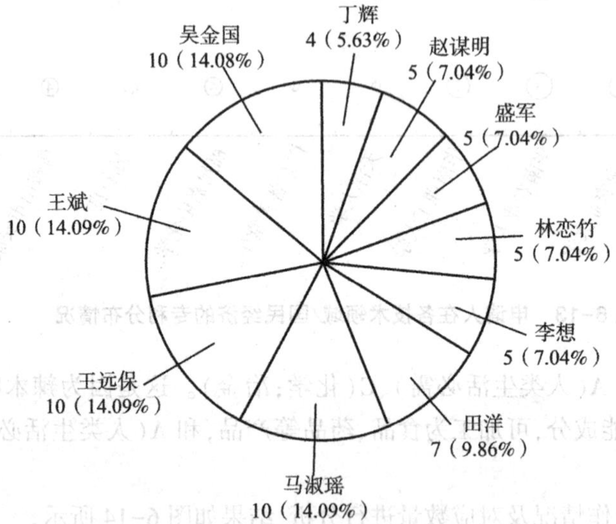

图6-15　按发明人的专利数量统计的排名情况

对发明人申请的专利涉及的技术领域/国民经济行业进行分析，结果如图6-16所示。其中A(人类生活必需)、C(化学;冶金)最多，这和申请人涉及的领域情况相似。

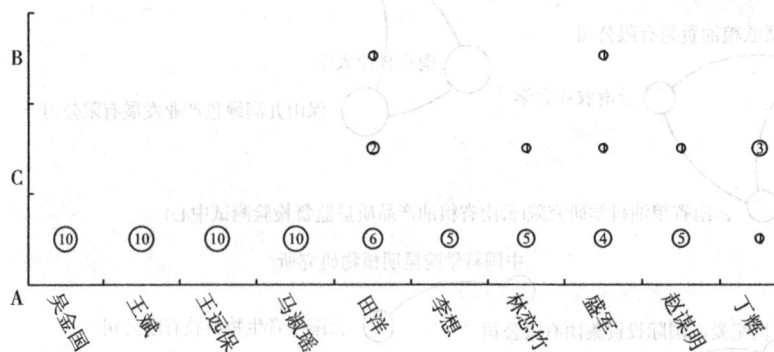

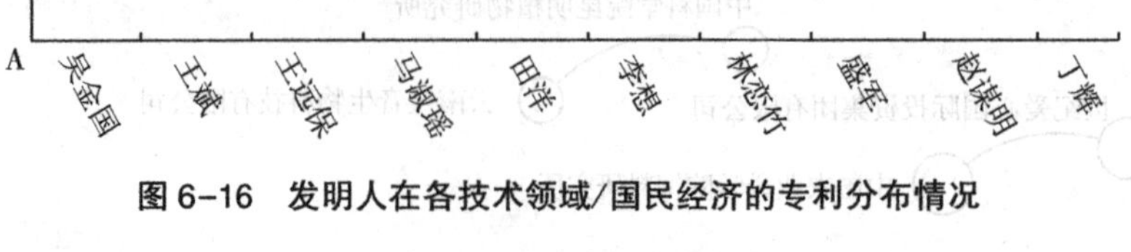

图6-16　发明人在各技术领域/国民经济的专利分布情况

发明人专利合作情况及对应数量见图6-17。其中吴金国和王斌、王远保等人有密切合作；王斌和吴金国、王远保、马淑瑶等人有密切合作；王远保和吴金国、王斌、马淑瑶等人有密切合作，马淑瑶和吴金国、王斌、王远保有密切合作。这些合作者合作的相互交叉，共同完成专利。

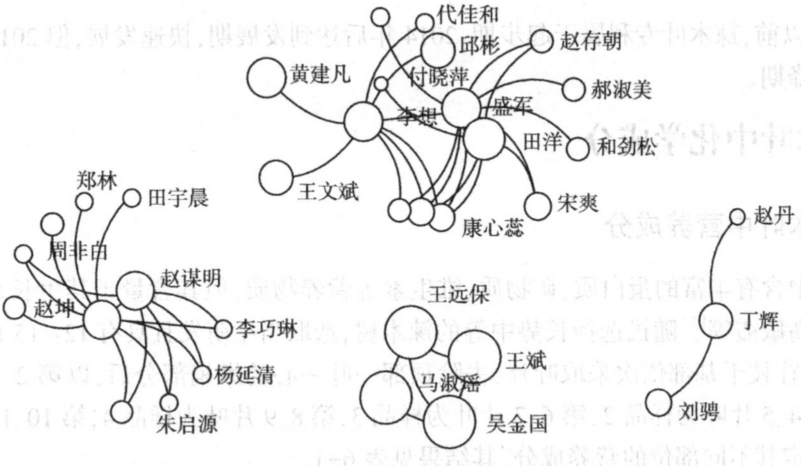

图6-17　发明人专利合作情况及对应数量

6.3.4　技术领域分析

对申请的专利涉及的技术领域/国民经济行业进行分析，涉及的领域包括A(人类生活必需)、C(化学;冶金)、G(物理)等领域。各涉及的领域排名情况见图6-18，其中A(人类生活必需)、C(化学;冶金)最多。

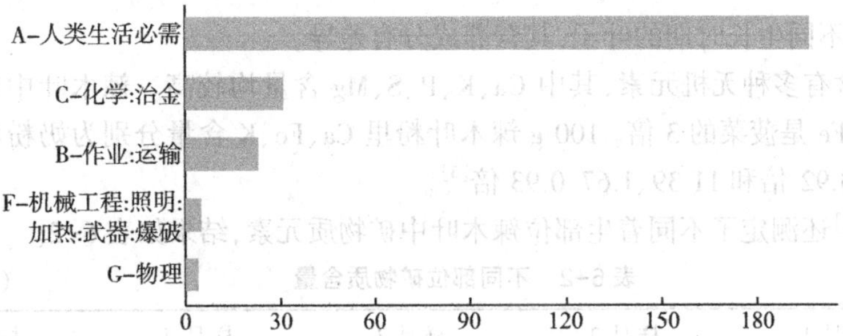

图6-18　按照IPC的专利数量统计的IPC排名情况

6.3.5　技术生命周期分析

辣木叶专利技术生命周期分析见图6-19。

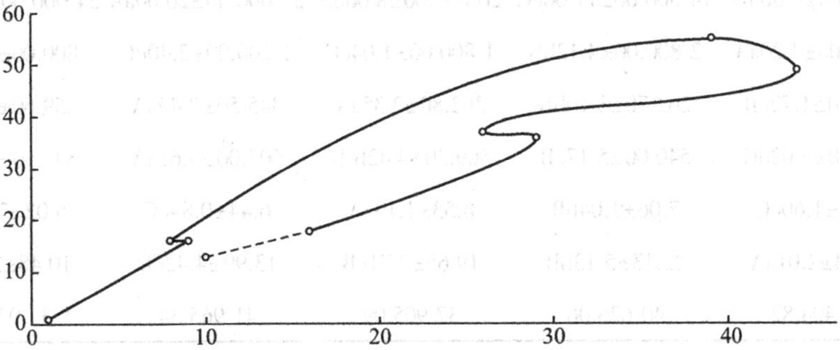

图6-19　辣木叶专利技术生命周期分析

2014年以前，辣木叶专利属于起步期，2014年后达到发展期，快速发展，但2018年又开始进入下降期。

6.4 辣木叶中化学成分

6.4.1 辣木叶中营养成分

辣木叶中含有丰富的蛋白质、矿物质、维生素等营养物质，但其含量于其生长部位有密切关系。高敏霞等[2]随机选择长势中等的辣木树，选取当年萌发且具有12~15片叶的侧枝，由顶梢往枝干基部依次采取叶片，去除顶部一叶一心的嫩梢部分后，以第2、3片叶为样品1，第4、5片叶为样品2，第6、7片叶为样品3，第8、9片叶为样品4，第10、11片叶为样品5，测定其不同部位的营养成分，其结果见表6-1。

表6-1　不同部位营养成分　（g/100 g）

成分	样品1	样品2	样品3	样品4	样品5	均值
蛋白质	33.88±0.07bB	32.92±0.23bB	38.82±0.05aA	33.62±0.08bB	28.27±0.05cC	33.50±3.3
粗纤维	3.40±0.03cC	3.80±0.11cC	6.80±0.01bB	7.50±0.25bB	9.00±0.21aA	56.10±2.17
脂肪	5.60±0.44bB	6.70±0.16aA	5.90±0.00b	6.90±0.02aA	6.60±0.06aA	6.34±0.5

不同样品间不同大小写字母分别表示差异极显著（$P<0.01$）或者差异显著（$P<0.04$）

由此可知，不同生长时期的叶子，其营养成分有差异。

辣木中还含有多种无机元素，其中Ca、K、P、S、Mg含量均较高。辣木叶中所含的K是香蕉的3倍，Fe是菠菜的3倍。100 g辣木叶粉里Ca、Fe、K含量分别为奶粉和黄豆粉的3.49、11.28、3.92倍和11.39、1.67、0.93倍[3]。

高敏霞等[2]还测定了不同着生部位辣木叶中矿物质元素，结果如表6-2。

表6-2　不同部位矿物质含量　（μg/100 g）

成分	样品1	样品2	样品3	样品4	样品5
Na	649.76±2.17aB	694.17±2.43aA	544.81±3.61bC	492.41±4.04cD	350.09±3.00dE
K	20 000.00±16.00aB	20 400.00±12.00aA	11 200.00±15.00bC	11 300.00±19.00bC	8 400.00±11.00cD
Mg	1 100.00±5.20eC	1 400.00±8.50dC	3 400.00±3.00cB	4 000.00±3.20aA	3 700.00±4.01bA
Ca	9 100.00±6.00dD	14 500.00±11.00cC	20 000.00±8.00bB	24 000.00±20.00aA	24 000.00±15.00aA
P	3 800.00±4.20aA	2 800.00±4.12bB	1 800.00±1.04cC	1 200.00±2.40dC	800.00±3.50eD
Mn	244.50±1.72cB	262.70±3.10bB	362.80±2.35aA	345.50±2.49aA	259.60±3.28bB
Fe	476.60±3.02dC	540.00±5.17cB	569.30±4.42b B	607.00±5.61aA	397.10±3.84eD
Cu	6.62±1.60cC	7.06±1.04bB	8.53±1.13aA	6.44±0.84cC	5.02±2.41dD
Zn	27.34±2.01aA	22.13±5.13bB	19.65±2.71cB	13.99±4.42dC	10.48±2.84eC
总量	35 404.82	40 626.06	37 905.09	41 965.34	37 922.29

不同样品间不同大小写字母分别表示差异极显著（$P<0.01$）或者差异显著（$P<0.04$）

辣木叶中矿物质含量较高，测定的 9 种矿物元素总量约占叶片干重的 3.50%～4.20%，其中，钙和钾含量最丰富，其他依次是镁、磷、钠、铁、锰、锌和铜。不同着生部位辣木叶中钙、钾含量变化规律不一致。

对不同着生部位辣木叶中氨基酸含量分析，高敏霞等[2]测定结果如表 6-3。

表 6-3　不同部位氨基酸含量　(g/100 g)

成分	样品 1	样品 2	样品 3	样品 4	样品 5
Asp *	2.75±0.07bB	1.76±0.43dC	3.28±0.61aA	2.76±1.04bB	2.54±0.60cB
Thr	1.39±0.41bB	1.42±0.25bB	1.60±0.84aA	1.42±0.71bB	1.30±0.35cC
Ser	1.30±0.60aA	1.22±0.09bB	1.31±0.13aA	1.25±0.88bB	1.10±0.49cC
Glu	3.64±0.14bB	3.54±0.08cB	3.86±0.15aA	3.6±0.02bB	3.07±0.08dC
Gly	1.50±0.36bB	1.48±0.17bB	1.66±0.07aA	1.49±0.16bB	1.37±0.12cC
Ala	1.92±0.08dB	2.01±0.23cB	2.16±0.11bA	2.23±0.07aA	2.00±0.05cB
Cys *	0.08±0.01dC	0.18±0.03bA	0.18±0.01bA	0.12±0.04cB	0.19±0.02aA
Val *	1.66±0.23cB	1.66±0.35cB	1.88±0.03aA	1.74±0.10bB	1.54±0.25d C
Met *	0.27±0.02bA	0.23±0.01cB	0.28±0.03bA	0.31±0.01aA	0.24±0.03cB
Ile *	1.36±0.13bB	1.37±0.08bB	1.49±0.03aA	1.36±0.11bB	1.22±0.06cC
Leu	2.64±0.15cB	2.64±0.06cB	2.91±0.11aA	2.77±0.06bB	2.40±0.30dC
Tyr *	1.04±0.01cB	1.1±0.03dA	1.13±0.03aA	1.08±0.01bB	0.86±0.04eC
Phe *	1.72±0.25cB	1.79±0.14bA	1.97±0.02aA	1.81±0.01bA	1.62±0.07dC
Lys	2.34±0.11bA	2.27±0.07cB	2.43±0.16aA	2.14±0.08d C	1.95±0.07eD
His	0.70±0.01bB	0.70±0.02bB	0.78±0.05aA	0.76±0.02aA	0.64±0.03cC
Arg	2.05±0.07bA	1.99±0.12cB	2.20±0.04aA	1.95±0.06dB	1.63±0.13eC
Pr o	1.43±0.02cB	1.43±0.06cB	1.55±0.03bA	1.60±0.07aA	1.28±0.04dC
EAC	11.38±0.23cB	11.38±0.16cB	12.56±0.25aA	11.55±0.44bB	10.27±0.16dC
AC	27.79±0.44cB	27.79±0.25cB	30.67±0.30a	28.39±0.21bB	24.95±0.30dC

注：不同样品间不同大小写字母分别表示差异极显著（$P<0.01$）或者差异显著（$P<0.04$）；* 必需氨基酸，EAC，必需氨基酸总量；AC 氨基酸总量

由表 6-3 可知，辣木叶中氨基酸含量丰富，共 17 种，其中，7 种是人体必需氨基酸，占氨基酸总量的 40.95%。

辣木叶含有丰富的维生素，其中维生素 C、维生素 E、叶酸、泛酸和生物素等含量较高。据报道，辣木叶中维生素 C 含量是柑橘的 7 倍、维生素 A 含量是胡萝卜的 4 倍。表 6-4 是各种维生素的含量[4]。

表 6-4 辣木叶中维生素含量 (mg/100 g)

成分	含量	成分	含量
维生素 A	6.80	维生素 B_1	0.21
维生素 C	220.00	维生素 B_2	0.05
维生素 B	412.00	维生素 B_3	0.80

辣木叶不同着生部位对辣木叶的营养成分含量有一定影响。综合各营养成分含量差异,可采摘、利用不同部位叶片,开发成与其营养特效相适应的不同的辣木叶产品。

6.4.2 辣木叶中功能性成分

高启霞等[5]对辣木叶中功能性成分进行了总结,发现辣木中的化学成分已逾百种,包括苯丙素类、黄酮类、生物碱、甾体类、萜类,异硫氰酸酯类、硫代葡萄糖苷类、脂肪族及芳香族类成分。

6.4.2.1 苯丙素类

辣木叶中苯丙素类化合物见表 6-5。

表 6-5 辣木叶中苯丙素类化合物

化合物名称	英文名	文献来源
5-咖啡酰奎宁酸	5-caffeoylquinic acid	[6]
咖啡酸	caffeic acid	[7]
绿原酸	chlorogenic acid	[8]
邻香豆酸	o-coumaric acid	[9]
对香豆酸	p-coumaric acid	[9]
阿魏酸	ferulic acid	[9]
异阿魏酸	iso-ferulic acid	[7]
菊苣酸	chicoric acid	[7]
3,4,5-甲氧基肉桂酸	3,4,5-methoxy-cinnamic	[7]
芥子酸	sinapic acid	[9]
肉桂酸	cinnamic acid	[10]
香豆素	coumarin	[11]

6.4.2.2 黄酮类

辣木叶中黄酮类化合物见表 6-6。

表 6-6　辣木叶中黄酮类化合物

化合物名称	英文名	文献来源
甲氧基化黄酮	methoxylated flavones	[9]
羟基化黄酮	predo minantlyhydroxylated flavones	[9]
槲皮素 3-O-(6″-丙二酰基葡萄糖苷)	quercetin 3-O-(6″-malonylglucoside)	[9]
芹菜素	apigenin	[7,9]
大豆黄素	daidzein	[9]
表儿茶素	epicatechin	[12,13]
儿茶素	catechin	[12,13]
金雀异黄素	genistein	[9]
异鼠李素	isorhamnetin	[9]
鼠李素	rhamnetin	[9]
山萘酚	kaempferol	[9]
木犀草素	luteolin	[9]
原花青素	proanthocyanidin	[14]
花青素	anthocyanins	[15]
黄酮醇	flavonols	[15]
黄酮	flavonols	[15]
双苯吡酮	xanthones	[15]
杨梅素	myricetin	[12]
槲皮素	quercetin	[11,15]
槲皮苷	quercitrin	[13]
异槲皮苷	isoquercitrin	[13]
芦丁	rutin	[7,16]
牡荆素	vitexin	[7]
柚皮苷	naringin	[7]

续表 6-6

化合物名称	英文名	文献来源
柚皮素	narengenin	[7]
7-羟基黄酮	7-OH flavone	[7]
橙皮素	hisperetin	[7]
槲皮素-3-O-葡萄糖苷	quercetin-3-O-glucoside	[17]
山萘酚-3-O-葡萄糖苷	kaempferol-3-O-glucoside	[17]
多花蔷薇苷-B	multiflorin-B	[18]
芹菜素-8-C-葡糖苷	apigenin-8-C-glucoside	[18]

6.4.2.3 萜类及其苷

辣木叶中萜类及其苷化合物见表 6-7。

表 6-7 辣木叶中萜类及其苷化合物

化合物名称	英文名	文献来源
绞股蓝皂苷	gypenoside	[19]
叶黄素	lutein	[19]
β-胡萝卜素	β- carotene	[19]
蝴蝶梅黄素	violaxanthin	[19]
新叶黄素	neoxanthin	[19]
玉米黄素	zeaxanthin	[19]

6.4.2.4 甾体及其苷

辣木叶中甾体及其苷类化合物见表 6-8。

表 6-8 辣木叶中甾体及其苷类化合物

化合物名称	英文名	文献来源
β-谷甾醇	β-sitosterol	[15]
植物雌激素	phytoestrogens	[20]
植醇	phytol	[21]
β-谷甾醇-3-O-β-D-吡喃葡萄糖苷	beta-sitosterol-3-O-beta-D-glucopyranoside	[22]

6.4.2.5　挥发油生物碱类

辣木叶中挥发油生物碱类化合物见表 6-9。

表 6-9　辣木叶中挥发油生物碱类化合物

化合物名称	英文名	文献来源
迷迭香	rosmarinic	[7]
玉米素	zeatin	[23]
N-α-L-鼠李糖吡喃长春花胺	N-α-L-rhamnopyranosyl vincosamide	[9]
4-(α-L-鼠李糖基氧基)苯基乙腈	4-(α-L-rhamnopyranosyloxy)phenylaceton trile	[9]
吡咯醛 4′-O-α-L-鼠李糖吡喃糖苷	pyrrolemaru mine 4′-O-α-L-rhamnopyranosyide	[9]
4-(α-L-鼠李糖吡喃糖基)-苄基氨基甲酸甲酯	methyl 4-(α-L-rhamnopyranosyoxy)-benzylcar- bamate	[24]
4′-羟基苯基乙酰胺-α-L-鼠李糖吡喃糖苷	4′-hydroxyphenyl ethanamide -α-L -rhamnopy- ranoside	[9]
辣木碱	moringinine, moringine, niazi minin A, niazi minin B, niaz-imicin B, niazi min A	[20,25,26]
奎宁	quinines	[27]
印度辣木素	pterygosper min	[25]

6.4.2.6　酚酸及其酯类

辣木叶中酚酸及其酯类化合物见表 6-10。

表 6-10　辣木叶中酚酸及其酯类化合物

化合物名称	英文名	文献来源
鞣花酸	ellagic acid	[16]
没食子酸	gallic acid	[9]
龙胆酸	gentistic acid	[9]
香草酸	e-vanillic acid	[7]
原儿茶酸	protocatechuic acid	[7]
对羟基苯甲酸	p-OH-benzoic	[7]
丁香酸	syringic acid	[9]
奎宁酸	quinic acid	[28]

6.4.2.7 酚类

辣木叶中酚类化合物见表6-11。

表6-11 辣木叶中酚类化合物

化合物名称	英文名	文献来源
邻苯三酚	pyrogallol	[7]
邻苯二酚	catechol	[7]
白藜芦醇	reversetrol	[9]
3-羟基-酪醇	3-OH-tyrosol	[7]
香草醛	vanillin	[29]

6.4.2.8 硫代葡萄糖苷类

辣木叶中硫代葡萄糖苷化合物见表6-12。

表6-12 辣木叶中硫代葡萄糖苷类化合物

化合物名称	英文名	文献来源
白芥子硫苷	4-hydroxybenzyl glucosinolates (sinalbin)	[9]
4-O-(α-L-鼠李糖基氧基)-苄基硫代葡萄糖苷	4-O-(α-L -rhamnopyranosyloxy)-benzyl Glu- cosinolate	[9,17]
4-O-(α-L-乙酰鼠李糖吡喃基氧基)-硫代葡萄糖苷异构体1	4-O-(α-L-acetylrhamnopyranosyloxy)-benzy glucosinolate isomer 1	[9]
4-O-(α-L-乙酰鼠李糖吡喃基氧基)-硫代葡萄糖苷异构体2	4-O-(α-L-acetylrhamnopyranosyloxy)-benzy glucosinolate isomer2	[9]
4-O-(α-L-乙酰鼠李糖吡喃基氧基)-硫代葡萄糖苷异构体3	4-O-(α-L-acetylrhamnopyranosyloxy)-benzy glucosinolate isomer3	[9]

6.4.2.9 异硫氰酸酯类

辣木叶中异硫氰酸酯类化合物见表6-13。

表6-13 辣木叶中异硫氰酸酯类化合物

化合物名称	英文名	文献来源
4-[(2′-O-乙酰基-α-L-鼠李糖氧基)苄基]异硫氰酸酯	4-[(2′-O-acetyl-α-L-rhamnosyloxy)ben-zyl]isothiocyanate	[16,30]
4-[(3′-O-乙酰基-α-L-鼠李糖氧基)苄基]异硫氰酸酯	4-[(3′-O-acetyl-α-L-rhamnosyloxy)ben-zyl]isothiocyanate	[30]

续表 6-13

化合物名称	英文名	文献来源
4-[(4′-O-乙酰基-α-L-鼠李糖氧基)苄基]异硫氰酸酯	4-[(4′-O-acetyl-α-L-rhamnosyloxy) benzyl isothiocyanate	[30]
4-(α-L-鼠李糖氧基)苄基异硫氰酸酯	4-(α-L-rhamnosyloxy) benzyl isothiocyanate	[17,22,25]

6.4.2.10 脂肪酸及其酯类

辣木叶中脂肪酸及其酯类化合物见表 6-14。

表 6-14　辣木叶中脂肪酸及其酯类化合物

化合物名称	英文名	文献来源
(Z,Z,Z)-8,11,14-二十碳三烯酸	二氢-γ- 8,11,14-eicosatrienoic acid,(Z,Z,Z)	[21]
(Z,Z,Z)-9,12,15-十八碳三烯酸(α-亚麻酸)	9,12,15-octadecatrienoic acid,(Z,Z,Z)	[21]
L-抗坏血酸-2,6-二棕榈酸酯	L-(+)-ascorbic acid 2,6-dihexadecanoate	[21]
邻苯二甲酸二乙酯	diethyl phthalate	[21]
异苯并呋喃-1-酮-3-的乙酸	isobenzofuran-1-one-3-aceticacid	[21]
7,10,13-二十碳三烯酸甲酯	7,10,13-eicosatrienoic acid,methyl ester	[21]
十六烷酸乙酯	hexadecanoic acid,ethyl ester	[21]
正十六烷酸	n-hexadecanoic acid	[21]
甘油-1-(9-十八烷酸酯)	glycerol-1-9-octadecanoate	[31]
13-甲酰基 -十三烷酸乙酯	tridecanoic acid,13-formyl-,ethyl ester	[21]
丙二酸二甲酯	propanedioic acid,dimethyl ester	[21]
环戊烷十三烷酸甲酯	cyclopentanetridecanoic acid,methyl ester	[21]

6.5　辣木叶中化学成分的提取

6.5.1　多酚提取工艺

多酚是多羟基化合物,它的结构特点决定多酚易溶或可溶于水、醇类、醚类、酮类、酯类等,所以,溶剂提取法主要有水溶剂提取和有机溶剂提取两种,此外,为强化提取效果,微波、超声、超高压等方法也被应用在多酚的强化提取上。

沈慧等[32]采用热浸提法,以食用酒精为溶剂,考察酒精度数、液料比、D-异抗坏血酸钠用量、提取温度和提取时间对辣木叶多酚提取率的影响,并在单因素实验的基础上,通过响应面实验分析,优化了辣木叶多酚的提取工艺。结果表明,辣木叶多酚的最优提取工艺条件：食用酒精度数为 64%，液料比为 20:1（mL:g），D-异抗坏血酸钠添加量为 0.15‰，提取温度为 64 ℃，提取时间为 115 min，在此条件下多酚的得率为 3.39%。

杨迎等[33]利用响应面法对辣木籽多酚的提取工艺进行了优化，以多酚提取量为指标，就乙醇体积分数、浸提温度、浸提时间和料液比进行了单因素实验，基于 Box-Behnken 和 Design-Expert V8.0.6，进行了四因素三水平响应面法优化，结果表明，回归模型极为显著（$P<0.000\ 1$），可以对辣木籽多酚含量进行很好的分析和预测；优化后的最佳提取条件为：乙醇体积分数 66.78%、浸提温度 75.9 ℃、料液比 1:12 g/mL、浸提时间 1.24 h，此条件下模型预测的最大提取量为 4.134 mg/g，实测值为（4.125±0.017）mg/g，与预测值无显著性差异。

张超等[34]通过响应曲面试验研究超声波辅助提取辣木籽多酚的最佳工艺条件为：乙醇体积分数 74%、液料比 19:1（mL:g）、提取温度 67 ℃、超声时间 25 min。此条件下，辣木籽多酚的平均提取量为 4.867 mg/g，该值与理论预测值 4.889 mg/g 基本一致。

6.5.2 黄酮提取工艺

提取黄酮采用的溶剂有热水、碱性水或碱性稀醇、有机溶剂等。

王远等[35]采用响应面分析法优化微波辅助提取辣木叶总黄酮的工艺，应用 AB-8 型大孔树脂层析柱和聚酰胺层析柱联用的工艺对辣木叶总黄酮进行纯化，结果表明，辣木叶总黄酮最佳提取条件为：时间 308 s、功率 302 W、乙醇浓度 75%、料液比 1:52，在此条件下总黄酮提取率为 5.53%±0.11%；纯化后辣木叶总黄酮的纯度为（764.49±25.17）mg/g。

谢勇武等[36]选用响应面分析法优化辣木叶总黄酮的超声波酶解辅助提取工艺。选取 1.000 g 辣木叶粉末在单因素的基础上选用 3%酶的添加量，选乙醇浓度、料液比、超声波提取的时间和温度，进行四因素三水平的 BoxBehnken 中心组合设计法设计响应面试验。结果表明，最佳的提取工艺条件为 73%的乙醇浓度、1:36（g:mL）的辣木叶粉末和乙醇体积的料液比、38 ℃的超声波提取温度和 40 min 的超声波提取时间，该条件下计算出辣木叶总黄酮提取率预测值为 5.206%，验证实验所得到的辣木叶总黄酮提取率为 5.289%。

靳学远等[37]利用超高压提取方法提取辣木叶总黄酮。在单因素试验的基础上，以乙醇浓度、压力、保压时间、液料比作为考察因素，以总黄酮得率为指标，利用正交实验法确定最佳提取工艺，结果表明：乙醇浓度 65%、压力 400 MPa、保压时间 5 min、液料比 14:1（mL:g）为最佳提取条件，该条件下，辣木叶总黄酮得率达到 7.53%。

6.5.3 多糖提取工艺

初雅洁等[38]为提取辣木叶多糖，利用水提醇沉法获得辣木叶粗多糖，以单因素提取试验为基础，采用正交试验对辣木叶多糖的分离提取工艺进行优化。研究表明：辣木叶粗多糖的最佳提取工艺：液料比 20:1（mL:g），提取温度为 70 ℃，提取时间为 1.5 h，在此工艺条件下多糖的得率为 11.48%。

彭凌[39]就辣木叶多糖的超声波辅助提取工艺条件进行了系统优化研究，包括提取温度、超声波处理时间、料液比、提取次数等条件因素对多糖提取率的影响。试验结果表明,超声波辅助提取辣木叶多糖的最佳工艺参数为:超声波处理时间为 20 min、提取温度为 60 ℃、料液比为 1:30、提取次数为 2 次。

王振西[40]为了提高辣木多糖的提取效率,采用了超声协同复合酶提取。对热水回流法、超声法和超声协同复合酶提取辣木多糖的工艺进行了研究。采用单因素实验和正交实验获得热水回流法的最佳工艺参数:料液比 1:80,100 ℃,水浴提取 2 次,每次 2 h,粗多糖提取率可达 7.86%;采用单因素实验和正交实验获得超声法的最佳工艺参数:超声时间 40 min、提取温度 50 ℃、料液比 1:100,粗多糖提取率可达 18.12%。采用均匀设计实验获得超声协同复合酶分步提取的最佳工艺参数:超声频率 20 kHz,超声功率 180 W,超声温度 50 ℃,超声提取 30 min 后把纤维素酶 1 800 U/mg、蛋白酶 4 400 U/mg、果胶酶1 200 U/mg 同时加入,提取温度 75 ℃,提取时间 55 min,pH4.5,粗多糖提取率为33.03%。通过响应面优化实验获得超声与纤维素酶同时提取时的最佳工艺参数是:料液比 1:50,pH 5.17,超声功率 210 W,超声频率 20 kHz,提取时间 35 min,提取温度 75 ℃,纤维素酶1 800 U/mg,辣木多糖的提取率为 33.11%。

6.5.4　辣木叶蛋白提取工艺

辣木总蛋白含量高,但溶解差,水溶性蛋白提取率低,需要采用强化方法提高得率。

代佳和等[41]采用超声波辅助酸溶法提取辣木叶中水溶性蛋白。以辣木叶为原料,分析超声波功率、超声时间、提取温度、水浴时间和溶液 pH 值 6 个因素对其水溶性蛋白提取率的影响,在单因素试验的基础上,通过响应面法优化酸法提取辣木蛋白的最佳工艺条件。响应面优化结果表明:对蛋白提取率的影响依次为溶液 pH>料液比>超声时间>水浴温度,最优提取条件为料液比 1:70 (g:mL)、超声波功率 300 W、超声时间 30 min、浸提水浴温度 53 ℃、溶液 pH 1.4、水浴浸提时间 60 min,此条件下的水溶性蛋白提取率最高,可达(79.36±1.13)mg/g,与预测值 80.194 mg/g 基本相符。

孙劲毅等[42]以辣木叶为原料,采用泡沫法提取辣木叶蛋白。通过单因素试验分别考察氯化钠浓度、料液比和温度对辣木叶蛋白得率的影响,利用响应面法优化提取工艺。结果表明,辣木叶蛋白的最佳提取工艺条件是:氯化钠浓度 0.92%,料液比 1:56 g/mL,提取温度 33 ℃。在此条件下,辣木叶蛋白的得率为 13.41%±0.35%。得到的辣木叶蛋白粉的蛋白含量为 53.94%±0.56%。优化后的泡沫法蛋白质得率高,可为辣木叶蛋白的开发提供理论依据。

郝东宇等[43]通过超声提取法从辣木叶样品中提取蛋白质。通过单因素试验的方法分别考察了溶剂 pH 值、料液比、提取温度、超声功率和提取时间 5 个因素对辣木叶中蛋白质提取效率的影响。通过 Design Expert 8.0.6 软件中的 Box-Behnken 模型对实验结果的数据拟合分析可知,pH 值、提取时间、超声功率、料液比和提取温度对蛋白质提取率的影响依次降低;但是 pH 值和提取时间对辣木叶中蛋白提取率的影响最为显著;分析得出最佳的提取条件,即 pH 值 10.0、料液比 1:122 (g:mL)、超声功率 51 W、提取温度 50 ℃、提取时间 53 min,辣木叶中蛋白质的回收率为 42.3%。在此实验条件下,对全国随机取样的 76 种辣木叶相关产品中蛋白质进行提取比较,结果显示 90%以上辣木叶产品的蛋白质含量都在 20%以上。

吕晓亚等[44]采用超声-微波协同萃取方法提取辣木叶中可溶性蛋白，在单因素实验的基础上，通过 Box-Behnken 中心组合实验确定最佳工艺参数，并对蛋白质氨基酸组成进行分析。实验结果表明：当料液比 1∶160（g∶mL），微波功率 40 W，提取时间 127 s，pH11 条件下提取，辣木叶蛋白得率为 40.11 mg/g。氨基酸分析表明，辣木叶可溶性蛋白中必需氨基酸含量为 280.7 mg/g，含硫氨基酸含量较高，苏氨酸为第一限制性氨基酸

黄秋伟等[45]采用超声盐提的方法提取辣木蛋白质，以超声时间、提取液浓度、提取温度、提取液 pH 作为考查因素，通过单因素试验和组合试验来研究其辣木蛋白质得率的影响。结果表明：影响粗蛋白得率的因素依次为 pH>提取液浓度>超声时间>提取温度；最佳提取工艺条件为超声破碎 30 min，提取温度 60 ℃，提取液为 0.7%氯化钠溶液，pH11.0，粗蛋白得率为 10.28%。

6.6 辣木叶中化学成分的生理功能

辣木叶含有多种活性物质（如蛋白、黄酮、多糖和挥发油等），具有降血糖、降血脂、抗肿瘤等功效。

6.6.1 降血糖

Ndong 等[46]利用 GK 和 Wistar 糖尿病模型大鼠进行糖耐量实验，发现与对照组比，喂食了 2 g/kg 体重的葡萄糖和 200 mg/kg 体重的辣木叶粉末后的实验组大鼠，血糖分别在 20、30、45 和 60 min（GK 大鼠）以及 10、30 和 45 min（Wistar 大鼠）明显降低，表明辣木具有改善糖耐量异常的功能。

陈瑞娇等[47]采用乙醇回流法从辣木叶中提取黄酮类化合物，经 AB-8 型大孔吸附树脂柱纯化获得辣木叶总黄酮（TFM）；以四氧嘧啶糖尿病小鼠为动物模型，以中成药消渴丸为对照，进行 TFM 的降血糖动物试验研究。结果表明 TFM 能明显降低糖尿病模型小鼠的血糖，同时能提高血清 SOD 活力，降低血清 MDA 含量，但 TFM 对正常小鼠的血糖水平无影响。

王远等[48]采用响应面分析法优化微波辅助提取辣木叶总黄酮的工艺，应用 AB-8 型大孔树脂层析柱和聚酰胺层析柱联用的工艺对辣木叶总黄酮进行纯化，并分析纯化前后辣木叶总黄酮对α-葡萄糖苷酶的抑制效果及抑制作用类型。发现辣木叶总黄酮对α-葡萄糖苷酶具有抑制作用，纯化后的辣木叶总黄酮的抑制效果增强，其半数抑制浓度（IC_{50}）为 4.18 mg/mL，抑制作用类型为典型的竞争性抑制。

6.6.2 降血脂

大量的研究表明，甾醇类物质是辣木叶降血脂活性的物质基础。Rajanandh M G 等发现辣木叶含 0.09%的β-谷甾醇[49]，可以降低血浆低密度脂蛋白的浓度，抑制胆固醇的吸收，增加血清胆固醇以中性类固醇的方式从粪便中排出[50]。杨倩等[51]探讨辣木提取物预防性降脂的作用。选用 SD 雄性大鼠为研究对象，通过喂养高脂膳食建立预防性肥胖高血脂模型，用辣木提取物进行辅助降脂试验，依据保健食品功能学评价规程进行。大鼠随机分为正常对照组、高脂模型对照组、辣木提取物高剂量组、中剂量组、低剂量组，

实验后检测各组大鼠体重、血液生化指标(总胆固醇、甘油三酯、低密度脂蛋白、高密度脂蛋白)、脂肪重量和脂/体比、Lee′s 指数。结果大鼠灌胃辣木提取物 40 d 后,各实验组血脂水平明显低于高脂模型对照组,其中高剂量组的血清总胆固醇、甘油三酯与高脂模型对照组相比分别有显著性差异和极显著性差异。辣木提取物各剂量组大鼠的肾周脂肪重量和附睾脂肪重量、脂/体比、Lee′s 指数极显著低于高脂模型对照组。表明辣木提取物具有良好的辅助降血脂作用。

Ghasi S 等[52]在人体中发现,在高脂肪的饮食中加辣木叶浸出物,可使血清胆固醇的含量减少 14.35 %,肝脏和肾脏中的胆固醇分别减少 6.40%和 11.09%,血清白蛋白的含量增加 15.22%,表明辣木叶具有降胆固醇功效。

6.6.3　抗肿瘤

辣木的抗肿瘤作用已成为研究的热点,研究发现其对多种肿瘤均有抑制作用,作用机制包括抑制癌细胞的生长增殖、调节癌细胞周期、诱导癌细胞凋亡 、干扰癌细胞信号通路、抗氧化损伤,降低活性氧水平、抑制蛋白合成等。

罗凤仙等[53]研究辣木(*Moringa Oleifera*.Lam)叶生物碱对宫颈癌 Hela 细胞增殖和凋亡的影响及可能机制。通过采用 MTT 法、克隆形成法、流式细胞术和 western blot 法检测经不同浓度辣木生物碱(20~320 μg/mL)处理 48 h 后的 Hela 细胞增殖、凋亡情况和蛋白表达水平。研究结果表明,随着辣木生物碱浓度的增加,Hela 细胞的存活率逐渐下降,当辣木生物碱浓度为 160 μg/mL 时,细胞的存活率为 35.87%,人正常结肠细胞 NCW460 的存活率为 91.91%;克隆形成实验表明,辣木生物碱(40~160 μg/mL)显著抑制 Hela 细胞克隆形成,抑制率分别为 26.04%、37.19%和 67.77%;当浓度为 80 μg/mL 时,Hela 细胞形态发生明显变化;进一步流式细胞术分析得知,Hela 细胞内的凋亡细胞数随着辣木生物碱浓度的增加而增加,当细胞经 160 μg/mL 辣木生物碱处理 48 h 后,其细胞内凋亡细胞数为 42.10%,通过对凋亡蛋白表达水平检测发现,Bax/Bcl-2 比率和 Caspase 9 表达水平随着辣木生物碱浓度的增加而增加,当辣木生物碱浓度达到 80 μg/mL 时,与对照相比有显著性差异。此外,辣木生物碱显著降低 Stat 3 蛋白磷酸化水平和 Cyclin D1 蛋白表达水平,当辣木生物碱浓度达到 160 μg/mL 时,与对照相比有显著性差异。以上结果表明,辣木生物碱具有抑制 Hela 细胞增殖和诱导细胞凋亡的作用,其机制可能与抑制 Stat 3 信号通路活化相关。

钱颖艳等[54]研究辣木籽异硫氰酸酯(MITC)对皮肤鳞状细胞癌 A431 细胞生长的影响。通过 MTT 法、克隆形成实验及流式细胞术检测经不同浓度 MITC 处理后的 A431 细胞增殖、凋亡和细胞周期的变化情况;采用异种移植瘤模型检测 MITC 对 A431 细胞体内生长的影响。研究结果表明,随着 MITC 浓度和处理时间增加,A431 细胞活力逐渐降低,在 12 μmol/L 的 MITC 刺激 72 h 后,细胞存活率降低为 10%;克隆形成实验表明;MITC(5、10 μmol/L)显著抑制 A431 细胞克隆形成;24 h 的细胞克隆形成率分别从 100%降低到63.22%和 26.07%(P<0.001);细胞凋亡和周期检测结果表明,当 MITC 处理细胞 48 h 后,细胞凋亡率分别从 17.22%增加到 31.73%和 44.77%,S 期细胞从 7.43%显著增加到 14.44%和 17.43%。体内实验结果表明,用 MITC 干预异种移植瘤小鼠 20 天后,小鼠肿瘤

体积从 1 549.02 mm^3降低到 857.77 mm^3；肿瘤重量从 1.30 g 降低到 0.91 g。表明 MITC 在体外和体内均能够抑制 A431 细胞的生长。

杨敏等[55]为了探究辣木多酚及其主要酚类单体成分对人结肠癌 HCT116 细胞的抗癌活性，以辣木叶为原料，经 3 种浓度乙醇（20%、50%、80%）提取后，用福林酚法检测辣木多酚提取物中总多酚含量，通过 MTT 细胞存活率测定实验、细胞克隆形成实验等评价辣木多酚对人结肠癌细胞（HCT116）和人结肠上皮细胞（NCM60）的生长抑制作用，并通过流式细胞技术和蛋白免疫印迹技术检测凋亡细胞比例及凋亡蛋白的表达情况。结果表明：不同浓度乙醇提取的辣木多酚对 HCT116 细胞增殖具有抑制作用，其中 80%浓度乙醇提取的辣木多酚抑制效果最为明显；将辣木多酚中主要的 6 种单体成分单独作用于 HCT116 细胞时，抑制效果不如辣木多酚显著。进一步的研究表明，辣木多酚能够显著抑制 HCT116 细胞的克隆形成、侵袭和迁移，并能提高促凋亡蛋白 Bax 的表达水平，抑制抗凋亡蛋白 Bcl-2 的表达。表明辣木叶多酚抑制结肠癌 HCT116 细胞增殖的潜在机制可能与促进细胞凋亡有关。

6.6.4 抗氧化

赵一鹤等[56]研究辣木叶提取物的抗氧化活性。对辣木叶乙醇初提物用不同极性的溶剂进行萃取，得到辣木叶石油醚提取物、二氯甲烷提取物、乙酸乙酯提取物，同时对各萃取物的生物活性进行研究。结果辣木叶的石油醚、二氯甲烷、乙酸乙酯 3 个提取层对 DPPH 自由基均有清除作用，在相等的浓度条件下，抑制率从大到小依次为乙酸乙酯层、二氯甲烷层、石油醚层。虽然抗氧化活性较维生素 C 弱，但浓度达 500 μg/mL 以上时，辣木叶各层提取物均能清除 90%左右的 DPPH 自由基。

董乐等[57]研究辣木叶多酚的超声辅助双水相提取工艺和抗氧化活性，优化辣木叶多酚的超声波辅助正丙醇-硫酸铵双水相提取工艺后；通过抗氧化能力指数（ORAC）和对羟基自由基（OH·）、1，1-二苯基-2-三硝基苯肼自由基（DPPH·）和 2，2-联氮-二（3-乙基-苯并噻唑-6-磺酸）二铵盐自由基（$ABTS\cdot^{+}$）的清除能力评价其抗氧化活性，结果表明，辣木叶多酚提取物的 ORAC 值为（8 296±76）μmol TE/g，其清除 OH·、DPPH·和 $ABTS\cdot^{+}$的半数清除浓度（IC_{50}）值分别为（317.72±12.41）μg/mL、（6.13±0.24）μg/mL 和（27.63±5.61）μg/mL，且清除 OH·、DPPH·的效果分别优于或接近维生素 C。

陈庆钥等[58]优化超声波辅助提取辣木叶总黄酮的工艺，并评价其抗氧化活性。结果表明，辣木叶总黄酮具有较强的抗氧化活性，浓度在 0.01 mg/mL 至 0.10 mg/mL 之间时，其清除 DPPH 自由基的能力随着浓度的升高而增强。

梁鹏等[59]探讨辣木茎叶中水溶性多糖的提取工艺条件以及抗氧化活性。以辣木茎叶干粉为原料，采用水为提取剂，通过单因素和正交试验对浸提温度、浸提时间及料液比进行研究；采用水杨酸法和邻苯三酚法分别测定辣木多糖对羟自由基以及超氧阴离子的清除率，以确定提取物的抗氧化活性。多糖提取物对羟自由基及超氧阴离子均有清除作用，且随着提取物浓度的提高对二者的清除作用逐渐增强，存在剂量效应关系。清除作用的半数抑制率（IC_{50}）分别是 7.252 8 mg/mL 和 2.501 1 mg/mL。

早期对辣木的研究，多集中在育种和栽培技术及作为植物蛋白饲料方面，近几年来，随着人们对健康食品的重视，对辣木中功能性物质的提取、分离及其对人体健康的作用机理方面则更为关注，许多研究者将辣木作为加工食品的原料，提取功能性成分，开发保健食品。但大规模产业化开放的产品还需要进一步加强。

参考文献

[1]王丽虹,刘阳,姜圆圆,等.辣木叶中有效成分提取及生理功能研究进展[J].食品科技,2020,45(06):267-271.

[2]高敏霞,王小安,叶新福,等.不同着生部位辣木叶营养成分差异分析[J].南方农业学报,2017,48(08):1488-1492.

[3]刘凤霞,王苗苗,赵有为,等.辣木中功能性成分提取及产品开发的研究进展[J].食品科学,2015,36(19):282-286.

[4]罗晓波,汪开毓,吉莉莉,等.辣木叶的价值及其开发利用研究进展[J].资源开发与市场,2016,32(11):1362-1366.

[5]高启霞,沙子珺,唐仕欢,等.辣木化学成分及其药理作用研究进展[J].医药导报2020,39)3):350-359.

[6]Tumer T B,Rojas-SILVA P,Poulev A,et al. Directnd indirect antioxidant activity of polyphenol- and isothiocyanate-enriched fractions from Moringa oleifera[J].J Agric Food Chem,2015,63(5): 1505-1513.

[7]Azim S,Abdelrahem M T,Said M M,et al. Protective effect of moringa peregrina leaves extract on aceta minopheninduced liver toxicity in albino rats[J].Afr J Tradit Complement Altern Med,2017,14(2): 206-216.

[8]Ruckmani K,Kavimani S,Jayakar B,et al. Anti-ulcer activity of the alkali preparation of the root and fresh leaf juice of Moringa oleifera Lam[J].Anc Sci Life,1998,17(3): 220-223.

[9]Poola J O,Obembe O O,Local knowledge,use pattern and geographical distribution of Moringa oleifera Lam.(Moringaceae)in Nigeria[J].J Ethnopharmacol,2013,150(2):682-691.

[10]Omodanise I,Aboua Y G,Oguntibeju O O. Assessment of the anti-hyperglycaemic,anti-inflammatory and antioxidant activities of the methanol extract of Moringa oleiferain diabetes-induced nephrotoxic male wistar rats[J].Molecules,2017,22(4): 439-455.

[11] Pontual E V,Delima N,Demoura M C,et al.Trypsin inhibitor from Moringa oleifera flowers interferes with survival and development of Aedes aegypti larvae and kills bacteria inhabitant of larvae midgut[J].Parasitol Res,2014,113(2): 727-733.

[12]Sinha M,Das D K,Bhattachariee S,et al. Leaf extract of Moringa oleifera prevents ionizing radiation-induced oxidative stress in mice[J].J Med Food,2011,14 (10):1167-1172.

[13]Oboh H G,Ademiluyi A O,Ademosun A O,et al.Phenolic extract from Moringa oleifera leaves inhibits key enzymes linked to erectile dysfunction and oxidative stress inrats penile tissues[J].Biochem Res Int,2015.2015(4):175950- 175958.

[14] Sadel K M.Chemotherapeutic efficacy of an ethanolic Moringa oleifera leaf extract against chromium-induced testicular toxicity in rats[J].Andrologia,2014,46(9): 1047-1054.

[15] Rocha-filho C A, Albqquerque L P, Silva L R, et al.Assessment of toxicity of Moringa oleifera flower extract tobiomphalaria glabrata, schistosoma mansoni and artemia salina [J].Chemosphere,2015,132(8): 188-192.

[16] Sangkitikomol W, Rocejanasaroj A, Tencomnao T.Effect of Moringa oleifera on advanced glycation endproduct formation and lipid metabolism gene expression inHepG2 cells [J].Genet Mol Res,2014,13(1): 723-735.

[17] Tiloke C, Phulukdaree A, Chutugoon A A.The antiproliferative effect of Moringa oleifera crude aqueous leafextract on cancerous human alveolar epithelial cells[J].BMC Complement Altern Med,2013,13(9): 226-234.

[18] Sharma V, Paliwal R.Potential chemoprevention of 7,12-Dimethylbenz[a]anthracene induced renal carcinogenesis y Moringa oleifera pods and its isolated saponin[J].Indian Clin Biochem,2014,29(2): 202-209.

[19] Laksh minarayana A R, Raju M, Krshnakantha T P, et al.Deter mination of major carotenoids in a few Indianleafy vegetables by high-performance liquid chromatography[J].J Agric Food Chem,2005,53(8): 2838-2842.

[20] Sreelatha S, Jeyachitra A, Padam P R. Antiproliferation and induction of apoptosis by Moringa oleifera leaf extract on human cancer cells[J].Food Chem Toxicol,2011,49(6): 1270-1275.

[21] El-desoky N I, Hashem, Elkomy, et al.Physiological response and semen quality of rabbit bucks supplemented with Moringa leaves ethanolic extract during summer season[J].Animal,2017,11(9): 1549-1557.

[22] Mahajan S G, Mehta A A.Immunosuppressive activity of ethanolic extract of seeds of Moringa oleifera Lam.in experimental immune inflammation[J].J Ethnopharmacol,2010,130(1):183-186.

[23] Kumar G S, Kumar B, Srinivasan B P, et al. Retinoprotective effects of Moringa oleifera via antioxidant, anti-inflammatory, and anti-angiogenic mechanisms in streptozotocin-induced diabetic rats[J].J Ocul Pharmacol Ther,2013,29(4): 419-426.

[24] Sharkitpichan P, Mahidol C, Dasadee W, et al.Unusual glycosides of pyrrole alkaloid and 4′-hydroxyphenylethanamide from leaves of Moringa oleifera[J].Phytochemistry,2011,72(8): 791-795.

[25] Viera G H, Mourao J A, Angelo A M, et al. Antibacterial effect (in vitro) of Moringa oleifera and annona muricata against gram positive and gram negative bacteria[J].Rev Inst Med Trop Sao Paulo,2010,52(3): 129-132.

[26] Yassa H D, Tohmay A F.Extract of Moringa oleifera leaves ameliorates streptozotocin-induced diabetes mellitus inadult rats[J].Acta Histochem,2014,116(5): 844-854.

[27] Hamza A.Ameliorative effects of Moringa oleifera Lamseed extract on liver fibrosis in rats

[J].Food Chem Toxicol,2010,48(1): 345-355.

[28] Tan W S, Arulselvan P, Karthivashan G, et al. Moringa oleifera flower extract suppresses the activation ofinflammatory mediators in lipopolysaccharide-stimulated raw264.7 macrophages via NF-kappab pathway[J].Mediators Inflamm, 2015, 2015(11): 720171-720189.

[29] Maurya S K, Singh A K. Clinical Efficacy of Moringaoleifera Lam. Stems bark in urinary tract infections[J].Int Sch Res Notices, 2014, 2014(11):906843- 906850.

[30] Waterman, Cheng D M, Rojas-silva P, et al. Stable, water extractable isothiocyanates from Moringa oleiferaleaves attenuate inflammation in vitro[J]. Phytochemistry, 2014, 103 (11): 114-122.

[31] Berkovich L, Earon G, Ron I, et al. Moringa oleifera aqueous leaf extract down-regulates nuclear factor-kappaB and increases cytotoxic effect of chemotherapy in pancreaticcancer cells[J].BMC Complement Altern Med, 2013, 13(8):212-219.

[32] 沈慧,陶宁萍,赵林敏,等.辣木叶中多酚提取的工艺研究[J].食品工业科技,2016,37(18):287-291+296.

[33] 杨迎,谢凡,龚胜祥,等.响应面法优化辣木籽多酚提取工艺及其抗氧化活性[J].食品工业科技,2018,39(03):172-178.

[34] 张超,曹新志,冯泉,等.超声波辅助提取辣木籽多酚工艺研究[J].化学研究与应用,2017,29(06):865-872.

[35] 王远,郑雯,袁田青,等.辣木叶总黄酮微波辅助提取工艺优化及其抑制 α-葡萄糖苷酶活性研究[J].核农学报,2018,32(01):84-94.

[36] 谢勇武,谭属琼,陈玉莹.响应面法优化辣木叶总黄酮提取工艺及其分离纯化[J].分子植物育种,2019,17(15):5120-5130.

[37] 靳学远,张培旗.辣木叶总黄酮超高压提取工艺条件的优化[J].轻工科技,2020,36(07):1-2+6.

[38] 初雅洁,龚加顺.辣木叶多糖的提取及抗氧化活性研究[J].食品研究与开发,2020,41(13):152-156+17.

[39] 彭凌.辣木多糖超声波辅助提取工艺条件优化研究[J].江苏农业科学,2008(04):238-239.

[40] 王振西.超声协同复合酶提取辣木多糖[D].南宁:广西大学,2017.

[41] 代佳和,罗旋飞,史崇颖,等.响应面法优化辣木叶中水溶性蛋白提取工艺研究[J].云南农业大学学报:自然科学,2020,35(01):130-138.

[42] 孙劲毅,卢彦轩,惠永海,等.响应面优化泡沫法提取辣木叶蛋白工艺[J].食品工业科技,2020,41(12):150-154.

[43] 郝东宇,席兴军,初侨,等.Box-Behnken 响应面法优化辣木叶蛋白超声提取工艺研究[J].分析仪器,2018(06):128-136.

[44] 吕晓亚,白新鹏,伍曾利,等.辣木叶水溶性蛋白的超声-微波萃取及其性质研究[J].食品工业科技,2016,37(05):212-216+221.

[45] 黄秋伟,彭欣怡,黄惠芳.辣木叶蛋白超声辅助盐提取工艺初步研究[J].农业研究与

应用,2016(03):48-51.

[46]Ndong M. Effects of oral ad ministration of*Moringaoleifera* Lam on glucose tolerance in Goto-kakizaki and Wistar rats[J].J Clin Biochem Nutr,2007,40: 229-233.

[47]陈瑞娇,朱必凤,王玉珍,等.辣木叶总黄酮的提取及其降血糖作用[J].食品与生物技术学报,2007,26(4):42-45.

[48]王远,郑雯,袁田青,等.辣木叶总黄酮微波辅助提取工艺优化及其抑制 α-葡萄糖苷酶活性研究[J].核农学报,2018,32(1):84-94.

[49] Rajanandh M G, Satishkumar MN, Elango K, et a1. *Moringa oleifera* Lam. A herbal medicine for hyperlipidemia: A preclinica report[J].Asian Pacific Journal of Tropical Disease,2012,2(2):S790-S795.

[50]Rajanandh M G,Kavitha J.Quantitative estimation of rositosterolphenolic and flavonoids compounds in the leaves of *Moringa oleifera*[J].Int J Pharm Tech Res,2010,2(2):1409-1414.

[51]杨倩,田雪梅,张晓文,等.辣木提取物降脂作用的研究[J].食品安全质量检测学报,2017,8(3):963-967.

[52]Ghasi S,Nwobodo E,Ofili J O.Hypocholesterolemic effects of crude extract of leaf of *Moringa oleifera* Lam. in high-fat dietfed Wistar rats[J].Journal of Ethnopharm acology,2000,69(1):21-25.

[53]罗凤仙,解静,钱颖艳,等.辣木生物碱抑制宫颈癌 Hela 细胞增殖和诱导其凋亡的作用[J].现代食品科技,2020,36(2):18-24+62.

[54]钱颖艳,杨茗茸,罗凤仙,等.辣木籽异硫氰酸酯抑制皮肤鳞状癌 A431 细胞的生长[J].现代食品科技,2020,36(8):8-14.

[55]杨敏,李文云,马莉,等.辣木多酚抑制结肠癌细胞增殖及促进细胞凋亡的作用[J].热带农业科学,2020,40(11):59-68.

[56]赵一鹤,李沁,夏菁,等.辣木叶提取物的抗氧化活性研究[J].安徽农业科学,2019,47(7):136-138.

[57]董乐,王芳,李小琴,等.辣木叶多酚的超声辅助双水相提取工艺优化及其抗氧化活性评价[J].内蒙古民族大学学报:自然科学版,2020,35(5):387-395+407.

[58]陈庆钥,谢永华,林水森,等.辣木叶总黄酮的提取工艺及抗氧化活性研究[J].中国食品添加剂,2020,31(9):73-78.

[59]梁鹏,甄润英.辣木茎叶中水溶性多糖的提取及抗氧化活性的研究[J].食品研究与开发,2013,34(14):25-29.

第 7 章　基于文献计量的植物黄酮研究趋势分析

7.1　概述

黄酮类化合物是一类在自然界广泛分布的多酚类物质。黄酮类可看作是2-苯基色原酮的一系列衍生物,可分为黄酮类和黄酮醇类、二氢黄酮类和二氢黄酮醇类、查尔酮类、双黄酮类、异黄酮类以及其他黄酮类等(表7-1)。

表7-1　黄酮类化合物的基本结构

名称	基本结构	名称	基本结构
2-苯基色原酮	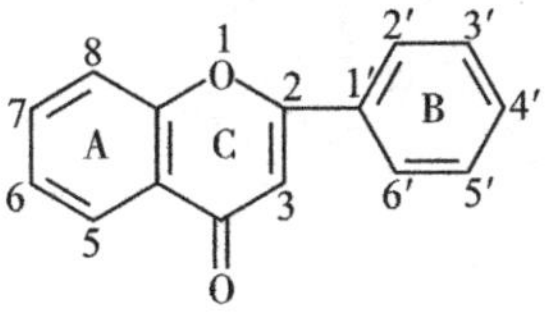	黄酮类和黄酮醇类	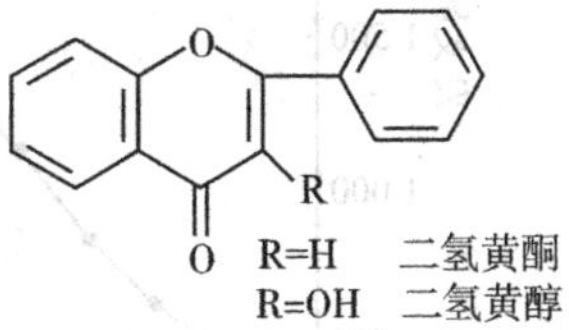
二氢黄酮类和二氢黄酮醇类	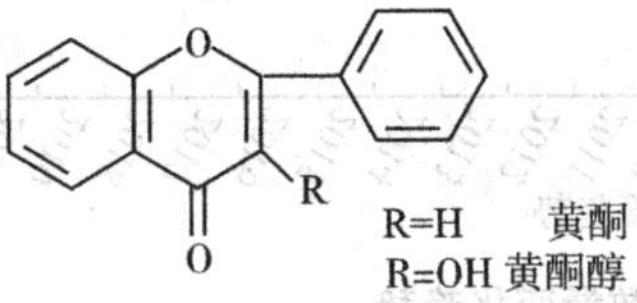	查耳酮	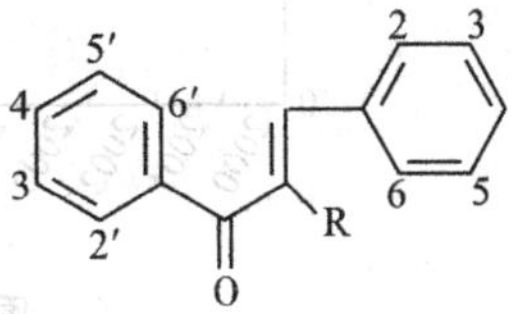
异黄酮类	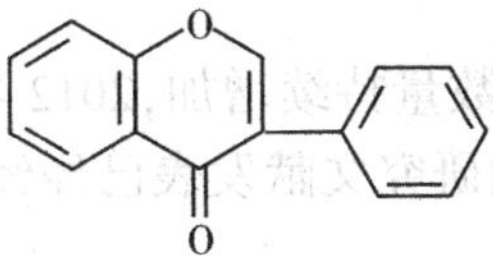	橙酮类	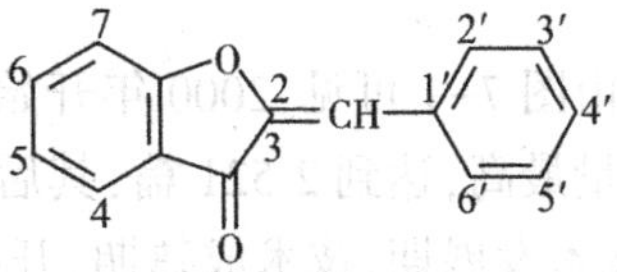
花色素类	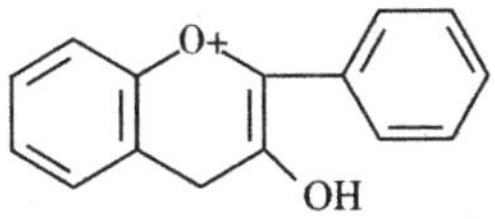	黄烷-3-醇类	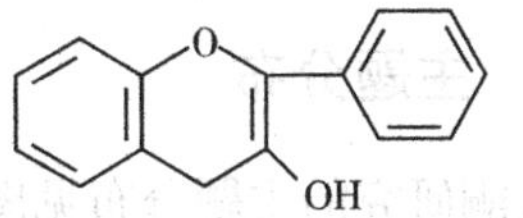
银杏素	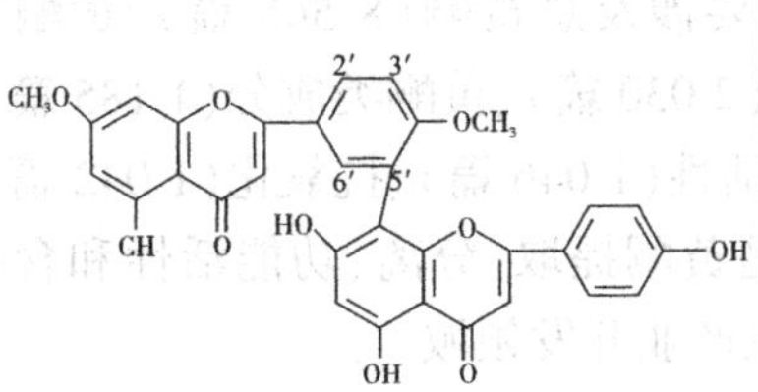	黄烷-3,4-二醇类	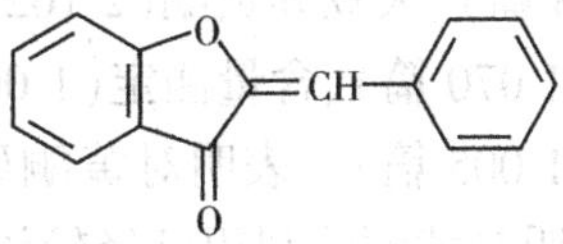

现已发现的黄酮类化合物有数百种,研究表明,黄酮类化合物具有抗氧化[1-2]、降血糖[3-4]、抗肿瘤[5-6]、降血脂[7-8]、抗菌[9-10]、抗病毒[11-12]和调节免疫[13-14]等功能。

7.2 基于CNKI的黄酮类研究文献计量分析

在CNKI中用公式TI=黄酮和发表时间"2000—2020年"检索所有文献,对年度分布、研究机构、学科分类、期刊来源等进行研究分析,结果如下:

7.2.1 年度分布

对2000—2020年发表的黄酮研究文献进行检索,共检出37 581篇,其不同年度发表的文献数量如图7-1所示。

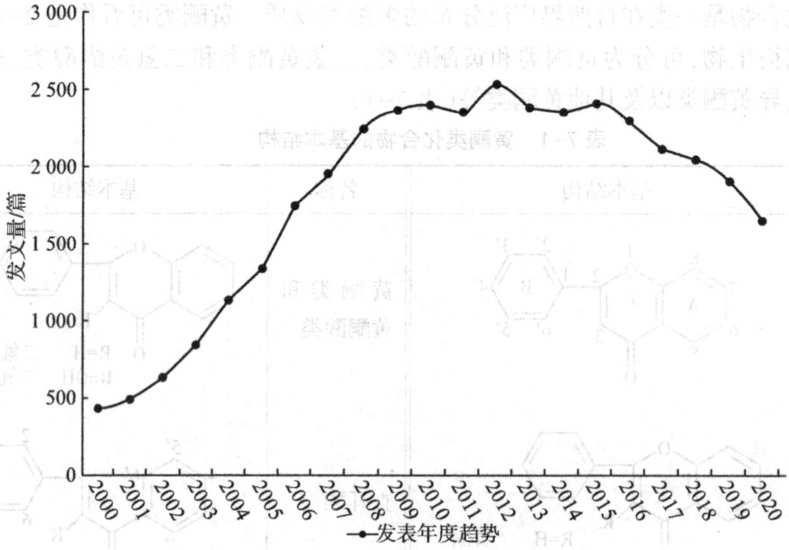

图7-1 黄酮研究文献数量变化趋势

由图7-1可见,2000年开始黄酮研究文献发表数量持续增加,2012年,黄酮研究文献数量最高,达到2 521篇,其后略有现将,表明黄酮研究文献发表已经经历了技术引入期、技术发展期、技术成熟期,开始进入衰退期。

7.2.2 主题分布

黄酮研究的主题分布见图7-2。

如图7-2可见,主题排名前10的主题主要涉及总黄酮(8 565篇)、黄酮类化合物(2 728篇)、大豆异黄酮(2 162篇)、提取工艺(2 030篇)、黄酮类成分(1 185篇)、总黄酮提取(1 070篇)、含量测定(1 063篇)、抗氧化活性(1 046篇)、抗氧化(1 042篇)、总黄酮含量(1 005篇)。表明对黄酮研究主题主要是黄酮提取、分离、功能活性和含量测定研究,表明对黄酮的利用已经较深入,仅仅围绕在产业开发领域。

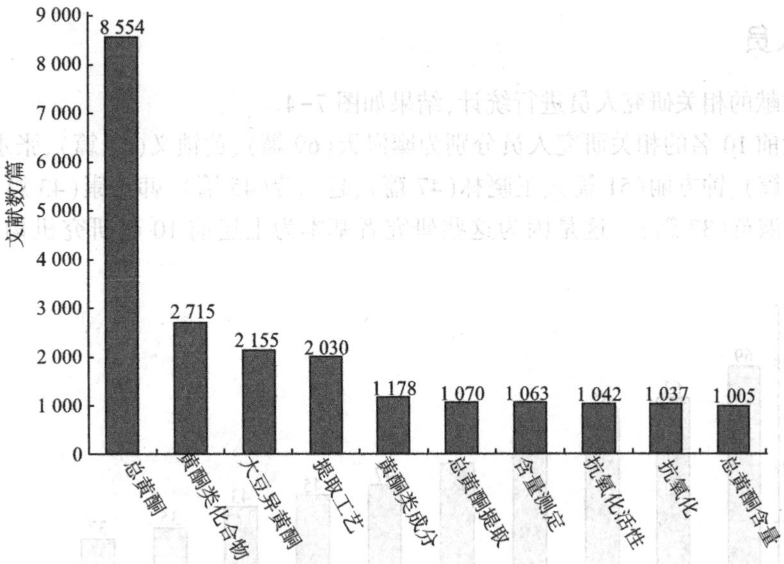

图 7-2　黄酮研究主题分布

7.2.3　研究机构

对发表文献前 10 名的相关研究机构进行统计,结果如图 7-3。

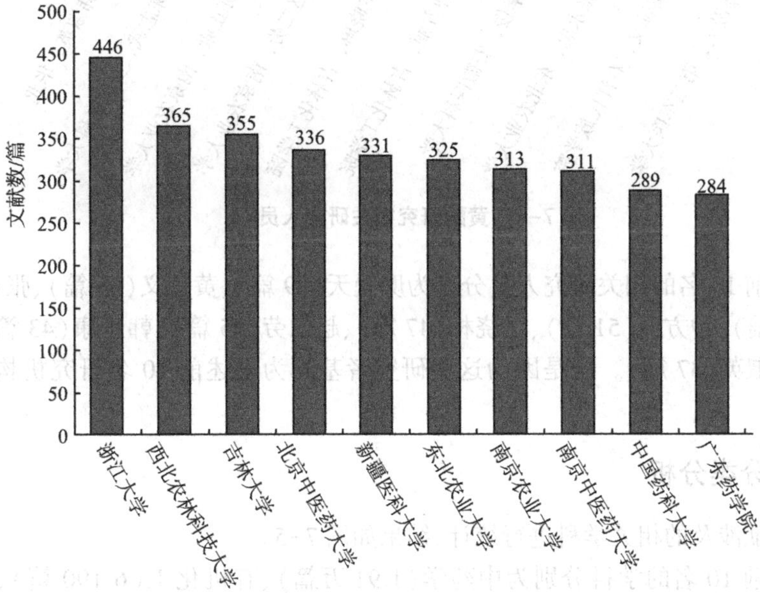

图 7-3　黄酮研究相关机构发表文献数量

发表文献前 10 名的相关研究机构分别为浙江大学(446 篇)、西北农林科技大学(365 篇)、吉林大学(355 篇)、北京中医药大学(336 篇)、新疆医科大学(331 篇)、东北农业大学(325 篇)、南京农业大学(313 篇)、南京中医药大学(311 篇)、中国药科大学(289 篇)和广东药学院(284 篇)。这些研究机构,都为涉农院校和医药院校。

7.2.4 研究人员

对发表文献的相关研究人员进行统计，结果如图 7–4。

发表文献前 10 名的相关研究人员分别为糜漫天(69 篇)、黄锁义(63 篇)、张永忠(61 篇)、李俊(57 篇)、钟方丽(51 篇)、王晓林(47 篇)、赵二劳(45 篇)、韩正康(43 篇)、陈志武(39 篇)、韩淑英(37 篇)。这是因为这些研究者基本为上述前 10 名研究机构的科研人员。

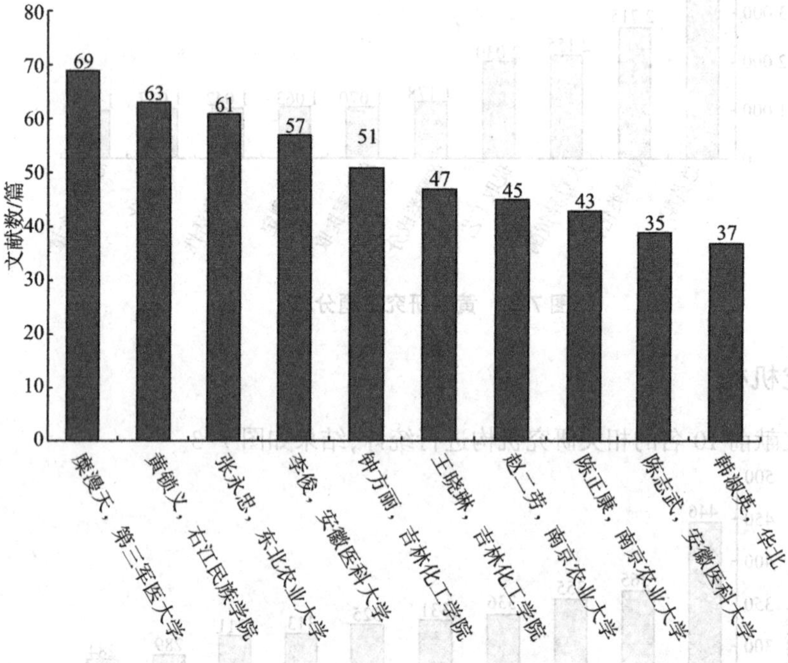

图 7–4　黄酮研究相关研究人员

发表文献前 10 名的相关研究人员分别为糜漫天(69 篇)、黄锁义(63 篇)、张永忠(61 篇)、李俊(57 篇)、钟方丽(51 篇)、王晓林(47 篇)、赵二劳(45 篇)、韩正康(43 篇)、陈志武(39 篇)、韩淑英(37 篇)。这是因为这些研究者基本为上述前 10 名研究机构的科研人员。

7.2.5　学科分类分析

对发表文献涉及的相关学科进行统计，结果如图 7–5。

发表文献前 10 名的学科分别为中药学(1.91 万篇)、有机化工(6 190 篇)、轻工业手工业(2 633 篇)、化学(2 336 篇)、农作物(1 673 篇)、药学(1 188 篇)、畜牧与动物医学(1 183 篇)、生物学(1 125 篇)、一般化学工业(972 篇)和肿瘤学(945 篇)。其中中药学与有机化工发表文献数量占绝对优势，表明中药与黄酮成分研究是近年来的研究热点。

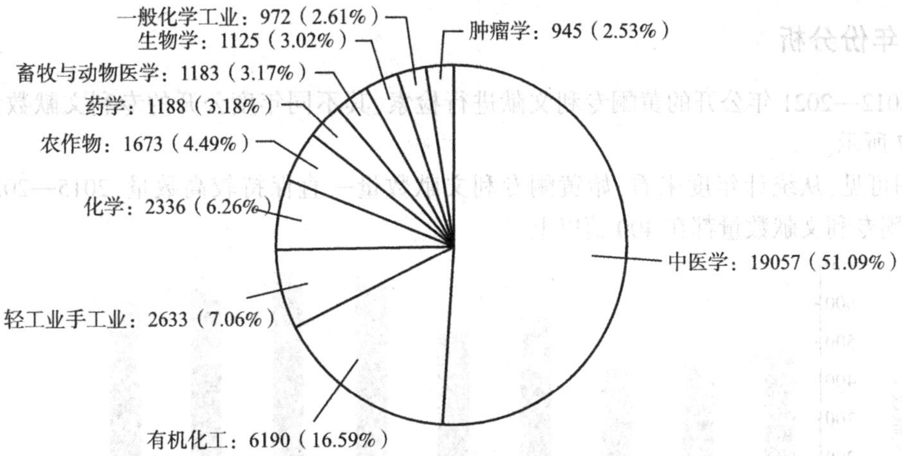

图 7-5　黄酮研究相关学科

7.2.6　期刊来源分布分析

对发表文献涉及的期刊来源进行统计，结果如图 7-6。

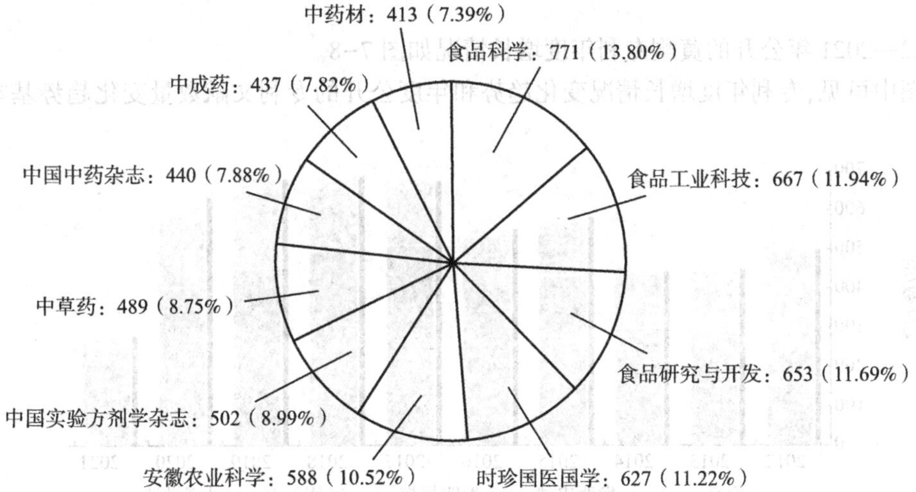

图 7-6　黄酮相关研究期刊来源分布分析

发表的文章中，食品科学（770 篇）、食品工业科技（667 篇）、食品研究与开发（651 篇）、时珍国医国药（619 篇）、安徽农业科学（587 篇）、中国实验方剂学杂志（502 篇）、中草药（488 篇）、中国中药杂志（440 篇）、中成药（437 篇）、中药材（412 篇）发文数量前 10 名，表明食品类、医药类杂志是该领域发表文章的主要期刊。

7.3　基于“壹专利”平台的桑叶相关专利分析

在“壹专利”平台用“桑叶”为题名检索近 10 年所有专利，共检出专利 7 541 条，对年份分析、申请人分析、发明人分析、技术领域分析和技术生命周期分析，结果如下：

7.3.1 年份分析

对 2012—2021 年公开的黄酮专利文献进行检索，其不同年度公开的专利文献数量如图 7-7 所示。

由图可见，从统计年度来看，始黄酮专利文献数量一直保持较高数量，2015—2020 年，年黄酮专利文献数量都在 400 篇以上。

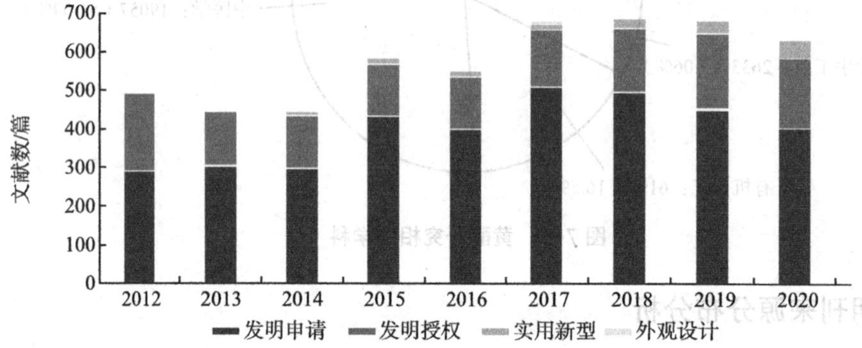

图 7-7 黄酮专利公开的年度趋势

2012—2021 年公开的黄酮专利年度增长情况如图 7-8。

从图中可见，专利年度增长情况变化趋势和年度公开的专利文献数量变化趋势基本一致。

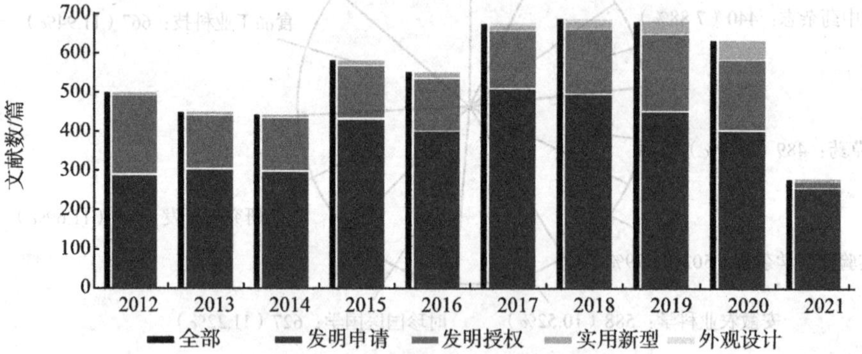

图 7-8 专利公开的年度增长率情况

7.3.2 申请人分析

对 2012—2021 年公开的黄酮专利文献进行检索，其申请人的专利公开年度趋势如图 7-9 所示。

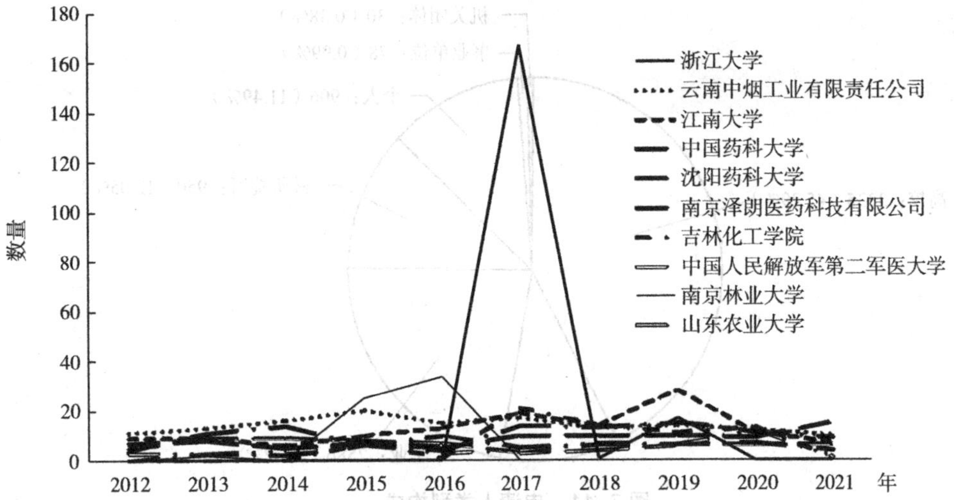

图 7-9　申请人的专利公开年度趋势

对这些申请人公开的专利进行分析，其申请专利数量排名如图 7-10。浙江大学、云南中烟工业有限责任公司、江南大学、中国药科大学、沈阳药科大学、南京泽朗医药科技有限公司、吉林化工学院、中国人民解放军第二军医大学、南京林业大学、山东农业大学申请的专利分别排名前 10。这些单位中，多为从事食品、药品生产和科研的单位，表明黄酮化合物在食品、药品领域有广泛应用。

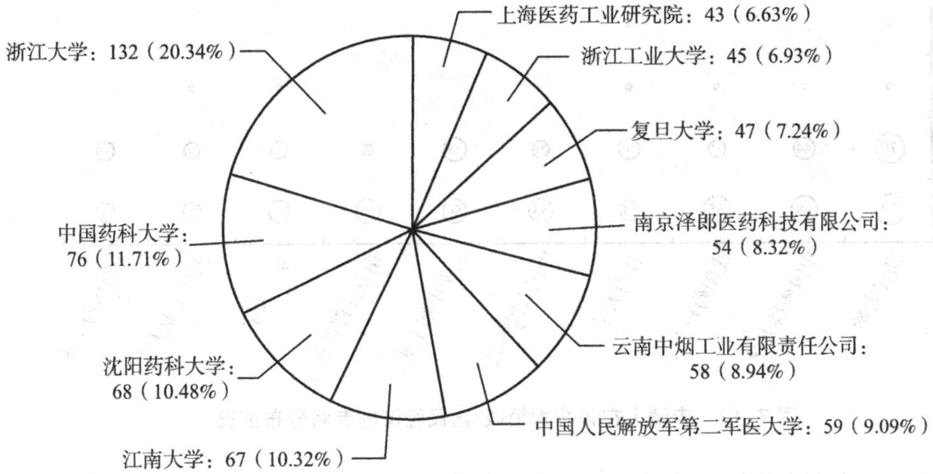

图 7-10　申请专利数量排名

对这些申请人类型构成进行分析，结果如图 7-11。企业和高校申请的专利较多，表明高校和企业都重视黄酮产业化的研究。

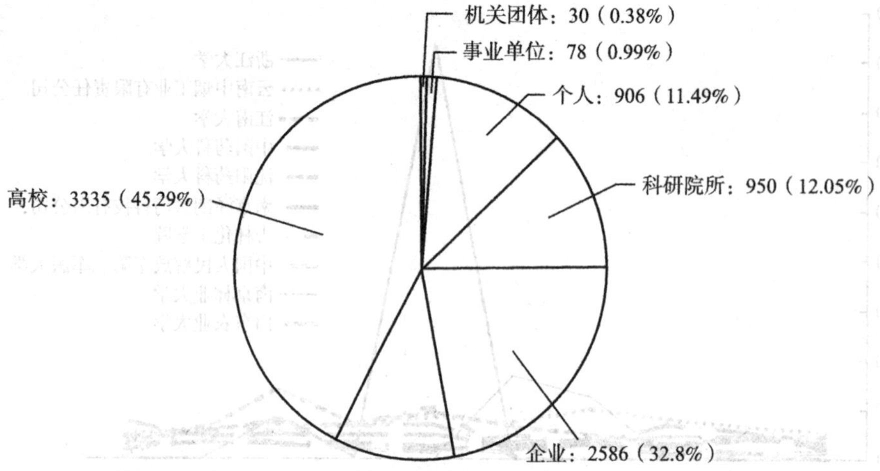

图 7-11　申请人类型构成

对申请人申请的专利涉及的技术领域/国民经济行业进行分析，结果如图 7-12 所示。涉及的领域主要是 A（人类生活必需）和 C（化学、冶金）较多。其中人类生活必需最多，这是因为黄酮是药食共用原料，具有丰富的功能成分，可加工为食品、药品等产品，同时，对其成分的研究，涉及较多化学领域。

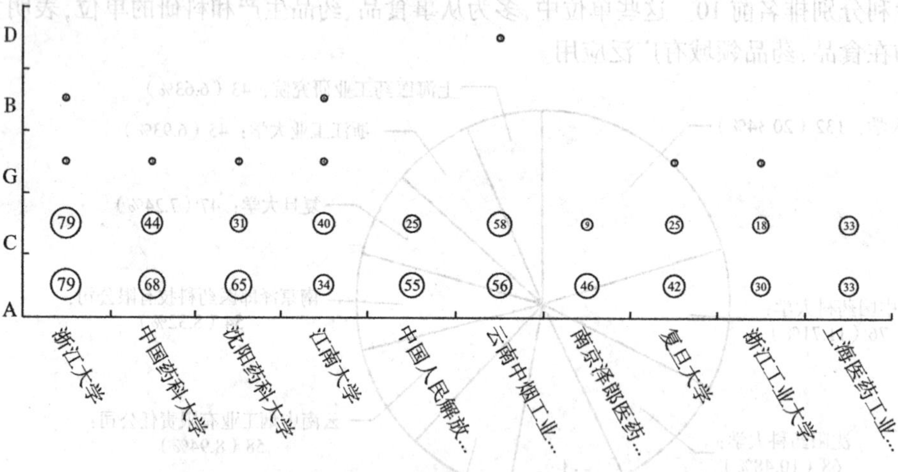

图 7-12　申请人在各技术领域/国民经济的专利分布情况

对申请人专利合作情况及对应数量进行分析，结果如图 7-13 所示。

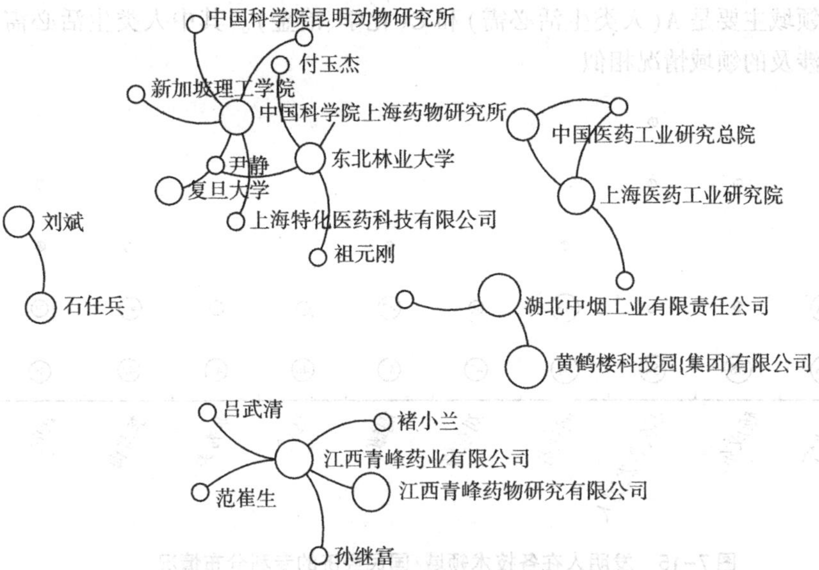

图 7-13　申请人专利合作情况及对应数量

从申请人合作关系看,单位申请人合作申请人一般为本地区的合作高校、企业和个人。

7.3.3　发明人分析

对 2012—2021 年公开的黄酮专利文献进行检索,并对这些发明人公开的专利进行分析,其申请专利数量排名如图 7-14。其中发明数量较多的发明人为杨光宇、杨成东、胡秋芬、刘东锋、周敏、赵昱、巫秀美、李雪梅、刘欣。这些都是申请专利较多的科研院所和高校的科研人员。

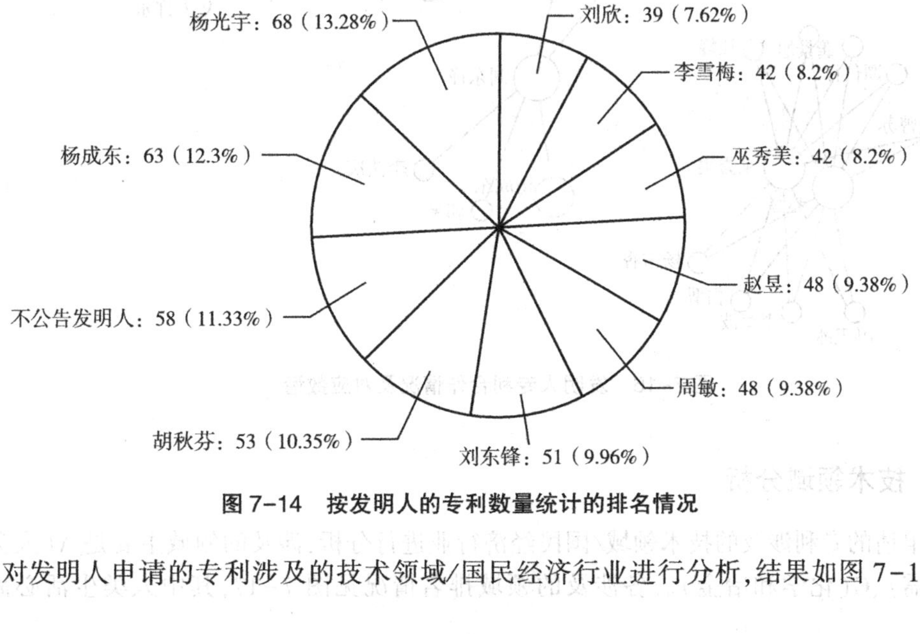

图 7-14　按发明人的专利数量统计的排名情况

对发明人申请的专利涉及的技术领域/国民经济行业进行分析,结果如图 7-15 所示。涉及的领域主要是A(人类生活必需)和C(化学、冶金)。其中人类生活必需最多,这和申请人涉及的领域情况相似。

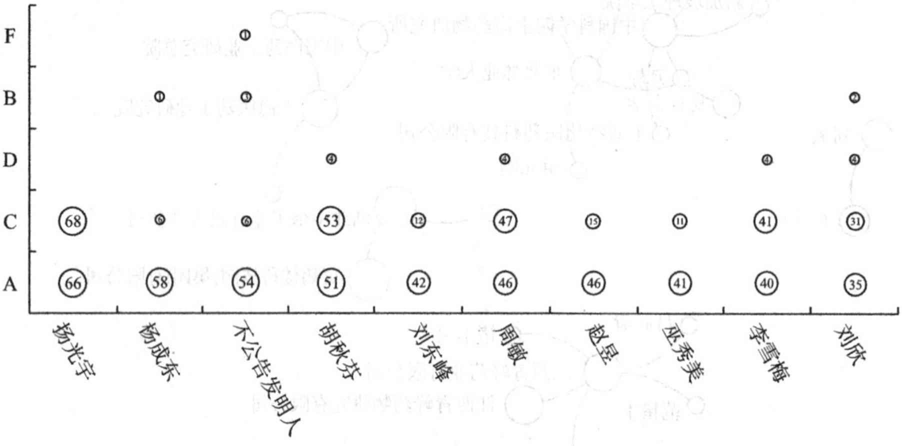

图7-15 发明人在各技术领域/国民经济的专利分布情况

发明人专利合作情况及对应数量见图7-16。其中杨光宇和周敏、胡秋芬、李雪梅、孔维松、李晶、刘欣、杨叶昆、李干鹏、米其利、缪明明等有密切合作,胡秋芬和周敏、杨光宇、李雪梅、孔维松、李晶、刘欣、杨叶昆、李干鹏、米其利、许永等有密切合作。

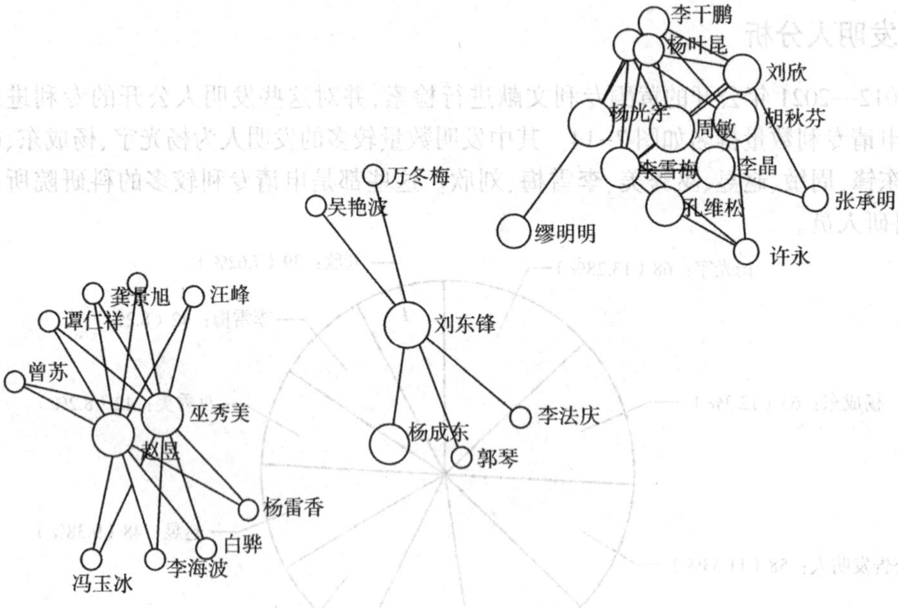

图7-16 发明人专利合作情况及对应数量

7.3.4 技术领域分析

对申请的专利涉及的技术领域/国民经济行业进行分析,涉及的领域主要是A(人类生活必需)、C(化学和冶金)。各涉及的领域排名情况见图7-17,其中人类生活必需最多。

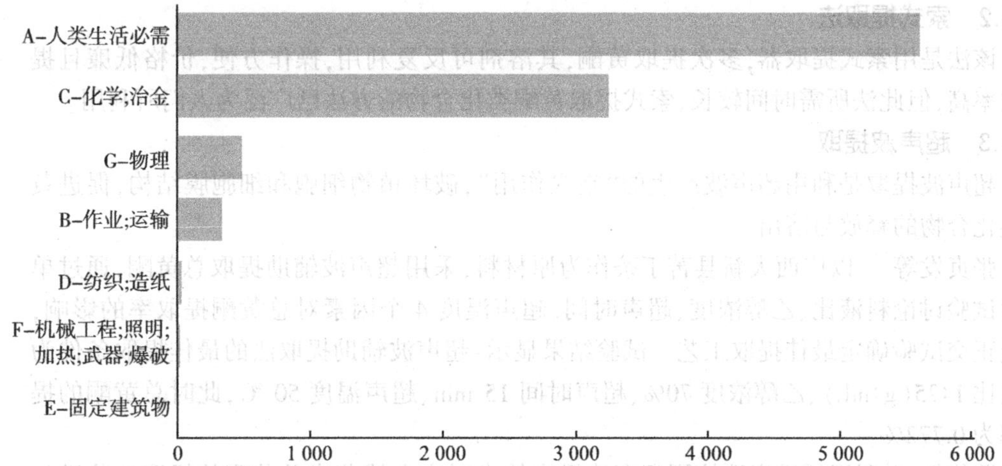

图 7-17　按照 IPC 的专利数量统计的 IPC 排名情况

7.3.5　技术生命周期分析

黄酮专利技术生命周期分析见图 7-18。

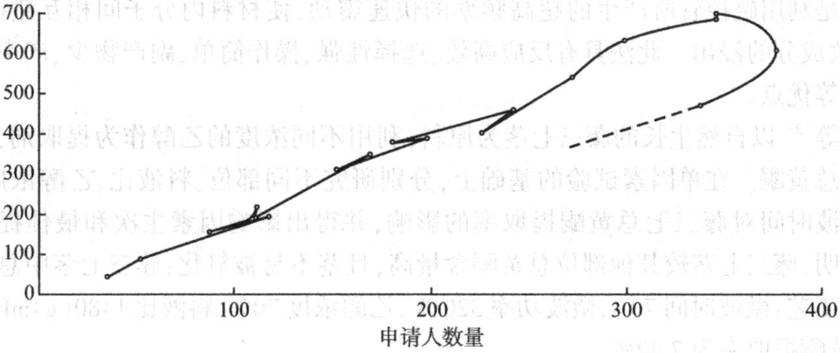

图 7-18　黄酮专利技术生命周期分析

2019 年前，黄酮专利技术生命周期属于发展期，每年数量都在增加，但 2020 年后，快速发展到下降期，专利数量下降较快。

7.4　黄酮类化合物的提取和纯化

7.4.1　黄酮类化合物的提取

黄酮类化合物种类多，性质差异较大，其提取方法多样。按所用溶剂不同，有热水提取法、有机溶剂萃取法和碱提取酸沉淀法，按所用装置不同，分为回流提取法、索式提取法、超声波提取、微波法提取、超临界萃取法提取、酶提取法、超高压提取法等[15-20]。

7.4.1.1　回流提取法

本法提取黄酮类化合物的一种方法，所用回流溶剂为有水、醇及混合溶剂，此法操作简便,但效率不够高。

7.4.1.2 索式提取法

该法是用索式提取器,多次提取黄酮,其溶剂可反复利用,操作方便,价格低廉且提取效率高,但此法所需时间较长,索式提取黄酮类化合物的方法已广泛为人们所利用。

7.4.1.3 超声波提取

超声波提取是利用超声波产生的"空穴作用",破坏植物细胞和细胞膜结构,促进黄酮类化合物的释放与溶出。

张贞发等[21]以广西大新县苦丁茶作为原材料,采用超声波辅助提取总黄酮,通过单因素试验讨论料液比、乙醇浓度、超声时间、超声温度4个因素对总黄酮提取率的影响,通过正交试验确定最佳提取工艺。试验结果显示:超声波辅助提取法的最佳提取条件为料液比1:25(g:mL)、乙醇浓度70%、超声时间15 min、超声温度50 ℃,此时总黄酮的提取率为0.772%。

蔡伟等[22]利用纤维素酶协同超声波提取技术对广金钱草中总黄酮的提取工艺进行筛选,通过单因素试验和正交试验优选出纤维素酶协同超声波法提取总黄酮的最佳工艺为:乙醇浓度50%、料液比1:30、纤维素酶500 mg、超声波提取时间30 min。在该提取条件下黄酮得率为2.28%。

7.4.1.4 微波法提取

微波法是利用磁控管所产生的超高频率的快速震动,使材料内分子间相互碰撞、挤压,利于有效成分的浸出。此法具有反应高效、选择性强、操作简单、副产物少、产率高及产物易提纯等优点。

孟祥凤等[23]以自然生长的藤三七茎为原料,利用不同浓度的乙醇作为提取剂,采用微波法提取总黄酮。在单因素试验的基础上,分别研究不同部位、料液比、乙醇浓度、微波功率及微波时间对藤三七总黄酮提取率的影响,并得出影响因素主次和最佳提取方案。结果表明,藤三七茎较其他部位总黄酮含量高,且茎不易被氧化;藤三七茎中总黄酮的最佳提取工艺:微波时间70 s,微波功率320 W,乙醇浓度70%,料液比1:80(g:mL),在此条件下,黄酮提取率为7.42%。

唐森等[24]以莪术为原材料,采用微波辅助提取莪术中总黄酮。通过单因素试验考察微波时间、微波功率、液料比和乙醇质量分数这四个因素对莪术总黄酮提取工艺的影响,并通过响应面设计优化莪术总黄酮的最佳提取条件,确定莪术总黄酮的最佳提取工艺条件:微波时间5.8 min、微波功率300 W、液料比20.6:1(mL:g)、乙醇质量分数60%,莪术总黄酮的实际得率为22.403 mg/g。

7.4.1.5 超临界萃取法提取

于蔓莉等[25]利用超临界CO_2提取向日葵花盘中总黄酮,通过正交优化法研究了萃取温度(A)、萃取压力(B)、萃取时间(C)对开花期向日葵花盘总黄酮提取率的影响。结果表明,最佳提取条件向日葵花盘粉碎为200目、萃取温度为60 ℃、萃取压力40 MPa、反应时间2 h,向日葵花盘中总黄酮平均提取率为1.93%。

鲍玲玲等[26]以废弃物菠萝蜜果皮为原材料,采用超临界CO_2技术提取果皮中具有功能性的黄酮类化合物。通过单因素试验及正交试验,确定最优工艺条件为提取温度

60 ℃、提取压力 30 MPa、提取时间 2.5 h、夹带剂流量 0.6 mL/min，此条件下黄酮的提取率为 14.96%。

7.4.1.6 酶提取法

提取植物的有效成分时，酶可使细胞壁疏松、破裂细胞壁，减小传质阻力，加速有效成分的释放，从而提高提取效率。

杨秀东等[27]以鬼针草为试材，采用响应面法考察了酶种类、酶用量、酶解时间、乙醇浓度、酶解温度及酶解 pH 等因素对鬼针草总黄酮类物质提取率的影响。结果表明：在考察的 5 种酶中，果胶酶为水解酶的提取效果最好，果胶酶辅助提取鬼针草总黄酮的最佳提取条件为酶解时间 2 h、乙醇浓度 63%、酶解 pH=4，预测值为 2.07%。在该条件下测得鬼针草总黄酮的提取率为 1.95%。

希力阿扎提·阿不力米提等[28]以阿尔泰金莲花为原料，在单因素试验基础上，进一步采用 Box-Behnken 中心组合试验及响应面分析，优化阿尔泰金莲花总黄酮的提取工艺。结果表明，纤维素酶最适合辅助超声提取阿尔泰金莲花总黄酮，最佳工艺条件：pH=4，料液比 1∶40，超声功率 90 W，酶添加量 1.4%，乙醇浓度 47.0%，提取时间 38.0 min，提取温度 39.0 ℃。在此条件下。黄酮提取率达到了 18.0%以上。

7.4.1.7 双水相萃取分离法

双水相萃取技术（ATPE）分离利用黄酮物质在双水相体系中的选择性分配进行分离。该法设备投资少，操作简单，无有机溶剂残留污染。

董彩文等[29]对乙醇-硫酸铵双水相体系提取黄秋葵中黄酮的提取条件进行优化。结果表明：最佳提取条件为体系中硫酸铵质量 1.80 g、无水乙醇体积 3.5 mL、秋葵粉样质量 0.10 g、提取时间 9.5 min、提取温度 40.5 ℃。在此条件下，黄酮的提取率为 83.09%，实际测定值与预测值的相对误差为 1.3%。

韩秋菊等[30]利用乙醇-硫酸铵双水相体系萃取柚子皮中的黄酮类化合物，采用响应面法对提取条件进行优化。结果表明，最佳萃取条件为：硫酸铵质量分数 30%，乙醇质量分数 35%，液料比 36∶1（mL∶g），萃取温度 50 ℃，萃取时间 1.6 h。该条件下，黄酮类化合物的得率达到（48.22±3.04）mg/g。

7.4.2 黄酮类化合物的纯化

7.4.2.1 金属试剂络合沉淀法

金属试剂络合沉淀法是利用铝盐、铅盐、镁盐能与具有邻二酚羟基结构的黄酮类化合物形成配合物沉淀，从而把他与其他化合物分开，分开后，加酸解离还原得到黄酮。

郭真真[31]采用金属络合的方法分离纯化苦碟子中的黄酮类活性成分。以 Mg^{2+}、Ca^{2+}、Zn^{2+}作为络合剂，以木樨草素-7-O-β-D-葡萄糖醛酸苷（Luteolin-7-O-β-D-glucuronide，LGU）为指标成分，HPLC-UV 法测定 LGU 的含量和转移率，考察不同 pH（8.0、9.0、9.5、10.0、11.0）条件下各金属离子对苦碟子黄酮的纯化效果。结果 pH=9.5 时，Mg^{2+}络合物中 LGU 含量最高，与纯化前的醇提取物相比，含量提高 5 倍达到 12.1%。

7.4.2.2 聚酰胺柱层析法

聚酰胺柱层析法是利用聚酰胺对黄酮化合物的特征吸附，然后洗脱剂洗脱分离，其分离效果好,样品容量大,适于在制备分离工艺中应用。

孙一焱等[32]利用聚酰胺柱层析对金花葵花总黄酮的分离纯化条件进行了研究。以金花葵花总黄酮质量浓度为指标,通过考察聚酰胺树脂对黄酮的吸附和解吸能力,筛选出聚酰胺柱层析分离纯化金花葵花总黄酮的最优参数。结果表明,当金花葵花总黄酮的上样液质量浓度为4.68 mg/mL、pH为4~5,在1.5 mL/min的吸附流速下上样1.5BV时,可达到吸附饱和。接着采用3.0BV水淋洗去杂质,再用5.0BV体积分数为80%乙醇解吸液,在1.5 mL/min的解吸流速下进行解吸,树脂每使用5次需要进行一次再生处理,此时分离纯化效果最佳。

7.4.2.3 硅胶柱层析法

利用黄酮类化合物与硅胶有很强的吸附能力,主要用于分离异黄酮、二氢黄酮、二氢黄酮醇、高度甲基化(或乙醚化)的黄酮及黄酮醇类。

康少华等[33]利用硅胶柱层析分离大豆异黄酮苷元。通过丙酮萃取大豆异黄酮后,经硅胶柱层析可以分离得到染料木素、大豆素、黄豆黄素3种大豆异黄酮苷元异构体。经HPLC检测3种物质的纯度均超过90%。

7.4.2.4 葡聚糖凝胶柱层析法

黄酮类化合物葡聚糖凝胶柱层析法的分离,主要采用Sephadex G型和Sephadex LH-20凝胶,利用其吸附作用进行分离。

关文玉等[34]以云南普洱熟茶为实验材料,以不同浓度乙醇水溶液为洗脱液,利用MCI GEL CHP 20P(75~150 μm)树脂色谱柱和SephadexTMLH-20葡聚糖凝胶色谱柱,并结合高效液相色谱(HPLC)法,对普洱熟茶中主要黄酮醇类物质进行了分离和定性。获得了HPLC纯度为96.0%的杨梅素、纯度为98.5%的槲皮素、纯度为95.6%的山柰酚。

7.4.2.5 大孔树脂分离

大孔树脂分离利用大孔树脂的不同极性,脂溶性黄酮选择非极性或弱极性树脂;黄酮苷等应选择合成原料中加有甲基丙烯酸甲酯或丙烯腈的树脂。

高丽等[35]从荷叶中提取黄酮类化合物,并对11种大孔吸附树脂的静态吸附效果进行了比较,选出最优树脂HPD-100。通过研究温度、酸度对HPD-100吸附能力的影响以及不同乙醇体积分数对该树脂的解吸作用,确定分离纯化荷叶总黄酮的新工艺。结果表明:HPD-100对荷叶黄酮的吸附能力最强,其在温度25 ℃、pH=3.0时吸附效果最好,当乙醇体积分数为70%时,洗脱效果最好,荷叶黄酮纯度可达55.28%。

7.4.2.6 高效制备液相色谱

高效制备液相色谱柱用较小颗粒填料填充而成,具有柱效高、分离迅速等特点,是制备、纯化难分离物质的极好手段,制备量可达到半克量和克量级、甚至更多。

田娜等[36]采用高效制备液相色谱法从荷叶中分离制备荷叶黄酮类化合物。用60%乙醇回流提取荷叶,粗提液浓缩后经D-101柱及聚酰胺柱色谱分离,再在Symmetry PrepTMC$_{18}$柱上分离,以水-乙腈为流动相进行梯度洗脱(流速为5.0 mL/min),得到金丝桃苷、异槲皮苷和紫云英苷,纯度都在97%以上。

7.5 黄酮的功能活性

黄酮化合物具有降血糖、降血脂、抗氧化、抗炎、抗病毒和保肝作用等功能作用。

7.5.1　黄酮降血糖作用

潘静等[37]研究苦竹叶黄酮提取物对Ⅱ型糖尿病小鼠的降糖作用。以四氧嘧啶构建 2 型糖尿病小鼠模型，给予苦竹叶黄酮提取物，分别检测空白组、模型组、治疗组的空腹血糖（FBG）、空腹胰岛素、糖耐量、肝糖原、丙二醛（MDA）含量及血清超氧化物歧化酶（SOD）活性，将所测结果进行统计分析。结果治疗组小鼠 FBG 水平明显下调，降低血清 MDA 含量而明显升高空腹胰岛素水平，提高糖耐量和肝糖原的含量，增强 SOD 活性，与模型组比较差异有统计学意义。治疗组与空白组比较，FBG、空腹胰岛素、糖耐量、肝糖原、MDA 及 SOD 的差异均无统计学意义，表明苦竹叶黄酮提取物对Ⅱ型糖尿病小鼠有显著的降血糖效果。

漆姣媚等[38]研究显齿蛇葡萄总黄酮（TFAG）降血糖的效果及其抗氧化能力。测定利用超声波辅助提取并经 D-101 大孔树脂纯化得到的 TFAG 对 α-葡萄糖苷酶和 α-淀粉酶活性的影响；体内降血糖实验采用链脲佐菌素（STZ）诱导小鼠糖尿病模型，TFAG 不同剂量（100、200、400 mg/kg）连续给药 15 d，分别于灌胃 0、3、6、9、12、15 d 时尾部动脉取血测定血糖，在给药后 16 d 时，以眼眶采血测定血清胰岛素含量及各项生化指标，并取胰腺组织做 HE 染色观察，另外取肝脏测定超氧化物歧化酶（SOD）、过氧化氢酶（CAT）和丙二醛（MDA）的含量。结果 TFAG 能抑制 α-葡萄糖苷酶和 α-淀粉酶的活性，，且 TFAG 对 α-葡萄糖苷酶的抑制作用较对 α-淀粉酶的抑制作用要强。体内实验表明，TFAG 能显著降低糖尿病小鼠的血糖、低密度脂蛋白（LDL）、总胆固醇（TC）、甘油三酯（TG）的浓度，增加胰岛素、高密度脂蛋白（HDL）的浓度；HE 染色结果显示，TFAG 对糖尿病小鼠胰岛细胞具有一定的修复作用；TFAG 能使肝组织中 MDA 的含量明显下降，而 SOD、CAT 的活性显著升高。表明 TFAG 具有显著的降血糖作用和抗氧化能力，能修复胰岛细胞，是一种极具开发价值的药食兼用原材料。

7.5.2　黄酮降血脂作用

叶雅沁等[39]研究南非叶总黄酮对高血脂模型小鼠脂质代谢的影响。以昆明种小鼠为实验动物，随机分成 6 组：空白对照组、高脂模型组、辛伐他汀阳性对照组（25 mg/kg）和南非叶总黄酮低、中、高组（10、50、100 mg/kg）。空白对照组喂以基础饲料，5 组试验组喂以高脂饲料，小鼠灌胃南非叶总黄酮，4 周后称重并解剖，测定血清中总甘油三酯（triglyceride，TG）、总胆固醇（total cholesterol，TC）、高密度脂蛋白胆固醇（high density lipoprotein cholesterol，HDL-C）和低密度脂蛋白胆固醇（low density lipoprotein cholesterol，LDL-C）的含量，计算动脉粥样硬化指数和肝指数。结果与模型组比较，南非叶总黄酮能显著降低高血脂小鼠血清中 TG、TC、LDL-C 的含量，提高 HDL-C 含量，并有效降低动脉粥样硬化指数和肝指数。其中 100 mg/kg 南非叶总黄酮试验组效果最好，与模型组相比，TG、TC 值和 LDL-C 值分别降低了 28.29%、17.55%和 63.32%，HDL-C 值提高了 44.20%。表明南非叶总黄酮具有显著的降血脂作用。

左雪娟等[40]为探讨藤茶对细胞内源性胆固醇生物合成的影响以及对高脂血症大鼠的降血脂效果，采用乙醇提取藤茶黄酮（TFAG），用两性霉素 B-细胞模型检测其对细胞内胆固醇合成的影响;通过喂食高脂饲料建立 SD 高脂大鼠模型,以血脂康为阳性对照,连续灌胃不同剂量的 TFAG 30 d,测心、肝组织匀浆和血清中的各项指标;取部分肝脏进行病理学观察。结果表明:TFAG 能明显抑制细胞内胆固醇的合成,不同剂量的 TFAG 能明显降低高脂大鼠血清中的 TC、TG 含量,增加 HDL 的含量;对心、肝组织中的 TC、TG 也有明显降低作用;能提高高脂大鼠肝脏中 SOD、CAT 和 GSH 的含量,降低 MDA 的含量。病理切片结果显示 TFAG 能改善高脂大鼠模型肝细胞的受损程度,其中高剂量组的效果与血脂康组相当。总体而言,TFAG 具有较好的抗氧化和降血脂效果,并能有效抑制肝脏脂肪变性。

7.5.3 黄酮抗氧化作用

王定美[41]测定 9 个木薯品种在 120 d、180 d、240 d 3 个植龄下叶片总黄酮的含量,并采用 1,1-二苯基-2-三硝基苯肼(DPPH)自由基清除能力和铁离子还原能力(ferric reducing antioxidant power,FRAP)法评价其抗氧化能力,同时探讨抗氧化能力与总黄酮含量的相关性。结果表明:随植龄增大,总黄酮含量趋于减小、品种间离散程度趋于增大,DPPH 自由基清除能力与品种间离散程度均增大,FRAP 抗氧化能力不受植龄影响,存在明显的基因型差异;各植龄下,品种 SC12、SC13 的总黄酮含量、DPPH 自由基清除能力、FRAP 抗氧化能力均处于最高水平;聚类分析将 27 个木薯叶片样品分成 5 大类群,并且只有在 240 d 植龄下,DPPH 自由基清除能力、FRAP 抗氧化能力与总黄酮含量呈显著正相关($P<0.05$)。

冯娇等[42]探究了不同产地的银柴胡提取物的黄酮含量及其抗氧化性能。采用紫外分光光度法检测宁夏、内蒙古及陕西产地的银柴胡提取物的黄酮含量,通过 ABTS 自由基和超氧阴离子清除实验测定比较三种产地银柴胡提取物的体外抗氧化能力。结果表明,宁夏产地的银柴胡提取物黄酮含量最高,为 41 mg/mL,陕西和内蒙古产地的银柴胡提取物黄酮含量分别为 33 mg/mL,21 mg/mL;银柴胡提取物对 ABTS 自由基和超氧阴离子具有明显的清除作用,宁夏、陕西、内蒙古产地的银柴胡提取物对 ABTS 自由基半数清除浓度(IC_{50})分别为 0.18 mg/mL、0.22 mg/mL、0.31 mg/mL;对超氧阴离子半数清除浓度(IC_{50})分别为 0.13 mg/mL、0.24 mg/mL、0.15 mg/mL,清除能力与浓度呈现剂量依赖关系。表明银柴胡提取物在体外具有很好的抗氧化能力。

7.5.4 黄酮抗炎作用

关静渊等[43]观察不同剂量的辣蓼黄酮正丁醇部分(FNB)对人工致炎小鼠的抗炎作用。选用50 只昆明系 SPF 级小鼠,随机分为 5 组,每组 10 只。第 1 组为空白对照组,每只小鼠给予 0.9%生理盐水 0.5 mL 灌服,每天 1 次,连续 5 d;第 2 组为阳性药物对照组,每只小鼠给予地塞米松注射液 25 $mg/kg_{体重}$ 腹腔注射,每天 1 次,连续 5 d;第 3、4、5 组分别给予辣蓼黄酮 150 (FNB 高剂量组)、100 (FNB 中剂量组)、50 mg/kg (FNB 低剂量组)灌服,每天 1 次,连续 5 d。于最后一次给药后 1 h,分别给小鼠左耳两面涂抹 0.05 mL 二甲苯致炎,右耳作为对照。20 min 后采样并测定各项指标。结果表明:与空白对照组相比,FNB 高剂量组小鼠耳肿胀程度显著减轻($P<0.05$),FNB 低剂量组、中剂量组小鼠耳

肿胀程度极显著减轻($P<0.01$)。小鼠体内抗炎试验结果表明,辣蓼黄酮正丁醇部分(FNB)对小鼠具有一定的抗炎作用

张静等[44]研究了紫花地丁总黄酮(TFV)对脂多糖(LPS)诱导的小鼠RAW264.7巨噬细胞活力、细胞中炎症介质含量以及相关基因表达的影响,以期探讨其体外抗炎活性的作用。试验采用MTT法筛选出TFV对小鼠RAW264.7巨噬细胞活力具有促进作用的最佳添加浓度;用酶联免疫吸附法(ELISA)检测了TFV对LPS诱导的小鼠RAW264.7巨噬细胞释放到细胞培养液中NO、肿瘤坏死因子α(TNF-α)、白介素1β(IL-1β)、白介素6(IL-6)含量的影响;运用实时荧光定量PCR法检测了TFV对LPS诱导的炎性小鼠RAW264.7巨噬细胞TNF-α、诱导型一氧化氮合酶(iNOS)和环氧合酶2(COX-2)相对表达水平的影响;研究并分析了TFV的体外抗炎活性。试验结果表明:TFV在5~50 μg/mL浓度范围内能提高小鼠RAW264.7巨噬细胞的活力($P<0.05$);与LPS模型组比较,TFV能显著降低LPS诱导的小鼠RAW264.7巨噬细胞产生NO、TNF-α、IL-6、IL-1β的含量,并能显著降低LPS诱导的小鼠RAW264.7巨噬细胞内TNF-α、COX-2等炎症因子的mRNA表达量($P<0.05$)。表明TFV能显著下调LPS诱导的小鼠RAW264.7巨噬细胞IL-1β、IL-6、TNF-α等细胞因子的释放量和下调TNF-α、COX-2 mRNA的表达量,说明抑制促炎性细胞因子基因的表达可能是实现其抗炎作用的原因之一。

7.5.5 黄酮保肝作用

胡慧明等[45]观察山楂叶黄酮(hawthorn leaf flavonoids,HLF)对实验性高脂血症模型小鼠血脂水平、肝功能及、羟甲基戊二酰辅酶A还原酶(HMG-CoA reductase,HMGCR)、低密度脂蛋白受体(low density lipoprotein receptor,LDLR)表达的影响,发现HLF能降低高脂血症模型小鼠血脂水平,改善肝功能,减轻肝脏脂肪病变,其作用机制可能是通过下调HMGCR表达抑制胆固醇生物合成,并上调LDLR表达促进胆固醇的代谢,进而调节脂质代谢紊乱。

王瑶等[46]比较葛花不同提取物中总黄酮的含量及其对慢性酒精性肝损伤大鼠的肝脏保护作用。以葛花水提物、醇提物、乙酸乙酯为研究材料,采用紫外可见分光光度法测定不同葛花提取物中总黄酮含量;复制慢性酒精性肝损伤大鼠模型,同时连续8周灌胃不同溶剂葛花提取物,以大鼠肝脏指数、血清谷丙转氨酶(ALT)、谷草转氨酶(AST)和肝脏丙二醛(MDA)的指标比较其对慢性酒精性肝损伤大鼠的肝脏保护作用。结果不同葛花提取物中总黄酮含量差异明显,其中葛花乙酸乙酯总黄酮含量最高,保肝效果最好。

参考文献

[1] Awraris Derbie Assefa, Ramesh Kumar Saini, et al. Extraction of antioxidants and flavonoids from yuzu (Citrus junos Siebex Tanaka) peels: a response surface methodology study [J]. Journal of Food Measurement and Characterization, 2017, 11: 364-379.

[2] Zhi-Qing Zhang, Jian-Jun Xiang, Li-Ming Zhou, et al. Antioxidant activity of three compo-

nents of wheat leaves: ferulic acid, flavonoids and ascorbic acid [J]. Journal of Food Science and Technology, 2015, 52: 7297-7304.

[3] Deepti Katiyar, Vijender Singh, Sadaf J Gilani, et al. Hypoglycemic herbs and their polyherbal formulations: a comprehensive review [J]. Medicinal Chemistry Research, 2015, 24: 1-21.

[4] Abbas Ahmadi, Mohsen Khalili, Atena Roghani, et al. The Effects of Solvent Polarity on Hypoglycemic and Hypolipidemic Activities of Portulaca Oleracea and *Achillea Eriophora* DC Extracts [J]. Pharmaceutical Chemistry Journal, 2021, 54: 1243-1254.

[5] Xiaoju Dou, Yu Zhang, Ning Sun, et al. The anti-tumor activity of Mikania micrantha aqueous extract in vitro and in vivo [J]. Cytotechnology, 2014, 66: 107-117

[6] Yongkyu Lee, Jehyung Lee, Changbaek Lim, et al. Anticancer activity of flavonoids accompanied by redox state modulation and the potential for a chemotherapeutic strategy [J]. Food Science and Biotechnology, 2021, 30: 321-340.

[7] Ogochukwu C A, Abayomi M A, Aduragbenro D A, et al. Hypolipidemic and antioxidant effects of the Methanolic stem bark extract of Anacardium occidentale Linn. In triton-X 100 induced hyperlipidemic rats [J]. Oriental Pharmacy and Experimental Medicine, 2017, 17: 211-221.

[8] Dongye He, Ping Zhang, Xuan Sai, et al. Hypolipidemic Activity of Camellia euphlebia Flower Extract in High-fat-fed Mice [J]. Plant Foods for Human Nutrition, 2017, 72: 372-379.

[9] Karim Bouterfas, Zoheir Mehdadi, Manal Maliha Elaoufi, et al. In vitro antibacterial activity of flavonoids extracts from three Algerian horehound (Marrubium vulgare L.) leaves [J]. Oriental Pharmacy and Experimental Medicine, 2018, 18: 59-66.

[10] Weijun Kong, Yanling Zhao, Xiaoyan Xing, et al. Antibacterial evaluation of flavonoid compounds against *E. coli* by microcalorimetry and chemometrics [J]. Applied Microbiology and Biotechnology, 2015, 99: 6049-6058.

[11] Balasubramanian Muthusamy, Girija Shanmugam. Analysis of flavonoid content, antioxidant, antimicrobial and antibiofilm activity of in vitro hairy root extract of radish (*Raphanus sativus* L.) [J]. Plant Cell, Tissue and Organ Culture (PCTOC), 2020, 140: 619-633.

[12] Mohammed Kawser Hossain, Hye Yeon Choi, Jae-Seon Hwang, et al. Antiviral activity of 3, 4′-dihydroxyflavone on influenza a virus [J]. Journal of Microbiology, 2014, 52: 521-526.

[13] Pavlova S I, Albegova D Z, Vorob'eva Yu S, et al Flavonoids as Potential Immunosuppressants Affecting Intracellular Signaling Pathways (a Review) [J]. Pharmaceutical Chemistry Journal, 2016, 19: 645-652.

[14] 郭智慧.大豆异黄酮增强免疫作用的实验研究[J].临床医药文献电子杂志,2020,7(68):170-171.

[15] Xing-shuo Yin, Xue-qin Zhang, De-qiang Li, et al. Simultaneous optimization of ultrasound-assisted extraction of antioxidants and tyrosinase inhibitory activities of Semen Oroxyli flavonoids using response surface methodology [J]. Journal of Food Measurement

and Characterization[J].2020,14:694-707.

[16]Sandra M E,Hilbert I M,Geison M C,et al.Optimization of flavonoid extraction from Passiflora quadrangularis leaves with sedative activity and evaluation of its stability under stress conditions[J].Revista Brasileira de Farmacognosia,2018,28:610-617.

[17]Liping Wang,Haotian Duan,Jiebing Jiang,et al.A simple and rapid infrared-assisted self enzymolysis extraction method for total flavonoid aglycones extraction from Scutellariae Radix and mechanism exploration[J].Analytical and Bioanalytical Chemistry,2017,409:5593-5602.

[18]Tae-Ho Han,Jae-Won Lee.Ultrasound-assisted extraction and antioxidant activity of phenolic and flavonoid compounds and ascorbic acid from rugosa rose (*Rosa rugosa* Thunb.)fruit[J].Food Science and Biotechnology,2018,27:375-382.

[19]Mandana Bimakr,Russly Abdul Rahman,Ali Ganjloo,et al.Optimization of Supercritical Carbon Dioxide Extraction of Bioactive Flavonoid Compounds from Spear mint (*Mentha spicata* L.) Leaves by Using Response Surface Methodology[J].Food and Bioprocess Technology,2012,5:912-920.

[20]Hee-Ock Boo,Jeong-Hun Park,Hag-Hyun Kim,et al.Effect of extraction solvent on in vitro anti-inflammatory,antioxidant activity,total phenol and flavonoid contents in Codonopsis lanceolata[J].Journal of Crop Science and Biotechnology,2021,24:127-136.

[21]张贞发,韦馥轩,赵汉民,等.超声波辅助提取大新苦丁茶中总黄酮的工艺研究[J].食品研究与开发,2021,42(2):122-126.

[22]蔡伟,李敏,施亚宁,等.广金钱草中超声波辅助提取总黄酮的工艺优化[J].人参研究,2021,33(2):27-31.

[23]孟祥凤,张红,赵艺飞,等.藤三七茎总黄酮微波提取工艺优化[J].保鲜与加工,2021,21(1):113-116.

[24]唐森,王梦萱,谢济运,等.响应面优化微波辅助莪术总黄酮的提取工艺研究[J].中国食品添加剂,2021,32(2):42-50.

[25]于蔓莉,郝宝成.超临界 CO_2 萃取向日葵花盘中总黄酮工艺研究[J].甘肃科技纵横,2020,49(8):39-40+46.

[26]鲍玲玲,黄仁富.超临界 CO_2 萃取法提取菠萝蜜果皮中黄酮的工艺研究[J].现代食品,2020(18):111-113+116.

[27]杨秀东,白子凡,陈鑫,等.响应面法优化酶辅助提取鬼针草总黄酮工艺[J].北方园艺,2020(11):104-111.

[28]希力阿扎提·阿不力米提,詹羽姣,王亮,等.酶辅助超声提取阿尔泰金莲花总黄酮工艺研究[J].中国食品添加剂,2020,31(4):68-75.

[29]董彩文,王浩瑾,张明俊,等.双水相技术提取黄秋葵黄酮的工艺条件研究[J].粮食与油脂,2021,34(5):115-118+122.

[30]韩秋菊,王晨,李薇,等.乙醇-硫酸铵双水相萃取柚子皮中黄酮类化合物的研究[J].应用化工,2020,49(9):2275-2278.

[31]郭真真,张文颖,邹敬韬,等.金属络合法纯化苦碟子黄酮工艺[J].现代中药研究与实践,2018,32(4):49-51.
[32]孙一焱,王菲,臧彩娟,等.聚酰胺分离纯化金花葵花总黄酮的工艺研究[J].辽宁石油化工大学学报,2019,39(1):15-18.
[33]康少华,芦明春.硅胶柱层析法分离大豆异黄酮苷元的研究[J].中国酿造,2009(1):29-32.
[34]关文玉,李燕丽,李艳芳,等.普洱熟茶中黄酮醇类物质杨梅素、槲皮素和山萘酚的分离纯化[J].食品工业科技,2015,36(21):60-63.
[35]高丽,张昭,李静.大孔树脂精制荷叶黄酮的工艺研究[J].粮食与油脂,2021,34(3):67-69+89.
[36]田娜,刘仲华,黄建安,等.高效制备液相色谱法从荷叶中分离制备黄酮类化合物[J].色谱,2007,25(1):88-92.
[37]潘静,黄铀新,严金玲,等.苦竹叶黄酮提取物降血糖作用研究[J].今日药学,2018,28(1):11-13.
[38]漆姣媚,蒋燕群,张杰,等.显齿蛇葡萄总黄酮降血糖作用研究[J].中国药学杂志,2017,52(19):1685-1690.
[39]叶雅沁,李泳宁,李小芬,等.南非叶总黄酮的降血脂作用[J].食品工业科技,2020,41(16):304-307.
[40]左雪媚,刘倩,廖芳帆,等.藤茶黄酮对高脂大鼠的降血脂作用研究[J].农业科学与技术:英文版,2020,21(1):33-40.
[41]王定美,陈新富,麦力文,等.木薯叶抗氧化能力与总黄酮含量及其关系研究[J].食品研究与开发,2021,42(2):37-43.
[42]冯娇,肖海鸿.不同产地银柴胡黄酮含量及其抗氧化活性研究[J].中国食品添加剂,2021,32(5):8-12.
[43]关静渊,李璐,于美玲,等.辣蓼黄酮对小鼠抗炎作用的研究[J].现代畜牧兽医,2021(2):1-4.
[44]张静,邵永斌,谷新利,等.紫花地丁总黄酮体外抗炎活性研究[J].中国畜牧兽医,2020,47(4):1258-1266.
[45]胡慧明,官扬,翁家俊,等.山楂叶黄酮对高脂血症小鼠的调脂保肝作用及其对肝组织 HMGCR、LDLR 表达的影响[J].中国现代应用药学,2020,37(21):2599-2604.
[46]王瑶,裴香萍,刘海霞,等.葛花不同提取物总黄酮含量与保肝作用药效关系研究[J].山西中医,2016,32(9):49-51.

第 8 章　基于文献计量的植物皂苷研究趋势分析

8.1　概述

皂苷是由糖的半缩醛羟基与非糖甙元的结合化合物,组成甙的糖主要为五碳醛糖和六碳醛糖。皂苷是甙类化合物中的一种。其水溶液经振荡后能形成大量泡沫,而称为皂苷。

皂苷按其皂苷元的化学结构可分为两大类:一类是皂苷元为甾体化合物的,称为甾体皂苷;另一类是皂苷元为三萜类化合物的,称为三萜皂苷。

在植物中已发现的甾体皂苷元有近百种,他们主要存在于单子叶植物的百合科的丝兰属、菝葜科、薯蓣科、知母属、龙舌兰科等;双子叶植物中也有发现,如豆科、玄参科、茄科等中。研究表明,皂苷化合物具有降血糖[1-2]、保护脑缺血[3-4]、免疫调节[5-6]、抗衰老[7-8]和抗菌[9-10]等功能。

8.2　基于 CNKI 的皂苷类研究文献计量分析

在 CNKI 中用公式 TI = 皂苷和发表时间“2000—2020 年”检索所有文献,对年度分布、研究机构、学科分类、期刊来源等进行研究分析,结果如下:

8.2.1　年度分布

对 2000—2020 年发表的皂苷研究文献进行检索,共检出 37 581 篇,其不同年度发表的文献数量如图 8-1 所示。

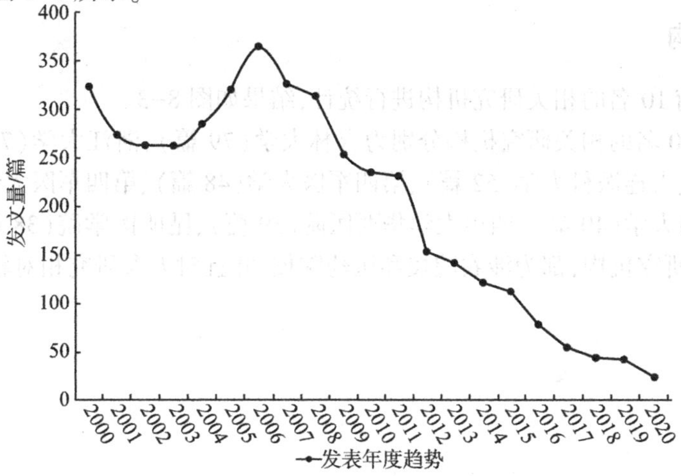

图 8-1　皂苷研究文献数量变化趋势

由图 8-1 可见,2006 年前,皂苷研究文献发表数量相对较多,2006 年,皂苷研究文献数量最高,达到 306 篇,其后持续下降,表明皂苷研究文献发表已经进入衰退期。

8.2.2 主题分布

皂苷研究的主题分布见图 8-2 。

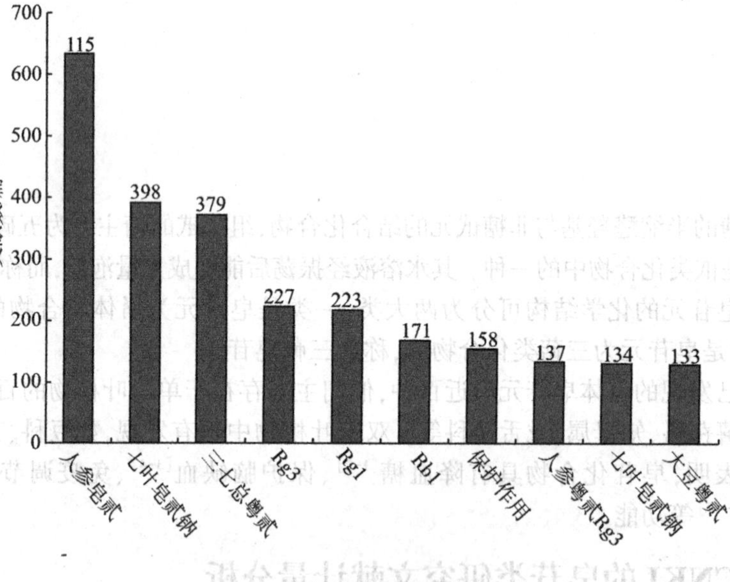

图 8-2　皂苷研究主题分布

如图可见,主题排名前 10 的主题主要涉及人参皂苷(645 篇)、β-七叶皂苷钠(398 篇)、三七总皂苷(379 篇)、Rg_3(227 篇)、Rg_1(223 篇)、Rb_1(171 篇)、保护作用(158 篇)、人参皂苷 Rg_3(137 篇)、七叶皂苷钠(134 篇)、大豆皂苷(133 篇)。表明对皂苷研究主题主要是人参皂苷。人参皂苷是人参的主要活性成分,也是在所有植物皂苷中最受关注的。

8.2.3 研究机构

对发表文献前 10 名的相关研究机构进行统计,结果如图 8-3。

发表文献前 10 名的相关研究机构分别为吉林大学(79 篇)、浙江大学(71 篇)、重庆医科大学(63 篇)、大连医科大学(52 篇)、第四军医大学(48 篇)、第四军医大学第一附属医院(45 篇)、四川大学(40 篇)、四川大学华西医院(39 篇)、昆明医学院(38 篇)、延边大学(37 篇)。这些研究机构,都为涉农院校和医药院校,并且对人参研究相对较多。

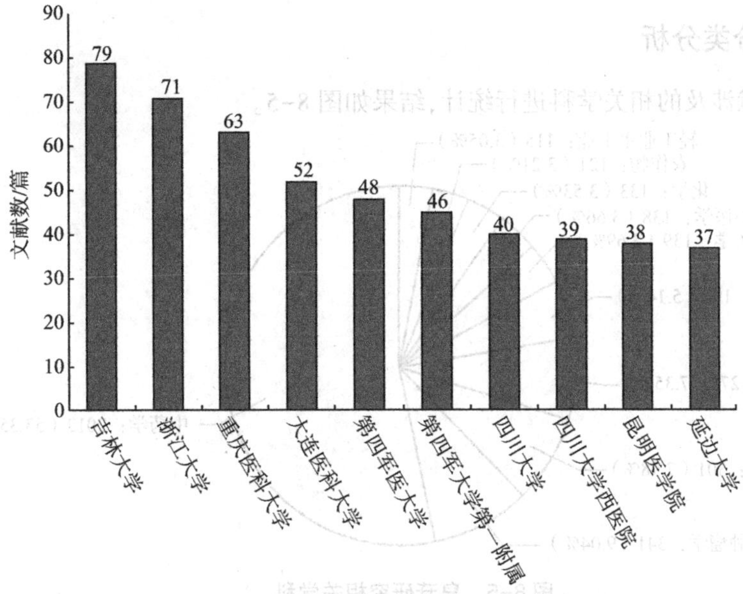

图 8-3　皂苷研究相关机构发表文献数量

8.2.4　研究人员

对发表文献的相关研究人员进行统计,结果如图 8-4。

发表文献前 10 名的相关研究人员分别为王亚平(17 篇)、樊均明(15 篇)、全吉淑(15 篇)、姜正林(15 篇)、赖红(14 篇)、史明(14 篇)、赵钢(13 篇)、吴基良(12 篇)、金凤燮(11 篇)和 潘华山(11 篇)。这是因为这些研究者基本为上述前 10 名研究机构的科研人员。

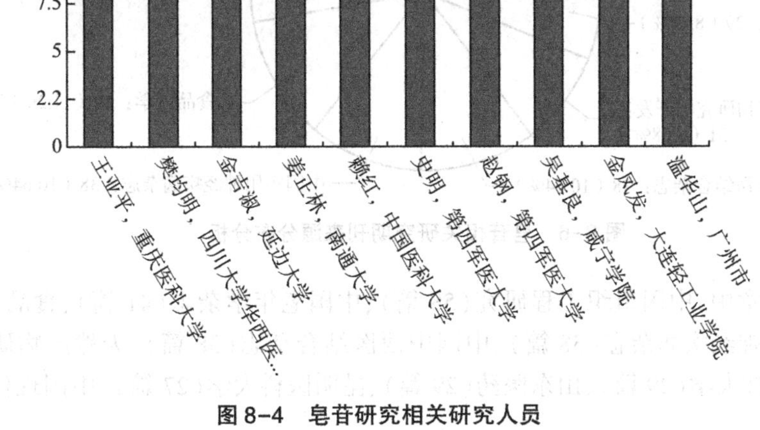

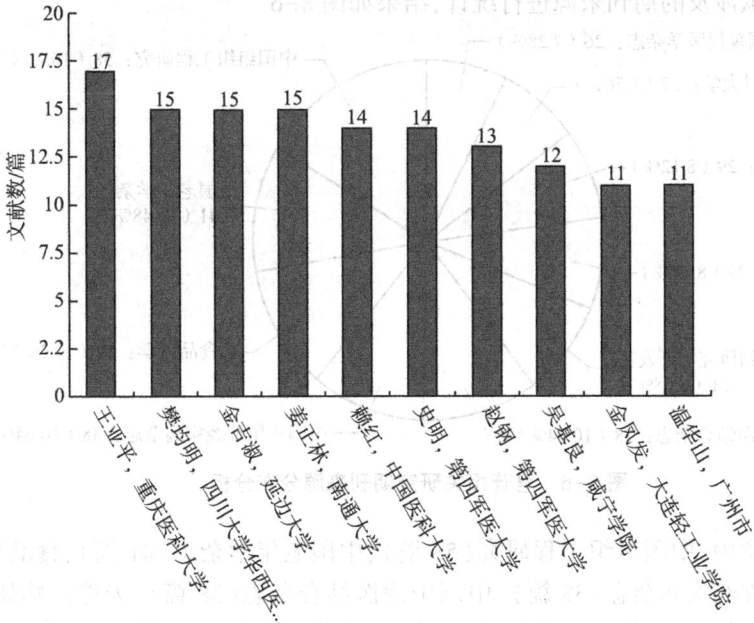

图 8-4　皂苷研究相关研究人员

8.2.5 学科分类分析

对发表文献涉及的相关学科进行统计，结果如图 8-5。

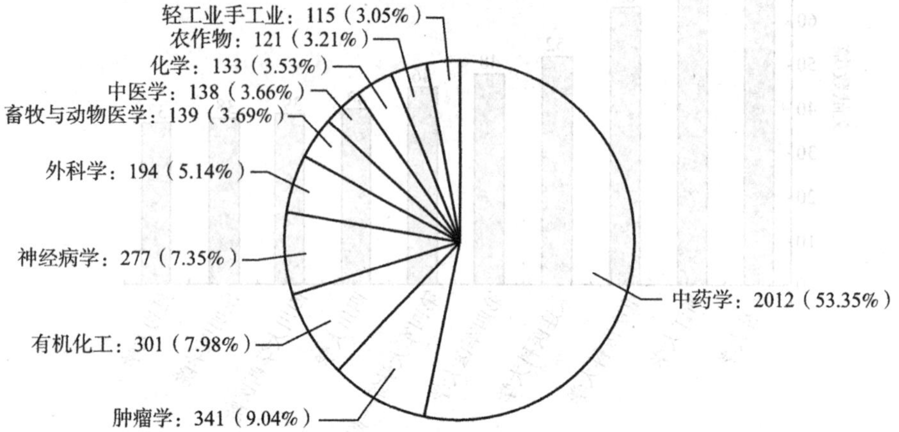

图 8-5　皂苷研究相关学科

发表文献前 10 名的学科分别为有机化工（301 篇）、神经病学（277 篇）、外科学（194 篇）、畜牧与动物医学（139 篇）、中医学（138 篇）、化学（133 篇）、农作物（121 篇）、轻工业手工业（115 篇）。其中有机化工与神经病学发表文献数量占绝对优势，表明对皂苷的合成及其神经病学领域应用研究是近年来的研究热点。

8.2.6 期刊来源分布分析

对发表文献涉及的期刊来源进行统计，结果如图 8-6。

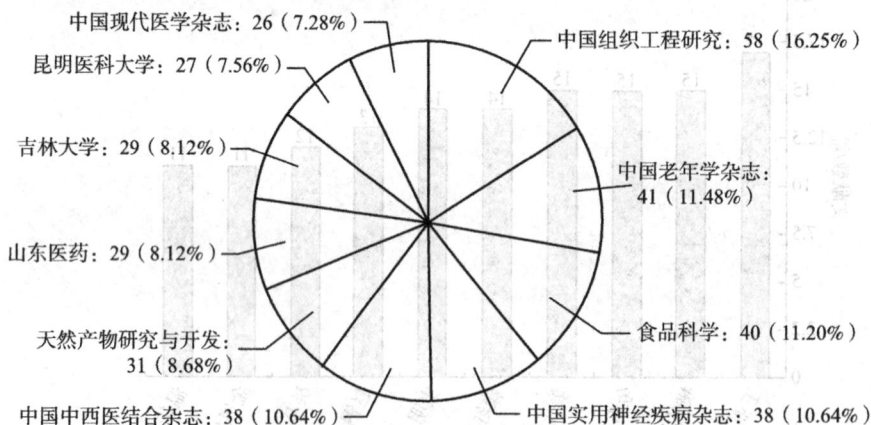

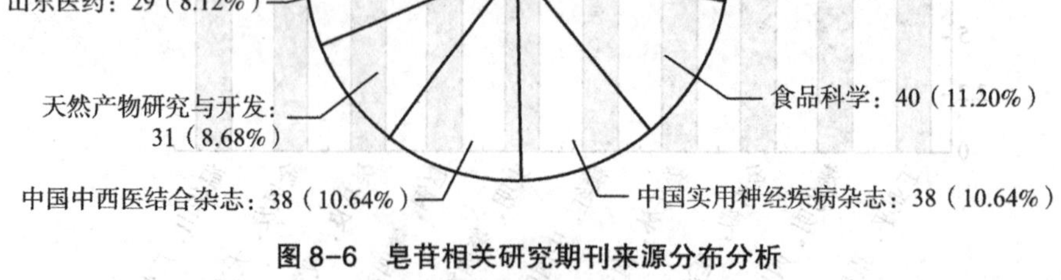

图 8-6　皂苷相关研究期刊来源分布分析

发表的文章中，中国组织工程研究（58 篇）、中国老年学杂志（41 篇）、食品科学（40 篇）、中国实用神经疾病杂志（38 篇）、中国中西医结合杂志（38 篇）、天然产物研究与开发（31 篇）、吉林大学（29 篇）、山东医药（29 篇）、昆明医科大学（27 篇）、中国现代医学杂志(26 篇)为发文数量前 10 名,表明食品类、医药类杂志是该领域发表文章的主要期刊。

8.3　基于“壹专利”平台的皂苷相关专利分析

在“壹专利”平台用“皂苷”为题名检索近 10 年所有专利,共检出专利 755 条,对年份分析、申请人分析、发明人分析、技术领域分析和技术生命周期分析,结果如下:

8.3.1　年份分析

对 2012—2021 年公开的皂苷专利文献进行检索,其不同年度公开的专利文献数量如图 8-7 所示。

由图 8-7 可见,从统计年度来看,皂苷专利文献数量从 2012 年开始呈现下降趋势,2015 年,有反弹,但随后又下降。

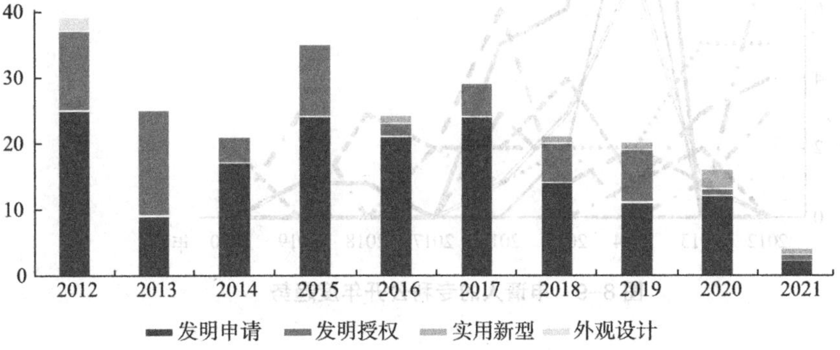

图 8-7　皂苷专利公开的年度趋势

2012—2021 年公开的皂苷专利年度增长情况如图 8-8。

从图 8-8 中可见,专利年度增长情况变化趋势和年度公开的专利文献数量变化趋势基本一致。

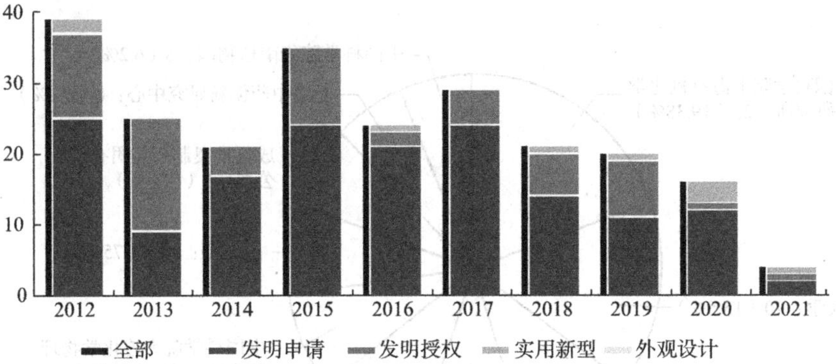

图 8-8　专利公开的年度增长率情况

8.3.2　申请人分析

对 2012—2021 年公开的皂苷专利文献进行检索,其申请人的专利公开年度趋势如

图 8-9 所示。

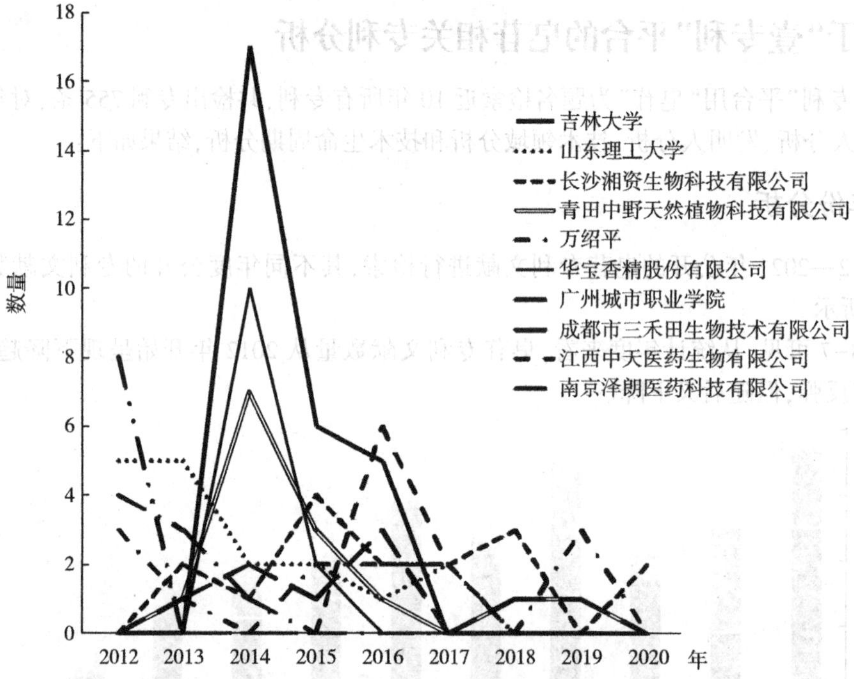

图 8-9　申请人的专利公开年度趋势

对这些申请人公开的专利进行分析，其申请专利数量排名如图 8-10。吉林大学、山东理工大学、长沙湘资生物科技有限公司、青田中野天然植物科技有限公司、万绍平、华宝香精股份有限公司、广州城市职业学院、成都市三禾田生物技术有限公司、江西中天医药生物有限公司、南京泽朗医药科技有限公司申请的专利分别排名前 10。这些单位中，多为从事天然产物生产和科研的单位和个人，表明皂苷化合物在天然产物领域有广泛应用。

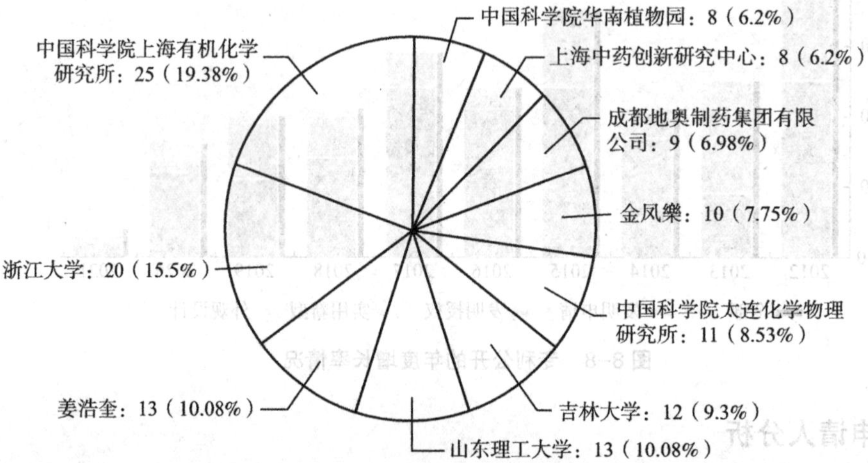

图 8-10　申请专利数量排名

对这些申请人类型构成进行分析，结果如图 8-11。企业和高校申请的专利较多，表明高校和企业都重视皂苷产业化的研究。

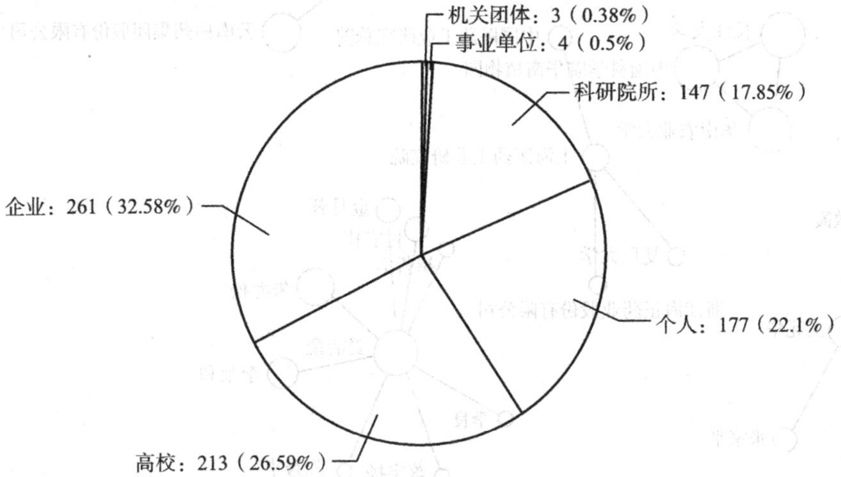

图 8-11　申请人类型构成

对申请人申请的专利涉及的技术领域/国民经济行业进行分析，结果如图 8-12 所示。涉及的领域主要是 A（人类生活必需）和 C（化学、冶金）较多。其中人类生活必需最多，这是因为皂苷具有丰富的生理功能，可加工为药品等产品、化妆品，同时，对其成分的研究，涉及较多化学领域。

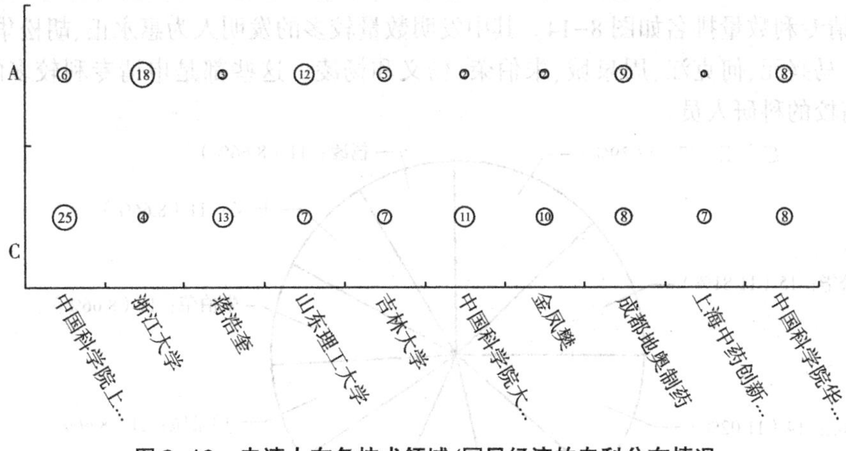

图 8-12　申请人在各技术领域/国民经济的专利分布情况

对申请人专利合作情况及对应数量进行分析,结果如图 8-13 所示。

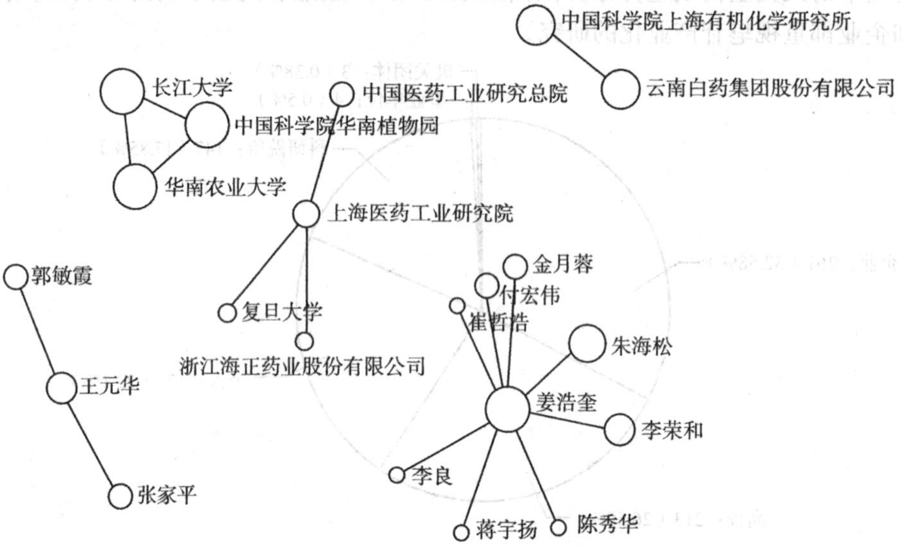

图 8-13　申请人专利合作情况及对应数量

从申请人合作关系看,合作申请人一般为本行业的合作高校、企业和个人。

8.3.3　发明人分析

对 2012—2021 年公开的皂苷专利文献进行检索,并对这些发明人公开的专利进行分析,其申请专利数量排名如图 8-14。其中发明数量较多的发明人为惠永正、胡松华、俞飚、姜浩奎、马兴元、何克江、周泉城、朱伯荣、杨义和杨凌。这些都是申请专利较多的科研院所和高校的科研人员。

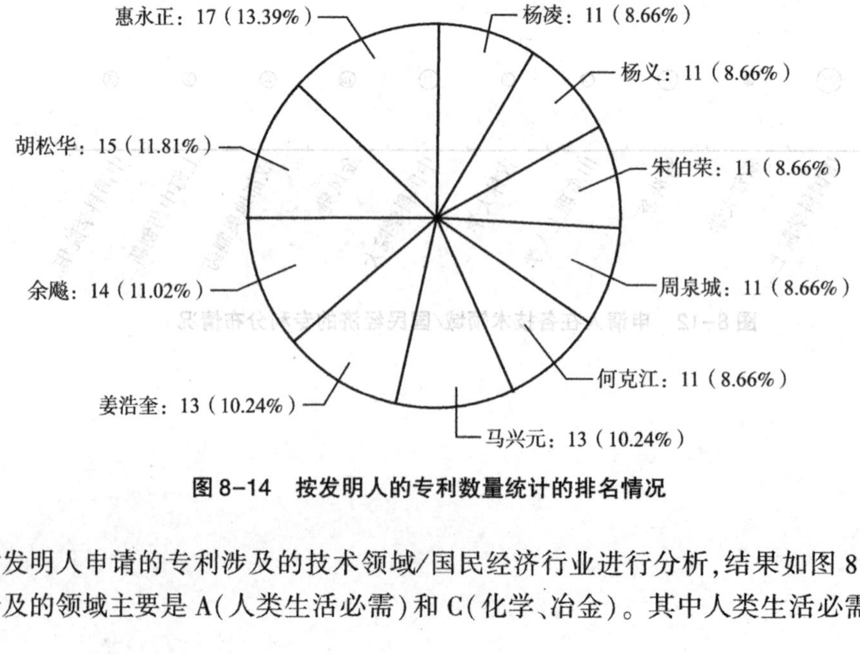

图 8-14　按发明人的专利数量统计的排名情况

对发明人申请的专利涉及的技术领域/国民经济行业进行分析,结果如图 8-15 所示。涉及的领域主要是 A(人类生活必需)和 C(化学、冶金)。其中人类生活必需最多,这和申请人涉及的领域情况相似。

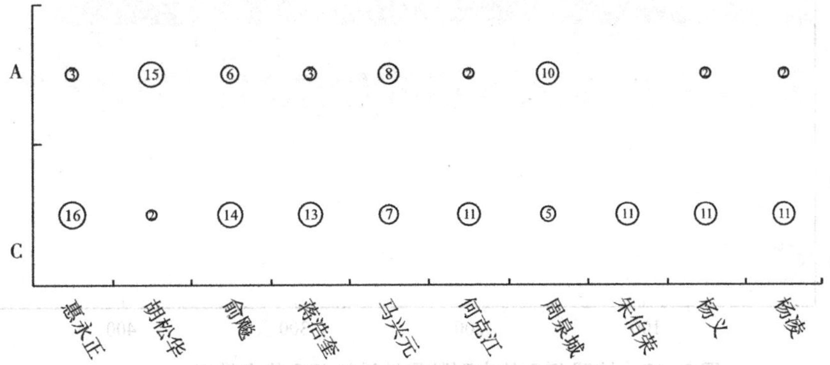

图 8-15　发明人在各技术领域/国民经济的专利分布情况

发明人专利合作情况及对应数量见图 8-16。其中惠永正和俞飚、刘俊耀、李兵、邢国文、杨志奇、葛强、张捷、曾志宏、滕继军、王平；俞飚和惠永正、李兵、邢国文、彭文杰、史炳锋、林峰、韩秀文、张一纯都是相互申请专利的合作人。

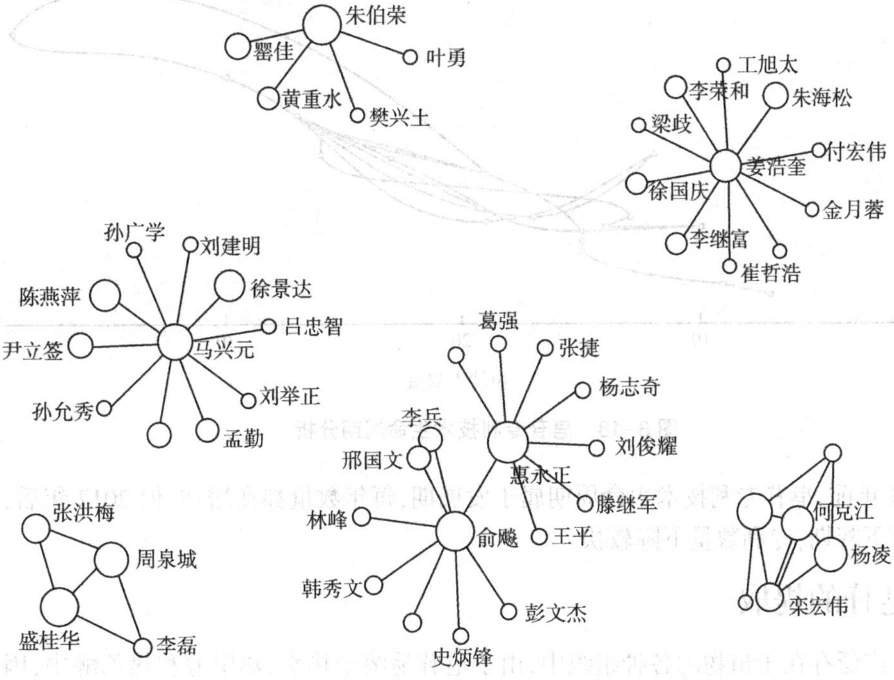

图 8-16　发明人专利合作情况及对应数量

8.3.4　技术领域分析

对申请的专利涉及的技术领域/国民经济行业进行分析，涉及的领域主要是 A（人类生活必需）、C（化学和冶金）。各涉及的领域排名情况见图 8-17，其中人类生活必需最多。

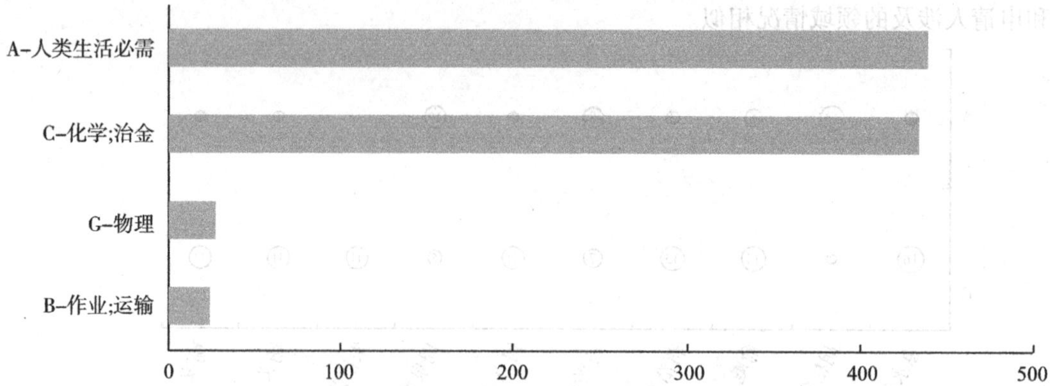

图 8-17　按照 IPC 的专利数量统计的 IPC 排名情况

8.3.5　技术生命周期分析

皂苷专利技术生命周期分析见图 8-18。

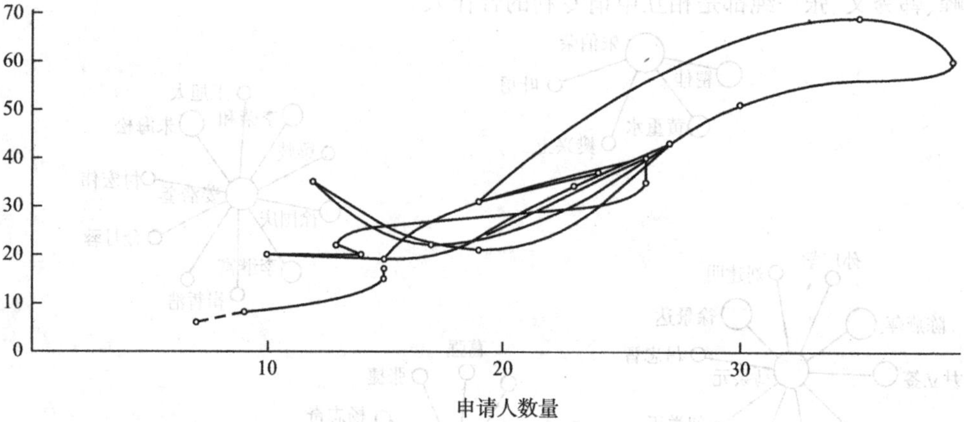

图 8-18　皂苷专利技术生命周期分析

2019 年前，皂苷专利技术生命周期属于发展期，每年数量都在增加，但 2017 年后，快速发展到下降期，专利数量下降较快。

8.4　皂苷的提取

皂苷广泛存在于植物的各种组织中，由于皂苷易溶于热水、热甲醇和热乙醇中，因此甲醇或乙醇常用作天然产物的浸提剂，为强化提取过程，一些研究者采用超声[11-12]、微波[13-14]、超临界[15-16]、生物酶[17-18]和超高压[19]等方法进行提取。

8.4.1　超声提取

张娜等[20]采用超声波辅助提取茄子中皂苷，通过正交试验，考察提取温度、提取时间、乙醇浓度、料液比及提取功率对茄子总皂苷提取的影响，确定茄子中皂苷的最佳提取条件为浸提温度 50 ℃、超声时间 20 min、超声功率 80 W、乙醇、浓度为 70%、料液比为

1:20(g:mL),在最佳条件下茄子中皂苷提取率为 1.579 6 mg/g。

8.4.2　微波提取

刘中华等[21]采用微波法提取低温豆粕中的大豆皂苷,通过单因素实验和正交实验研究了微波火力、乙醇浓度、料液比、微波时间对大豆皂苷提取率的影响。结果表明,在试验条件范围内各因素对大豆皂苷提取率影响的主次顺序为:微波时间>微波火力>乙醇浓度>料液比;在微波火力为中高火、微波时间为 2.5 min、乙醇浓度为 60%、料液比为 1:25(g:mL)的条件下得到最优工艺条件,此条件下大豆皂苷的提取率为 0.634%。

8.4.3　超临界萃取

提取黄姜皂苷元的传统工艺是以 120#汽油作溶剂,存在环境污染、生产安全隐患及溶剂残留等问题,李辉等[22]采用超临界 CO_2 提取技术解决上述弊病,考察了夹带剂、萃取时间、萃取温度、萃取压力及解析温度对黄姜皂素得率的影响,并以正交实验考察了超临界 CO_2 提取黄姜中薯蓣皂苷元的最佳工艺条件。以体积分数 95%的乙醇作夹带剂,提取时间 3 h、萃取压力 20 MPa、萃取温度 60 ℃、解析温度 50 ℃;最佳工艺条件下皂素得率可达 19.35%,同传统工艺(得率为 15.6%)相比增加了 24%,且产品溶剂残留少,熔点高。

8.4.4　酶法提取

传统的方法是用水、酒或有机溶剂浸泡法提取皂苷等成分。这种方法提取率极低,因为皂苷在植物中呈游离和非游离状态,浸泡法只能提取游离皂苷,不能提取非游离皂苷。采用酶法处理.处理后不仅能提取游离皂苷,也可提取非游离皂苷。提取率可提高数倍。关海宁等[23]为研究玉米须皂苷的超声辅助酶提取工艺,应用中心组合试验设计,采用 DPS 软件进行二次多项式逐步回归分析,对提取工艺条件进行优化,确定玉米须皂苷的超声辅助酶提取的最佳条件:超声作用温度 50 ℃、乙醇浓度 90%、纤维素酶添加量 1.62%、超声作用时间 30 min,在此条件下玉米须皂苷提取率达 2.24%。

8.4.5　超高压提取

姬长新等[24]为提取山茱萸中的总皂苷,将山茱萸首先采用超高压进行处理,然后将高压处理后的山茱萸采用纤维素酶进行酶解提取,研究超高压耦合纤维素酶处理对山茱萸得率的影响。结果表明,适宜的提取条件为采用 400 MPa 压力处理 3 min,然后加入纤维素酶达到浓度 1 mg/mL、温度 55 ℃、pH4.5 下酶解 120 min,山茱萸总皂苷的得率达到 3.68%。

8.5　皂苷的功能特性

8.5.1 降血糖

陈松瑞等[25]为探讨苦瓜皂苷与黄连素混合物对实验性Ⅱ型糖尿病小鼠的降糖效果。用高脂饲料喂养体重 18~22 g 的健康昆明小鼠一周后,通过单次高剂量(150 mg/kg)腹腔注射链脲佐菌素(STZ)的方法复制Ⅱ型糖尿病小鼠模型。将造模成功的小鼠随机分为正常空白对照组(A组)、糖尿病模型空白对照组(B组)、罗格列酮药物对照组(C组)、苦瓜皂苷组(D组),苦瓜皂苷黄连素混合物组(E组)。每天按实验设计灌胃,10天测定一次血糖,处理1个月后,分别进行糖耐量实验,观察苦瓜皂苷与黄连素混合物对Ⅱ型糖尿病小鼠血糖的影响。结果苦瓜皂苷与黄连素混合物对Ⅱ型糖尿病小鼠有显著的降糖作用($P<0.05$),在试验期内能明显改善糖耐量($P<0.05$)。表明苦瓜皂苷与黄连素混合物降糖效果明显,能明显改善糖耐量。

王先远等[25]将雄性 Wistar 鼠(体重 180 g±10 g)随机分为正常对照组(NC)、实验对照组(EC)和两个实验组(E1、E2),其中 NC、EC 组饮用普通水,E1、E2 组饮用水中分别含有苦瓜皂苷 100 mg/L 和 200 mg/L。饲养五周后,后三组动物禁食 24 h 后取血待测;取血完毕即开始进食,24 h 后再次取血待测。一周后杀死动物取肌肉、肝脏标本检测糖原水平。结果显示苦瓜皂苷虽不影响禁食大鼠血浆胰岛素含量,却可明显升高血糖和皮质醇水平;显著降低进食后大鼠血糖和胆固醇水平,并维持适度的皮质醇水平,肌糖原和肝糖原含量明显增加。

8.5.2 保护脑缺血

杨志勇等[27]探讨β-七叶皂苷钠对大鼠脑缺血-再灌注损伤的保护效果。用健康雄性 Sprague-Dawley 大鼠 74 只,分为假手术组、缺血-再灌注(IR)组、治疗组,制备局灶性脑缺血-再灌注模型,术后 2 h 治疗组予以腹腔注射β-七叶皂苷钠(5.0 mg/kg),另 2 组给予腹腔注射等量生理盐水。再灌注 48 h 时处死检测脑梗死体积、脑水肿、神经功能评分、NISSL 染色、TUNEL 染色和 caspase-3 活性。结果予β-七叶皂苷钠治疗后,大鼠的脑梗死体积显著下降(17±8)%。I/R 组的脑含水量较正常对照和假手术组的 TUNEL 显著增加,而七叶皂苷钠治疗后的脑含水量显著下降。与假手术组相比,I/R 组皮层和海马阳性细胞显著增加,而β-七叶皂苷钠治疗能显著降低 TUNEL 阳性细胞数。治疗组的皮层和海马 caspase-3 活性显著低于 I/R 组。表明缺血前及再灌注后采用七叶皂苷钠治疗能有效降低脑梗死体积,表现为脑水肿减轻、神经功能得到改善,可能与治疗能增加存活神经元数和抑制神经元凋亡(凋亡酶活性)有关。

袁秀梅等[28]探究人参皂苷 Rbl 对大鼠局灶性脑缺血细胞凋亡的抑制作用。首先建立一个阻塞大鼠大脑局灶性暂时脑缺血的模型,将神经功能出现缺失症的大鼠按照随机的原则分别分为 GRb1 组与缺血组,然后对灌注后的 GRb1 组大鼠进行人参皂苷 Rbl 腹腔注射,对这些大鼠进行不同时间阶段的再灌注,按照时间点的不同,将 GRb1 组大鼠分为 7 个组别,然后用免疫组织化学法以及原位末端标记法对大鼠的细胞凋亡情况进行观察分析。结果经过参皂苷 Rbl 干预的 GRb1 组大鼠与缺血组相比,其各分组内的大鼠凋亡细胞数量降低,且仅在灌注的 12 h~3 d 时间阶段内的降低数量差异比较明显,NAIP 阳性细胞数在进行再灌注 12 h~10 d 与缺血组有着明显的差别,Bc1-2 阳性细胞数在灌注 12 h~10 d 期间出现了明显的上升趋势,且与缺血组大鼠相比,Bax 阳性细胞数在相同的时间点出现下降。表明采用人参皂苷 Rbl 能够通过对 NAIP 与 Bc1-2 的促进起到对大鼠的局灶性脑缺血细胞凋亡的保护作用。

8.5.3 免疫调节

张玉梅等[29]探讨人参皂苷 Rg3 对 Lewis 肺癌细胞体外增殖及荷瘤小鼠免疫功能的影响。将 48 只 C57BL/6 荷瘤小鼠随机分为 Rg3 高剂量组、Rg3 低剂量组、DDP 组和生理盐水组,每组 12 只,另选择 12 只正常小鼠每天 1 次灌注 0.4 mL 生理盐水作为对照组。采用 CCK-8 法检测 Lewis 细胞增殖率,流式细胞仪测定肿瘤细胞凋亡情况,并比较各组小鼠自然杀伤细胞(NK)、淋巴因子激活杀伤细胞(LAK)、细胞毒性淋巴细胞(CTL)及血清肿瘤坏死因子(TNF)的活性。结果 15 μg/mL 与 20 μg/mL 人参皂苷 Rg3 的抑制增殖作用显著强于 10 μg/mL,但 15 μg/mL 与 20 μg/mL 抑制增殖作用比较,差异无统计学意义;人参皂苷 Rg3 诱导 Lewis 肺癌细胞凋亡的作用随浓度的增加而增强,但当达到一定浓度(15 μg/mL)后逐渐呈饱和状态。人参皂苷 Rg3 高、低剂量组 NK、LAK、CTL 活性和血清 TNF 水平均显著高于生理盐水组和 DDP 组,但低于对照组,表明人参皂苷 Rg3 可明显抑制 Lewis 增殖,诱导其凋亡,还可增强荷瘤小鼠的免疫功能

8.5.4 抗衰老

皂苷可通过对自由基、能量代谢、离子通道、神经递质、基因调控等方面实现抗衰老作用。

鄢梦竹等[30]探讨人参皂苷 Rg3 对 D-半乳糖诱导的血管平滑肌细胞(vascular smooth muscle cells, VSMC)衰老的影响及机制。方法取 sD 大鼠胸主动脉中层,分离并原代培养 VSMC,选取 3~6 代 VSMC,通过 D 半乳糖共孵育的方法诱导细胞衰老,8-半乳糖苷酶染色和透射电镜鉴定衰老 VSMC;VSMC 随机分成对照组、D-半乳糖组、Rg3 高浓度组、Rg3 低浓度组,Westernblot 方法检测 p16、p21 和 p53 蛋白的表达水平,流式细胞术检测细胞周期。结果与对照组比较,D-半乳糖组 8-半乳糖苷酶阳性细胞明显升高。电镜下表现为细胞核膜内折,细胞线粒体肿胀,脂褐素堆积;p16、p21 和 p53 蛋白表达水平明显升高,细胞周期停滞在 G0/G1 期。与 D-半乳糖组比较,Rg3 低浓度组和 Rg3 高浓度组 β-半乳糖苷酶阳性细胞明显减少,p16、p21 和 p53 蛋白表达水平明显降低,G0/G1 期细胞数明显减少。表明人参皂苷 Rg3 可抑制 VSMC 衰老,其机制可能部分通过抑制细胞生长周期 p16INK4a/Rb、p53-p21Cip1/Waf1 信号通路来实现。

从敬等[31]研究绞股蓝皂苷对人衰老皮肤成纤维细胞增殖的影响及机制。原代培养并建立人衰老皮肤成纤维细胞系,0、5、10、15 μg/mL 绞股蓝皂苷处理细胞,24、72、96 h 后 MTT 检测细胞增殖;72 h 后流式细胞仪检测细胞周期。结果 10、15 μg/mL 绞股蓝皂苷可以促进人衰老成纤维细胞增殖,使 S 期细胞数增多且呈浓度依赖。表明绞股蓝皂苷可以使 S 期细胞数增多且成纤维细胞增殖能力增强,具有延缓细胞衰老的作用。

8.5.5 抗菌

刘文杰等[32]采用有机溶剂法从多棘海盘车中提取皂苷化合物,通过中性氧化铝柱的色素吸附以及 AmberLiteXAD-2 树脂柱的富集,得到海星皂苷。采用"管碟法"分别研究了海星皂苷对 4 种细菌和 4 种真菌的体外抑菌作用。对细菌的抗菌效果表明:海星皂苷

对金黄色葡萄球菌、蜡样芽孢杆菌的生长有较好的抑制作用，最低抑菌浓度分别是10、12.5 mg/mL，而对大肠杆菌则无抑菌作用；对真菌的抗菌效果表明：海星皂苷对黑曲霉的生长有显著的抑制作用，而对啤酒酵母、青霉、根霉则无抑菌作用。从而说明海星皂苷对细菌和真菌的抑制作用均有一定的选择性

参考文献

[1]Sabiu S, Ajani E O, Aladodo R A, et al. Membrane stabilization and probable mechanisms of hypoglycemic activity of fruit extract of Solanum incanu mL. (Solanaceae)[J]. Comparative Clinical Pathology, 2018, 27: 1611-1619.

[2]Ji Eun Sung, Jun Young Choi, Ji Eun Kim, et al. Hepatotoxicity and nephrotoxicity of saponin-enriched extract of Asparagus cochinchinensis in ICR mice[J]. Laboratory Animal Research, 2017, 33: 57-67.

[3]Young min Bu, Kyungjin Lee, Hyuk-Sang Jung, et al. The rapeutic effects of traditional herbal medicine on cerebral ischemia: A perspective of vascular protection[J]. Chinese Journal of Integrative Medicine, 2013, 19: 804-814.

[4]施虹，任大斌，郑平，等.人参皂苷Rb1通过调控缝隙连接蛋白40治疗脑缺血再灌注损伤的机制[J].中风与神经疾病杂志，2019(3)：200-203.

[5]Shruti Shukla, Vivek K Bajpai, Myunghee Kim. Plants as potential sources of natural immunomodulators[J]. Reviews in Environmental Science and Bio/Technology, 2014, 13: 17-33.

[6]Byeong Suk Chae, Tae Yong Shin. Immunoregulatory abnormalities of T cells and hyperreactivity of B cells in theIn Vitro immune response in pristane-induced lupus mice[J]. Archives of Pharmacal Research, 2007, 30: 191-198.

[7]Chunxiu Lin, Yue Chen, Yizi Lin, et al. Antistress and anti-aging activities of Caenorhabditis elegans were enhanced by Momordica saponin extract[J]. European Journal of Nutrition, 2021, 60: 1819-1832.

[8]崔巍，赵洪艳，王燕嬉.人参皂苷抗衰老的研究进展[J].中国老年学杂志，2006，26(11)：1578-1581.

[9]Hong Ngoc Thuy Pham, Jennette A Sakoff, Danielle R Bond, et al. In vitro antibacterial and anticancer properties of Helicteres hirsuta Lour. leaf and stem extracts and their fractions[J]. Molecular Biology Reports, 2018, 45: 2125-2133.

[10]Hong Ngoc Thuy Pham, Jennette A. Sakoff, Quan Van Vuong, et al. Phytochemical, antioxidant, anti-proliferative and antimicrobial properties of Catharanthus roseus root extract, saponin-enriched and aqueous fractions[J]. Molecular Biology Reports, 2019, 46: 3265-3273 .

[11]韦璐，宁恩创，刘志新.响应面法优化超声波提取金花茶叶皂苷工艺[J].南方农业学报，2015，46(8)：1488-1494.

[12]邵青，贺晓龙，张昊，等.响应面法优化山丹鳞茎皂苷超声提取工艺的研究[J].延安大

学学报：自然科学版，2016，35(1)：58-62.

[13] Jun He, Zi-ying Wu, Shuo Zhang, et al. Optimization of Microwave-Assisted Extraction of Tea Saponin and Its Application on Cleaning of Historic Silks[J]. 2014, 17: 919-928.

[14] 林樱，刘玉萍，吴祥庭.微波辅助提取栀子皂苷的工艺优化及其抗氧化性[J].食品工业科技，2019(3)：159-164.

[15] 盛桂华，周泉城.超临界 CO_2 萃取瓜蒌皂苷研究[J].食品研究与开发，2008，29(9)：56-58.

[16] 李超，王卫东，郑义，等.超临界 CO_2 反相微乳萃取人参皂甙的研究[J].食品科学，2009(14)：41-46.

[17] 周盛华，刘晓飞，张海霞，等.超声波辅助酶法提取玉米须总皂苷的工艺研究[J].农产品加工，2015(19)：21-23+26.

[18] 王超月，范小华，郭清坤，等.酶法提取苦瓜总皂苷的工艺研究[J].福建轻纺，2013(4)：34-37.

[19] A.-Ra mLee, Seung-Hyun Choi, Hyun-Wook Choi, et al. Optimization of ultra high pressure extraction (UHPE) condition for puffed ginseng using response surface methodology [J]. Food Science and Biotechnology, 2014, 23: 1151-1157.

[20] 张娜，陈锦屏，严静，等.和田玉枣总皂苷超声提取工艺[J].食品科学，2011，32(2)：108-110.

[21] 刘中华，胡春红，田珊珊.微波提取低温豆粕中大豆皂苷[J].粮油食品科技，2013，21(2)：26-28.

[22] 李辉，倪晋仁，张歆，等.超临界 CO_2 提取黄姜中薯蓣皂苷元[J].精细化工，2008，25(11)：1079-1082+1096.

[23] 关海宁，刁小琴.中心组合设计优化超声辅助酶法提取玉米须皂苷工艺研究[J].现代食品科技，2012，28(10)：1383-1385+1428.

[24] 姬长新，袁贵英，焦镭，等.超高压耦合酶解技术提取山茱萸总皂苷的研究[J].食品科技，2013(1)：241-243+247.

[25] 陈松瑞，陈炜，张德新.苦瓜皂苷与黄连素混合物对Ⅱ型糖尿病小鼠的降血糖作用[J].数理医药学杂志，2013(2)：207-209.

[26] 王先远，金宏，许志勤，等.苦瓜皂苷降血糖作用及其机制初探[J].氨基酸和生物资源，2001，23(3)：42-45.

[27] 杨志勇，万海涛，程贤亮.β-七叶皂苷钠对大鼠脑缺血-再灌注损伤的保护作用[J].中国实用神经疾病杂志，2015，18(7)：1-3.

[28] 袁秀梅，李思瓯，尹昌浩.人参皂苷 Rbl 对大鼠局灶性脑缺血细胞凋亡的抑制作用[J].中国中医药现代远程教育，2016(20)：138-140.

[29] 张玉梅，王家晓.人参皂苷 Rg3 对 Lewis 肺癌细胞体外增殖及荷瘤小鼠免疫功能的影响[J].实用临床医药杂志，2014，18(1)：5-8.

[30] 鄢梦竹，李书国.人参皂苷 Rg3 对血管平滑肌细胞衰老的影响及机制[J].中华老年心脑血管病杂志，2015，17(10)：1079-1082.

[31]丛敬,苏秋香,张勇,等.绞股蓝皂苷对人衰老皮肤成纤维细胞增殖调控的影响[J].医学信息:医学与计算机应用,2014(3):145-146.
[32]刘文杰,周培根.多棘海盘车皂苷抗菌活性研究[J].天然产物研究与开发,2005,17(3):283-286.

第 9 章　基于文献计量的超高压提取植物活性成分研究趋势分析

9.1　概述

超高压技术是将食品密封于弹性容器或置于无菌压力系统中(常以水或其他流体介质作为传递压力的媒介物)在高压(一般为 100~1 000 MPa)下处理一段时间,以达到加工目的的一种技术手段[1-5]。

近年来,超高压提取在植物活性成分的提取上得到应用[6-10]。超高压提取技术是在常温条件下,提取中药原料中有效成分的新技术。与煎煮法、回流法、索氏提取等传统提取技术相比较,超高压提取技术可以大大缩短提取时间、降低能耗、减少杂质成分的溶出,提高有效成分的收率,而且超高压提取是在常温下进行,避免了因热效应引起的有效成分结构变化、损失以及生理活性的降低,同时超高压提取是在一个密闭的环境下进行的,对环境污染小[11-12]。

9.2　基于 CNKI 的超高压提取植物活性成分研究文献计量分析

在 CNKI 中用公式 TI=超高压+提取和发表时间"2000—2020 年"检索所有文献,对年度分布、研究机构、学科分类、期刊来源等进行研究分析,结果如下:

9.2.1　年度分布

对 2000—2020 年发表的超高压提取研究文献进行检索,共检出 242 篇,其不同年度发表的文献数量如图 9-1 所示。

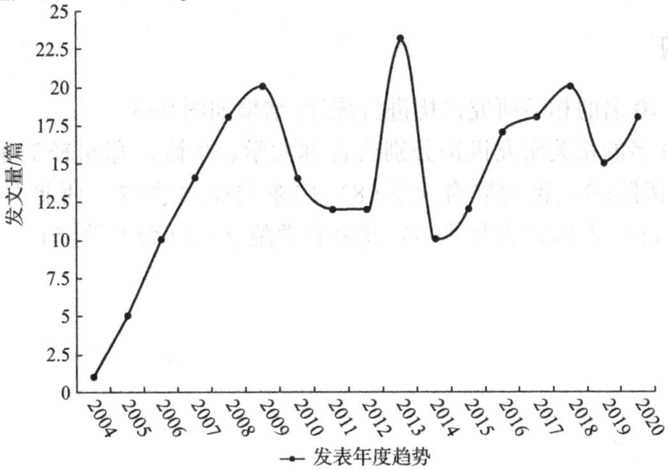

图 9-1　超高压提取研究文献数量变化趋势

由图 9-1 可见,2004 年开始,超高压提取研究文献开始发表,随后每年持续增加,到 2009 年达到 20 篇,随后下降,2003 年突然快速增加达到 23 篇,随后每年发表数量呈现波动状态。

9.2.2 主题分布

超高压提取研究的主题分布见图 9-2 。

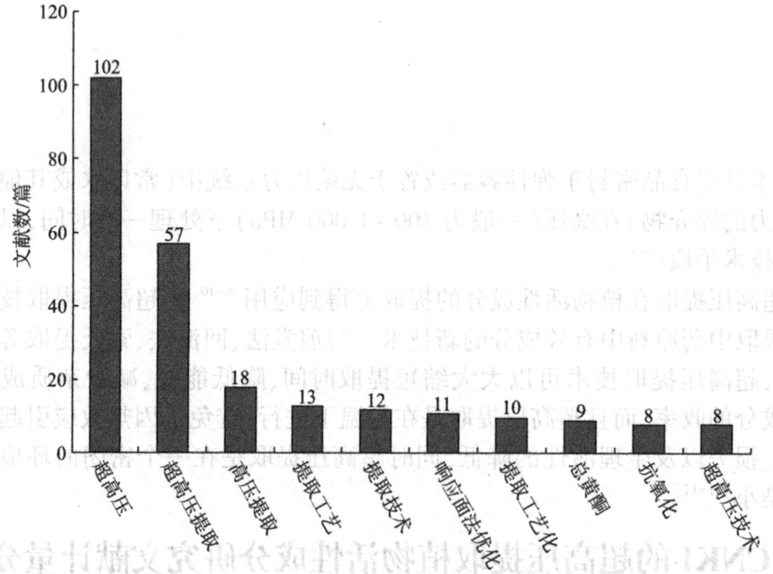

图 9-2 超高压提取研究主题分布

如图 9-2 可见,主题排名前 10 的主题主要涉及超高压(106 篇)、高压提取(19 篇)、提取工艺(13 篇)、提取技术(1 2 篇)、响应面法优化(11 篇)、提取工艺优化(10 篇)、总黄酮(9 篇)、抗氧化(8 篇)和超高压技术(8 篇),这些主题,其实质上都是涉及超高压提取技术的工艺、优化和具体的提取活性成分种类。

9.2.3 研究机构

对发表文献前 10 名的相关研究机构进行统计,结果如图 9-3。

发表文献前 10 名的相关研究机构分别为吉林大学(30 篇)、郑州轻工业学院(17)、南方医科大学珠江医院(9)、淮南联合大学(8)、山东农业大学(7)、西北农林科技大学(7)、齐鲁工业大学(6)、吉林农业大学(6)、北京农学院(6)、江南大学(5)。

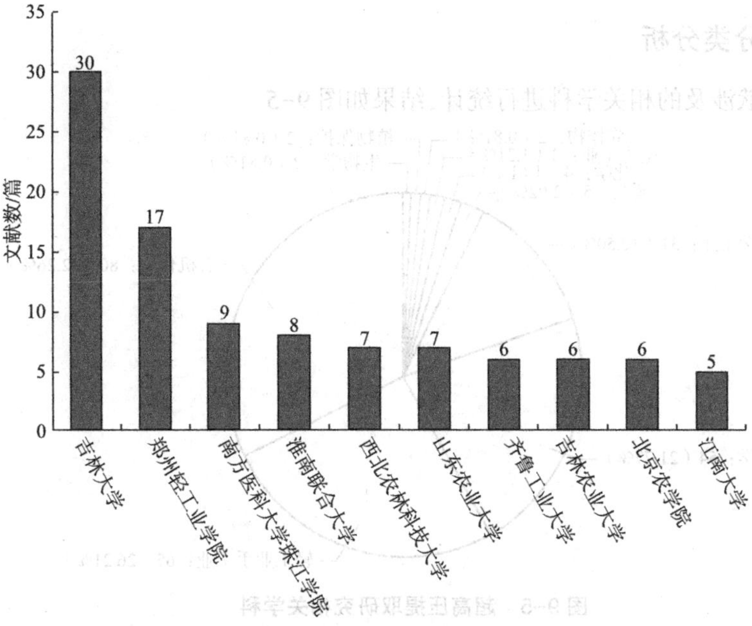

图 9-3　超高压提取研究相关机构发表文献数量

9.2.4 研究人员

对发表文献的相关研究人员进行统计,结果如图 9-4。

发表文献前 10 名的相关研究人员分别为。张守勤(18 篇)、纵伟(10 篇)、张忠义(8 篇)、贺帅(6 篇)、贾昌喜(5 篇)、王长征 5 (篇)、刘红(5 篇)、廖国平(5 篇)、赵光远(4 篇)、马挺军(4 篇)。研究者基本为吉林大学、郑州轻工业学院、淮南联合大学的科研人员。

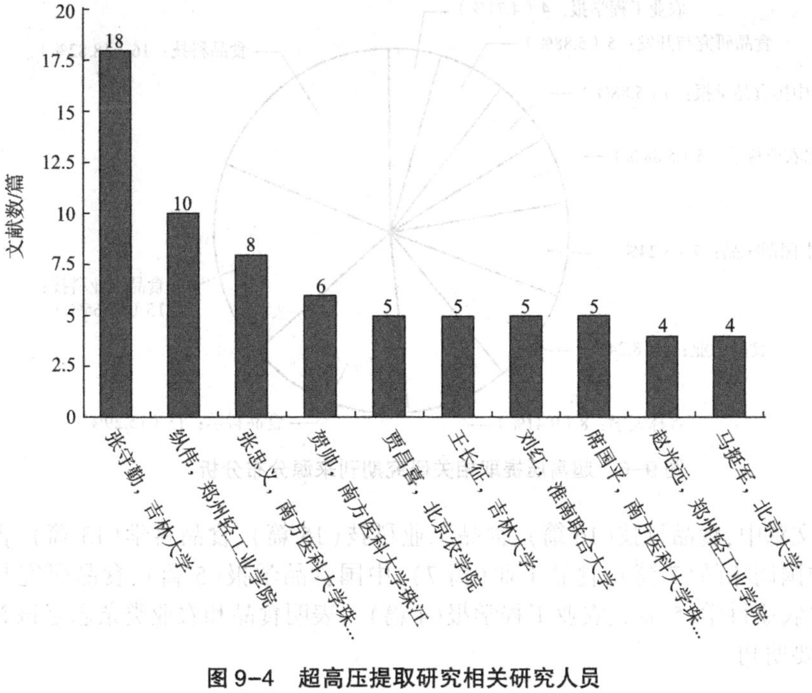

图 9-4　超高压提取研究相关研究人员

9.2.5 学科分类分析

对发表文献涉及的相关学科进行统计，结果如图 9-5。

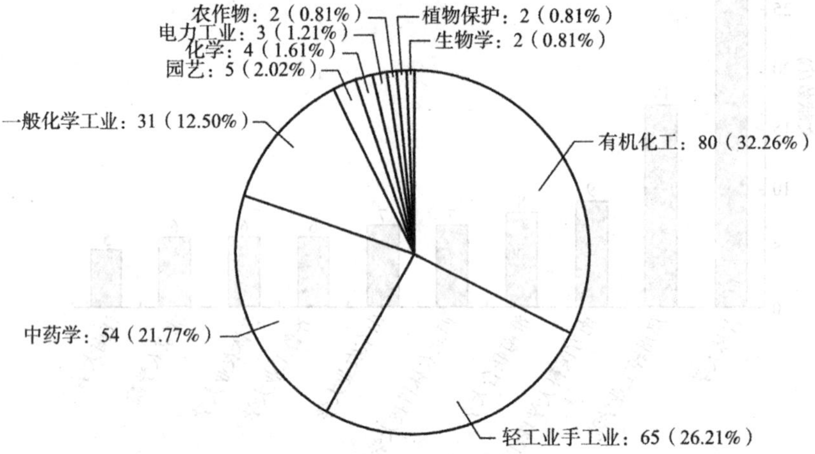

图 9-5　超高压提取研究相关学科

发表文献前 10 名的学科分别为有机化工（80 篇）、轻工业手工业（65 篇）、中药学（54 篇）、一般化学工业（3 篇 1）、园艺（5 篇）、化学（4 篇）、电力工业（3 篇）、农作物（2 篇）、植物保护（2 篇）和生物学（2 篇）。

9.2.6 期刊来源分布分析

对发表文献涉及的期刊来源进行统计，结果如图 9-6。

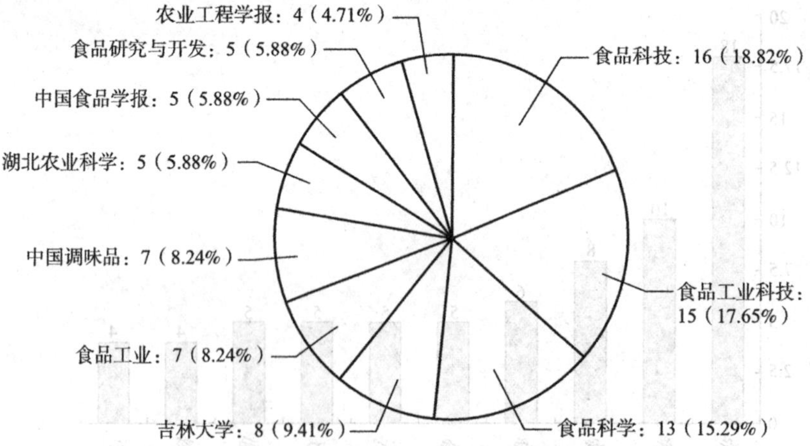

图 9-6　超高压提取相关研究期刊来源分布分析

发表的文章中，食品科技（16 篇）、食品工业科技（15 篇）、食品科学（13 篇）、吉林大学（8 篇）、中国调味品（7 篇）、食品工业（篇 7）、中国食品学报（5 篇）、食品研究与开发（5 篇）、湖北农业科学（5 篇）、农业工程学报（4 篇）。表明食品和农业类杂志是该领域发表文章的主要期刊。

9.3　基于“壹专利”平台的超高压提取相关专利分析

在“壹专利”平台用“标题=超高压 and 提取”为题名检索近 10 年所有专利，共检出专利 107 条，对年份分析、申请人分析、发明人分析、技术领域分析和技术生命周期分析，结果如下：

9.3.1　年份分析

对 2012—2021 年公开的超高压提取专利文献进行检索，其不同年度公开的专利文献数量如图 9-7 所示。

由图 9-7 可见，从统计年度来看，超高压提取专利文献数量从 2012 年开始，随后数量震荡变化，2020 年，数量大量增加，这是由于 2020 年前，对这种新技术，研究者在观望、探索之中，2002 年，工业化生产装置在我国开始生产，超高压提取进入产业化阶段，相应的专利申请数量快速增加。

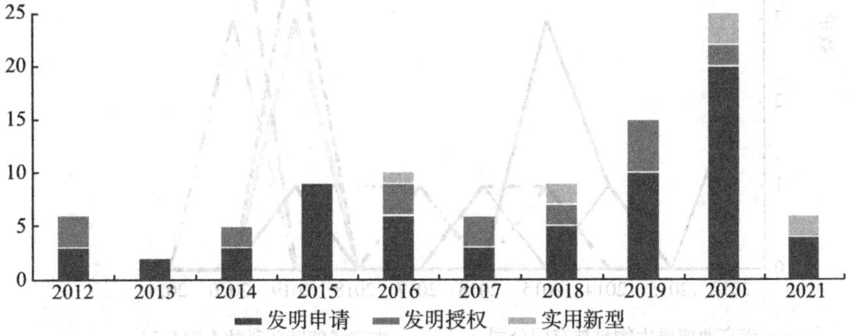

图 9-7　超高压提取专利公开的年度趋势

2012—2021 年公开的超高压提取专利年度增长情况如图 9-8。

从图 9-8 中可见，专利年度增长情况变化趋势和年度公开的专利文献数量变化趋势基本一致。

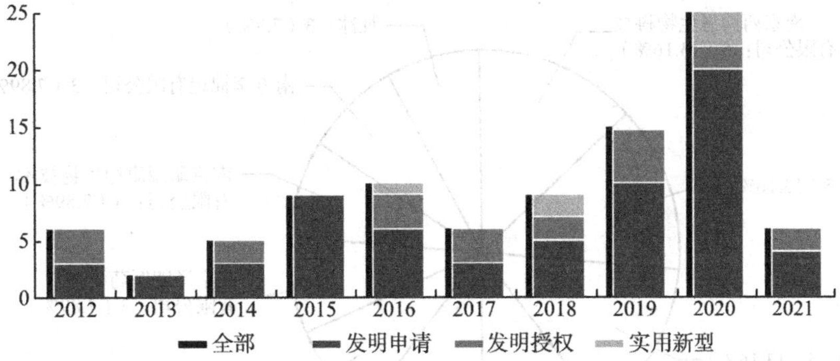

图 9-8　专利公开的年度增长率情况

9.3.2　申请人分析

对 2012—2021 年公开的超高压提取专利文献进行检索，其申请人的专利公开年度趋势如图 9-9 所示。

对这些申请人公开的专利进行分析，其申请专利数量排名如图 9-10。南京西博恩生物科技有限公司、舒梅、江苏大学、江西中烟工业有限责任公司、南京泽朗医药技术有限公司、南京泽朗医药科技有限公司、南京萌源康德生物技术有限公司、武汉爱民制药股份有限公司、三泰电力技术（南京）股份有限公司、东北师范大学申请的专利分别排名前 10。这些单位中，多为从事天然产物生产和科研的单位和个人，表明超高压提取化合物在天然产物领域有广泛应用。

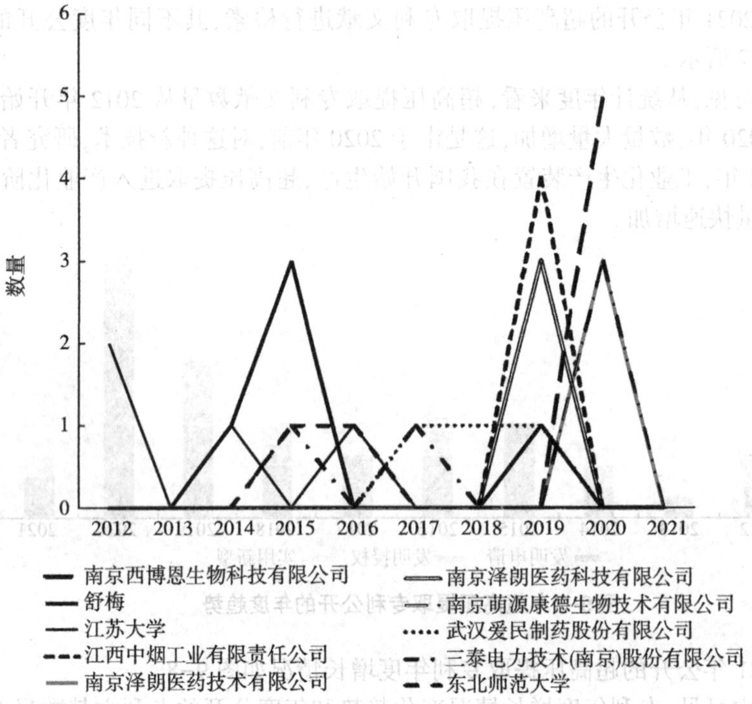

图 9-9 申请人的专利公开年度趋势

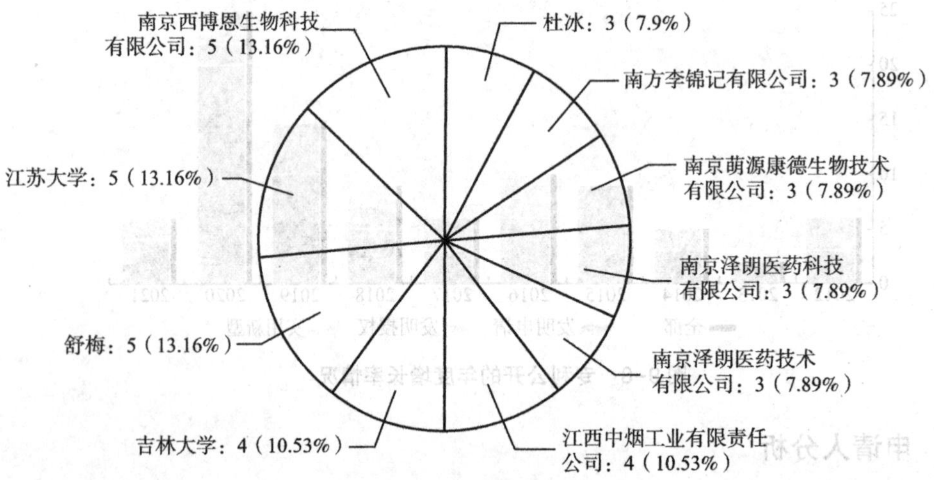

图 9-10 申请专利数量排名

对这些申请人类型构成进行分析,结果如图 9-11。企业和高校申请的专利较多,表明高校和企业都重视超高压提取产业化的研究。

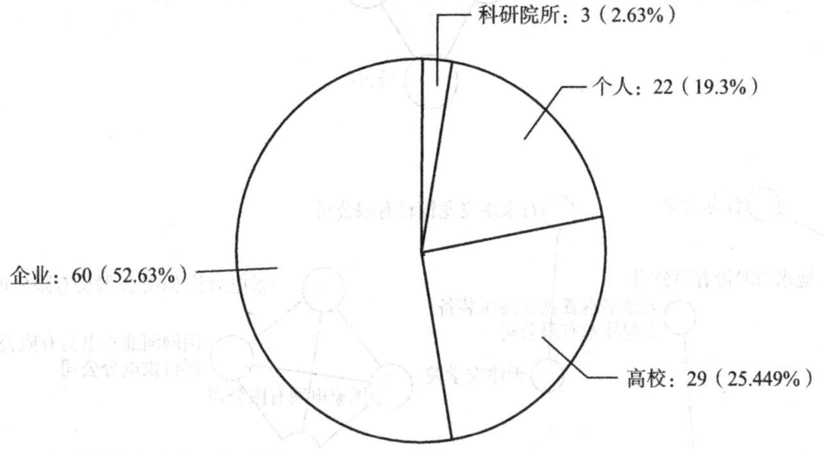

图 9-11　申请人类型构成

对申请人申请的专利涉及的技术领域/国民经济行业进行分析,结果如图 9-12 所示。涉及的领域主要是 C(化学、冶金)、A(人类生活必需)、B(作业、运输)和 G(物理)较多。其中 C(化学、冶金)最多,这是因为超高压提取具有涉及较多化学领域。

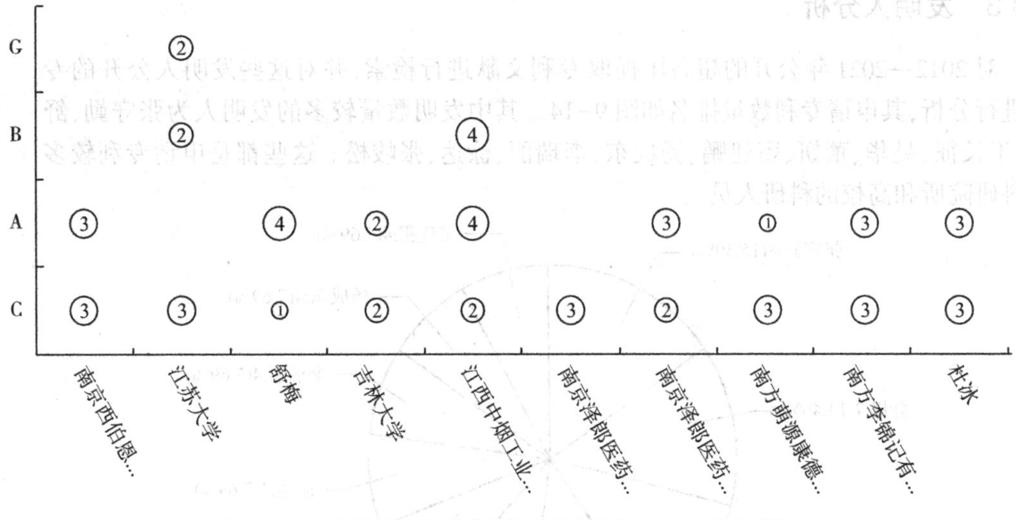

图 9-12　申请人在各技术领域/国民经济的专利分布情况

对申请人专利合作情况及对应数量进行分析，结果如图 9-13 所示。

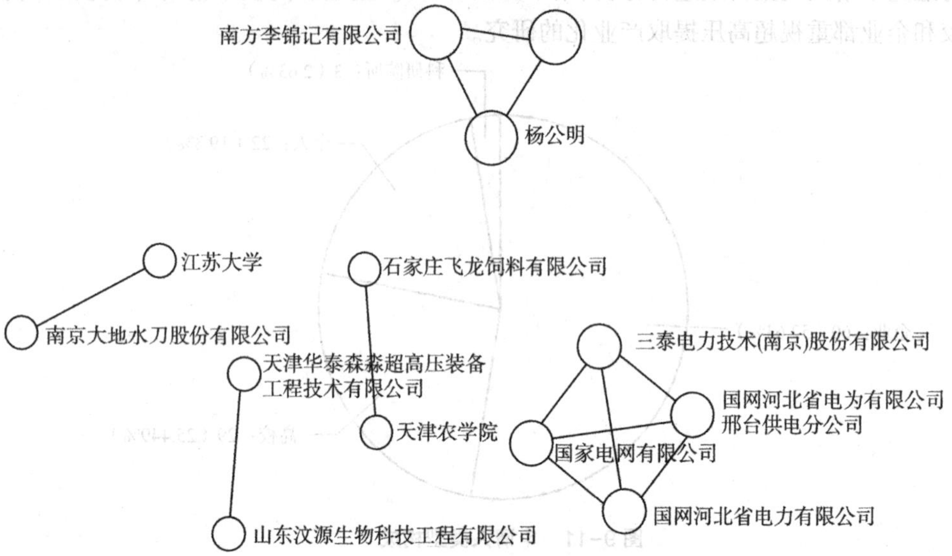

图 9-13　申请人专利合作情况及对应数量

从申请人合作关系看，合作申请人一般为本行业的合作高校、企业和个人。

9.3.3　发明人分析

对 2012—2021 年公开的超高压提取专利文献进行检索，并对这些发明人公开的专利进行分析，其申请专利数量排名如图 9-14。其中发明数量较多的发明人为张守勤、舒梅、王长征、吴华、董妍、窦建鹏、杨成东、李瑞丽、徐达、张峻松。这些都是申请专利较多的科研院所和高校的科研人员。

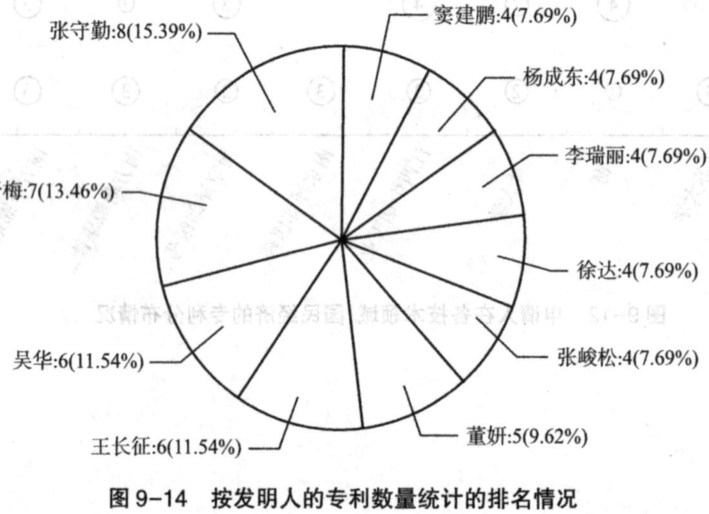

图 9-14　按发明人的专利数量统计的排名情况

对发明人申请的专利涉及的技术领域/国民经济行业进行分析，结果如图 9-15 所示。涉及的领域主要是 A(人类生活必需)和 C(化学、冶金)、B(作业、运输)。其中人类生活必需最多。

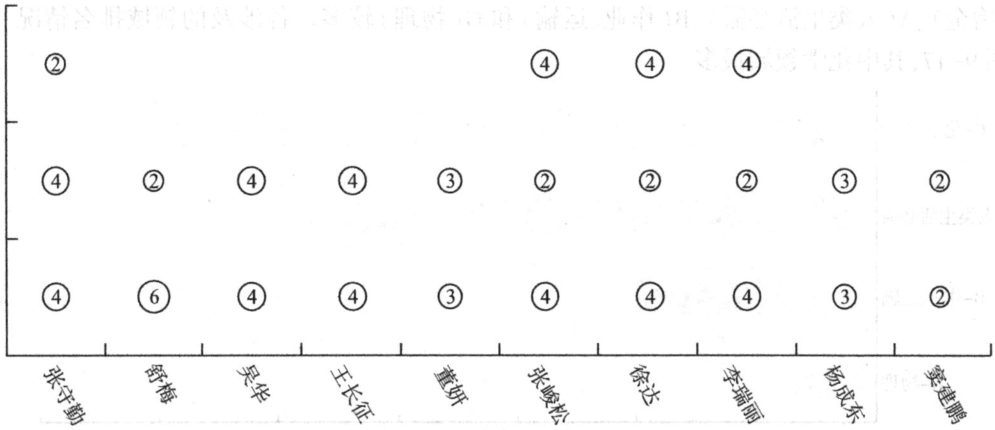

图 9-15　发明人在各技术领域/国民经济的专利分布情况

发明人专利合作情况及对应数量见图 9-16。相互申请专利的合作人大都是同一家单位同事。

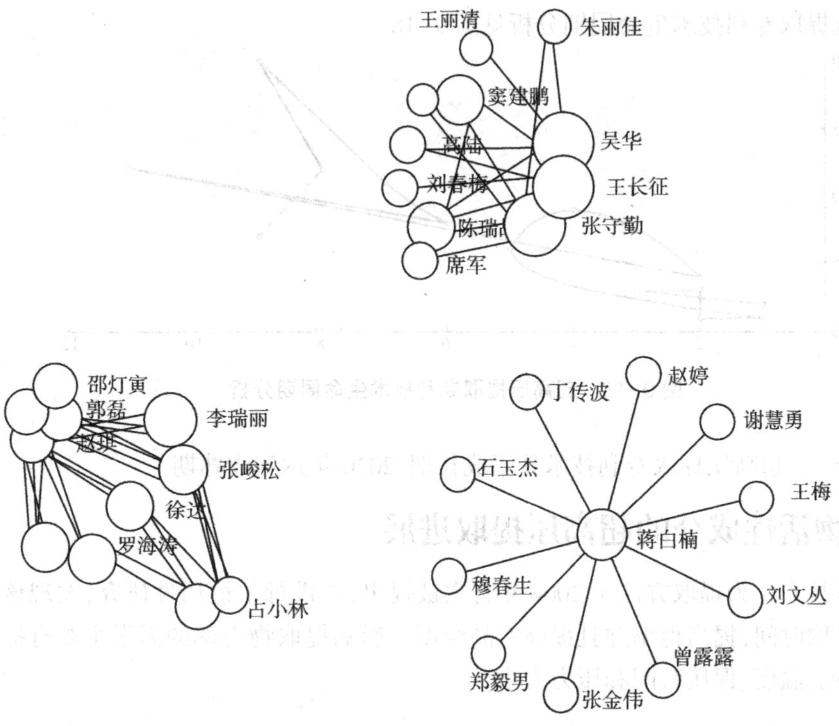

图 9-16　发明人专利合作情况及对应数量

9.3.4 技术领域分析

对申请的专利涉及的技术领域/国民经济行业进行分析,涉及的领域主要是C(化学、冶金)、A(人类生活必需)、B(作业、运输)和G(物理)较多。各涉及的领域排名情况见图9-17,其中化学领域最多。

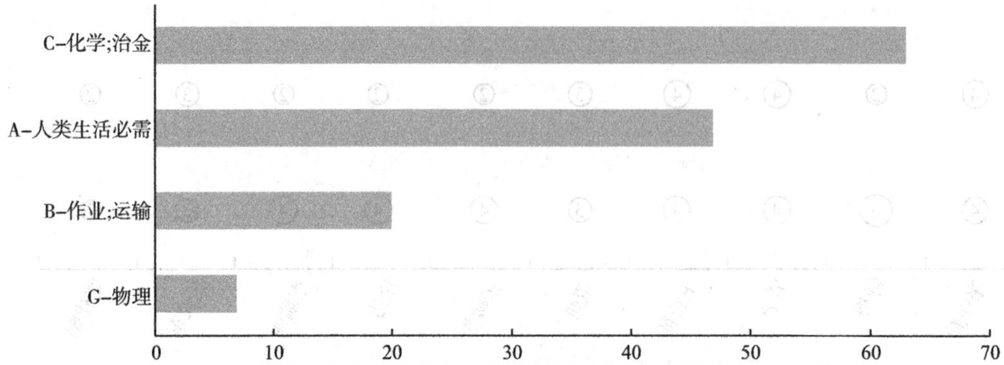

图9-17 按照IPC的专利数量统计的IPC排名情况

9.3.5 技术生命周期分析

超高压提取专利技术生命周期分析见图9-18。

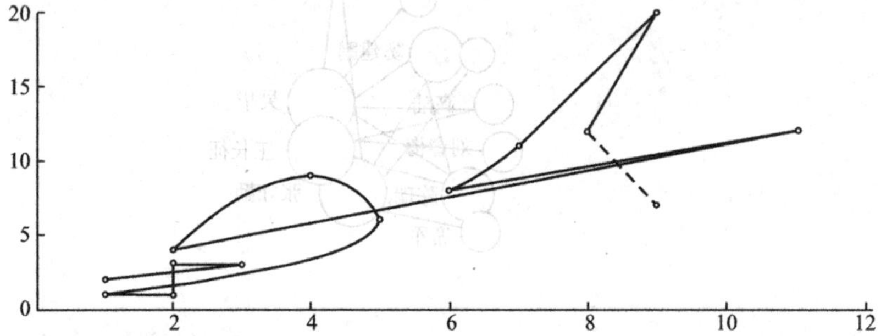

图9-18 超高压提取专利技术生命周期分析

2020年前,超高压提取专利技术处于成长期,2020年达到成熟期。

9.4 植物活性成分的超高压提取进展

超高压技术作为提取方法于2004年首次被提出,并进行了适用性研究,发现该技术可以缩短提取时间,提高得率并且提高产品纯度。影响提取物得率的因素主要有提取液种类、料液比、温度、保压时间和压力大小。

9.4.1 多糖提取

魏炜等[13]以黄精为研究对象,采用超高压提取技术,利用响应面方法优化了超高压提取黄精多糖的工艺条件,以期获得较优的工艺参数,并将实验结果与传统工艺进行对比;结果表明:超高压提取黄精多糖在压力 255 MPa、物料粒径 40 目、固液比 1∶17(g∶mL)、保压时间 9.5 min、提取温度为常温、提取剂为水的工艺条件下,多糖提取率为25.01%;而传统煎煮法在提取时间 90 min、提取温度 100 ℃的工艺条件下,多糖提取率为 19.83%,表明超高压提取黄精多糖方式较为有效。提取的黄精多糖质量浓度为 1 g/L 时,其对 1,1-二苯基-2-三硝基苯肼(DPPH)自由基的清除能力达到 34.14%。

李彦坡等[14]以青钱柳叶为原料,研究青钱柳多糖的超高压提取工艺,对提取的青钱柳粗多糖进行抗氧化活性试验。采用单因素及正交试验对青钱柳多糖的超高压提取工艺进行优化,得到青钱柳多糖最佳提取条件为:料液比 1 : 25(g∶mL)、提取温度 30 ℃、提取压力 500 MPa。在此条件下,青钱柳多糖得率为 3.70%。将青钱柳粗多糖进行清除 DPPH 自由基、清除羟基自由基试验,以抗坏血酸为对照,测定青钱柳叶粗多糖的体外抗氧化能力。结果表明:青钱柳叶粗多糖清除 DPPH 自由基效果较好且较对照组浓度低,最高清除率为 93.0%,而清除羟基自由基效果低于对照。

郭怡等[15]以葛根块为原料,采用超高压技术提取葛根中的多糖,以多糖提取率为评价指标,考察超高压压力水平、保压时间、料液比、浸泡时间对葛根多糖提取率的影响,通过单因素和正交试验对葛根多糖的超高压提取工艺方法进行优化,确定最佳的提取工艺条件为:料液比 1∶50(g∶mL)、超高压压强 300 MPa、保压时间 3 min、浸泡时间 90 min。在此条件下,超高压法提取葛根多糖的提取率为 23.81 mg/g。

杨孝辉等[16]以枸杞为试验原料,以水为溶剂采用超高压提取枸杞多糖。在单因素实验基础上,通过响应面法研究了提取压力、保压时间、提取温度、液料比 4 个因素对枸杞多糖得率的影响,优化了提取工艺,并对枸杞多糖的体外抗氧化活性进行了研究。结果表明:超高压提取枸杞多糖的最佳工艺条件为提取压力 446 MPa、保压时间 8 min、提取温度 58 ℃、液料比 23∶1 mL/mg,条件下进行三次重复试验,枸杞多糖平均提取得率为 9.52%,与预测值 9.54%误差为 0.21%。枸杞多糖对 O^2 · 和 · OH 有一定的清除能力,当枸杞多糖浓度为 1 mg/mL 时,对 · OH 的清除率达到 76.98%±2.64%,对 O^2 · 的清除率达到 73.02%±1.83%,且枸杞多糖浓度在 0~1 mg/mL 范围内与抗氧化活性呈正相关。

9.4.2　多酚类化合物提取

付婷婷等[17]利用响应面分析法对超高压提取山杏多酚的工艺进行了优化。在单因素试验基础上,选择料液比、乙醇浓度、提取压力为自变量,多酚提取率为响应值,考察各自变量及其交互作用对提取率的影响,同时获得二次多项式回归方程的预测模型。结果表明,最优提取条件为料液比 39 mL/g、乙醇浓度 68%、反应压力 322 MPa。此条件下提取山杏多酚的得率为 12.55%。

杨慧等[18]优化超高压技术提高花生壳多酚的工艺条件。选取提取乙醇浓度、液固比、超高压压力、保压时间 4 个影响提取效果的因素进行单因素试验和二次回归正交试验;采用响应曲面法建立数学模型对花生壳的提取工艺进行优化。结果表明这 4 个因素对花生壳多酚得率的影响均达到极显著水平;而且液固比与保压时间以及压力与保压时间互作效果显著。该条件下花生壳多酚提取最优条件为:乙醇体积分数 70%、液固比 28∶1、超高压压力 320 MPa、提取时间 7.2 min,多酚得率期望值为 4.283%。

严陇兵等[19]以总酚得率为指标，在单因素试验的基础上，采用二次回归正交旋转组合试验设计优化超高压提取石榴皮多酚工艺参数。试验结果表明：影响超高压提取石榴皮多酚得率的因素主次顺序为料液比>压力>乙醇浓度>保压时间；最佳提取工艺条件为提取压力 582.7 MPa、保压时间 2.3 min、料液比 1∶41、乙醇体积分数 52.8%。在此条件下多酚提取得率超过 26%。

彭雪萍等[20]研究在常温下超高压技术提取苹果多酚的最佳工艺，探讨了不同提取压力、保压时间、溶剂浓度和固液比等因素对提取率的影响。结果表明：超高压提取苹果多酚的最佳工艺参数是：压力 200 MPa、保压时间 2 min、固液比 1∶6、提取溶剂为 80%乙醇，各因素影响大小顺序为压力>固液比>保压时间>溶剂浓度；超高压条件下苹果多酚的提取率和含量均高于常压回流提取，效果分别是后者的 1.2 倍和 1.3 倍。

9.4.3 黄酮类化合物提取

周志强等[21]以山楂叶为试材，采用超高压萃取法提取叶黄酮，研究单因素乙醇体积分数、料液比、提取压力、提取时间、提取温度对叶黄酮提取率的影响，以期为黄酮类化合物提取及对叶黄酮的开发利用提供参考依据。结果表明：最佳工艺参数为乙醇体积分数 70%、料液比 1∶20、提取压力 350 MPa、提取温度 60 ℃，黄酮实际提取率为 7.068%。

靳学远等[22]利用超高压提取方法提取辣木叶总黄酮。在单因素试验的基础上，以乙醇浓度、压力、保压时间、液料比作为考察因素，以总黄酮得率为指标，利用正交实验法确定最佳提取工艺，结果表明：乙醇浓度 65%、压力 400 MPa、保压时间 5 min、液料比 14∶1 为最佳提取条件，该条件下辣木叶总黄酮得率达到 7.53%，表明超高压提取是一种提取辣木叶总黄酮的适宜方法。

张翔等[23]为了使淫羊藿资源得到高效合理的利用，以总黄酮得率为考察指标，通过单因素实验和正交实验，确定了超高压提取法制备淫羊藿总黄酮的最佳工艺，并从提取物的总黄酮得率和化学组成 2 个方面，将超高压提取法与传统的热水浸提法、超声波提取法进行了对比。结果表明：最佳提取工艺为料液比 1∶25、压力 400 MPa、浸泡时间 5 min、乙醇体积分数 75%、保压时间 12 min；在淫羊藿标志性黄酮类化合物含量和总黄酮得率方面，超高压提取法具有明显的优势。

孙协军等[24]以山楂中芦丁、金丝桃苷和槲皮素总得率为响应值，考查了乙醇体积分数、液固比、压力和保压时间对山楂黄酮得率的影响。结果表明，几个考查因素对山楂黄酮得率影响的顺序为：乙醇体积分数>保压时间>液固比>压力；建立了超高压提取山楂黄酮的数学模型，确定超高压提取山楂黄酮的最佳工艺参数为：乙醇体积分数 90%、液固比 24∶1、压力 500 MPa、保压时间为 12 min，在此优化条件下超高压提取山楂中黄酮得率为 0.055 3%；相比于索氏抽提和超声波提取法，超高压提取在提取时间和黄酮得率上都有着明显的优势，对提取残渣的扫描电镜检测结果显示，经过超声波和超高压短时间处理的物料组织结构破坏程度较长时间索氏抽提更大，胞内物质更易于溶出，因此短时间内达到了较高的提取效率。

9.4.4 皂苷类化合物提取

王居伟等[25]为获得超高压提取大豆皂苷的最佳工艺条件，描述提取的动力学过程，以压力、保压时间、乙醇体积分数和液料比为试验因子，大豆皂苷得率为响应值，分别采用单因素试验和二次正交旋转组合试验对工艺条件进行优化。根据 Fick 第一扩散定律，以所得数据为样本，建立超高压提取大豆皂苷的动力学模型。结果表明：影响大豆皂苷得率的因素主次顺序为液料比>压力>乙醇体积分数>保压时间，边际效应大小顺序为乙醇体积分数>液料比>保压时间>压力。确定超高压提取大豆皂苷的最佳工艺条件为：压力 439.09 MPa、保压时间 16.28 min、乙醇体积分数 83.53%、液料比 32.28 mL/g，在此条件下大豆皂苷得率为 1.252%，优于传统的回流提取。所得动力学模型可较好地描述提取液中大豆皂苷浓度随压力、保压时间及液料比的变化关系。

韩建军等[26]为了优化超高压提取三七总皂苷的提取工艺，利用 Box-Benhnken 中心组合设计原理和响应面分析法，在单因素基础上，以三七总皂苷提取率为响应值，选取乙醇体积分数、提取压力、料液比和提取时间 4 个因素，研究各因素及其交互作用对总皂苷提取率的影响。结果表明，优化的提取条件为乙醇体积分数 71%、提取压力 403 MPa、料液比 1∶71(g∶mL)、提取时间 5 min。在此条件下三七总皂苷实际提取率为 11.82%，与理论预测值(11.91%)的相对误差仅为 0.76%。

韩燕燕等[27]研究响应面法优化超高压提取人参花总皂苷的最佳工艺。采用单因素试验法考察样品乙醇浓度、提取压力、料液比和保压时间对超高压提取人参花总皂苷含量影响较大的因素与水平，以紫外-可见分光光度法测定人参花总皂苷含量为考察指标，利用 Designexpert 软件通过 Box-Behnken 设计的响应面法对提取工艺参数进行优化。最佳提取工艺参数为乙醇体积分数 72%、提取压力 423 MPa、料液比 1∶50(g∶mL)和保压时间4 min。在此条件下，测得人参花总皂苷含量的实际值为 36.57 mg/g，与理论值相比误差为 0.012%。

王志娟等[28]采用超高压提取技术对藜麦种皮中的皂苷进行提取，以提取时间、提取压力、乙醇体积分数、料液比为主要因素，通过 Box-Behnken 响应面实验对提取工艺进行优化，得到最佳工艺条件为提取时间 8.27 min、提取压力 294 MPa、乙醇体积分数 62%、料液比 1∶162，在此条件下藜麦皂苷含量为(78.12±1.03)mg/g。

9.4.5　萜类化合物提取

孙协军等[29]采用超高压提取技术对山楂中总三萜酸含量和提取工艺进行研究，以齐墩果酸和熊果酸总得率为响应值，考查了乙醇体积分数、液固比、压力和保压时间对山楂总三萜酸得率的影响。结果表明，几个考查因素对山楂三萜酸得率影响的顺序为：乙醇体积分数>压力>保压时间>液固比；方差分析结果表明，乙醇体积分数和压力对三萜酸得率有极显著影响($P<0.01$)，保压时间对三萜酸得率有显著影响($P<0.05$)，乙醇体积分数、压力和保压时间的二次项对三萜酸得率有极显著影响($P<0.01$)，并且超高压压力和保压时间之间存在交互作用($P<0.05$)；确定超高压提取山楂三萜酸的最佳工艺参数为：乙醇体积分数 73%、液固比 33、压力 383 MPa、保压时间为 11 min，在优化工艺条件下超高压提取山楂三萜酸，其得率为 2.81 mg/g，与预测值相符。

林海等[30]研究超高压法提取山茱萸中熊果酸的最佳工艺条件，探讨山茱萸中熊果酸提取的适宜方法。在单因素试验的基础上，采用正交试验对超高压提取山茱萸中熊果酸的工艺进行优化，得到超高压提取山茱萸中熊果酸的优化工艺条件为：料液比1∶22(g∶mL)、乙醇浓度70%、超高压压力320 MPa、保压时间4 min，该条件下熊果酸提取得率可达0.322%。与回流提取法和超声提取法相比，其提取得率高、时间短。是一种提取山茱萸中熊果酸的适宜方法。

骆晓沛等[31]采用单因素与正交实验相结合的方法对超高压提取山楂中熊果酸工艺进行了优化，得到最佳提取参数为：料液比1∶60，乙醇体积分数60%、浸泡时间4 h、压力200 MPa。在该条件下，熊果酸的提取率为60.8%。

董海丽等[32]采用超高压提取木瓜中齐墩果酸，并且同回流提取和超声提取方法进行了比较。考察了粉碎度、超高压压力、保压时间、固液比(g∶mL)对齐墩果酸得率的影响。得到的最佳工艺条件为：粉碎度80目、超高压压力350 MPa、超高压时间4 min、固液比1∶20(g∶mL)。齐墩果酸的提取得率可达2.72%，同回流提取和超声提取方法相比，超高压提取方法得率高，提取时间短，是提取木瓜中齐墩果酸的适宜方法。

9.4.6 植物油脂提取

李尚泽等[33]以沙棘籽为原料，研究了超高压辅助提取沙棘籽油的工艺。通过单因素实验考察了溶剂类型、超高压压力、保压时间、料液比对沙棘籽油得率的影响，在此基础上采用Box-Behnken响应面法对影响沙棘籽油得率的主要因素进行优化。结果表明：超高压辅助提取沙棘籽油最优工艺条件为以石油醚为溶剂、超高压压力458 MPa、保压时间6.2 min、料液比1∶37(g∶mL)，在此条件下沙棘籽油得率为15.68%。

谷微微等[34]以亚麻籽为主要原料，采用超高压的方法对其中的油脂进行提取。在单因素试验的基础上，进行多因素优化试验，得出提取亚麻籽油的最优条件。最佳提取条件为：选择浸泡溶剂为正己烷、固液比1∶8、为提取温度56 ℃、保压时间4 min、为压力220 MPa。提取率为97.42%。

王俊国等[35]以月见草籽为研究对象，使用超高压技术从月见草籽中提取植物油脂，并对所提取的天然植物油脂进行理化指标、脂肪酸含量的评定，以评价油脂的品质好坏。在单因素试验的基础上，设计响应面试验，优化油脂提取的工艺条件。结果表明：最佳提取工艺为以正己烷为提取溶剂、料液比1∶5.5(g∶L)、提取温度48 ℃、压力350 MPa、浸提时间9 min，在此条件下，月见草籽的出油率为23.6%。超高压提取工艺具有出油率高，油脂品质高等特点。

超高压技术在天然活性成分提取方面与其他方法相比较，高效率、高纯度是其主要优点，尤其是提取过程可以在室温条件下进行，避免了热效应对天然活性成分的破坏，得到众多研究者的青睐。随着研究的深入，超高压技术在天然产物提取中的应用将会更加深入和广泛。

参考文献

[1]Jong-Hyun Jin,Ei-Hyun Chun,Ju Hwan Hyun,et al.Optimization of hot water extraction and ultra high pressure extraction for deer antler[J].Food Science and Biotechnology, 2015,24:507-512.

[2]A.-Ra mLee, Seung-Hyun Choi, Hyun-Wook Choi, et al. Optimization of ultra high pressure extraction (UHPE) condition for puffed ginseng using response surface methodology[J].Food Science and Biotechnology,2014,23:1151-1157.

[3]Jae-Sung Shin,Soon-Cheol Ahn,Sung-Won Choi,et al.Ultra high pressure extraction (UHPE) of ginsenosides from Korean Panax ginseng powder[J].Food Science and Biotechnology,2010,19:743-748.

[4]Ni Zheng,Feng Chen,Zhaoyu Wang,et al.Modeling and Optimization of Artificial Neural Network and Response Surface Methodology in Ultra-high-Pressure Extraction of Artemisia argyi Levl.et Vantand its antifungal activity[J].Food Analytical Methods,2013, 6:421-431.

[5]HyunJung Jung,Ji-Hyang Wee,KyungMi Kim,et al.Effect of onion (Allium cepa) ultra-high pressure processing and hot water extracts on the serum cholesterol level in high cholesterol-fed rats[J].Food Science and Biotechnology,2015,24:287-294.

[6]Hsiao-Wen Huang,Ming-Ching Cheng,Bang-Yuan Chen,et al.Effects of high pressure extraction on the extraction yield,phenolic compounds,antioxidant and anti-tyrosinase activity of Djulis hull[J].Journal of Food Science and Technology,2019,56:4016-4024.

[7]Andréia Dalla Rosa,Alexander Junges,Ilizandra Aparecida Fernandes,et al.High pressure extraction of olive leaves (Olea europaea): bioactive compounds,bioactivity and kinetic modeling[J].Journal of Food Science and Technology,2019,56:3864-3876.

[8]Inês J. Seabra, Mara E. M. Braga, Maria T. P. Batista, et al. Fractioned High Pressure Extraction of Anthocyanins from Elderberry (*Sambucus nigra* L.) Pomace[J].Food and Bioprocess Technology,2010,3:674-683.

[9]Mi-Bo Kim,Ji-Eun Park,Seon Wook Woo,et al.Optimization of high hydrostatic pressure process for the extraction of kirenol from Siegesbeckia orientalis L. using response surface methodology[J].Food Science and Biotechnology,2014,23:731-738.

[10]毛多斌,付瑜,贾春晓.超高压技术在天然产物萃取中的应用[J].安徽农业科学, 2008,36(23):9836-9837.

[11]段振,朱彩平,刘俊义,等.超高压技术及其在提取植物天然活性成分中的应用进展[J].食品与发酵工业,2017,43(12):245-252.

[12]陈静雯,韩伟.超高压技术在天然产物提取中的应用[J].机电信息,2018(26):29-37.

[13]魏炜,李彦伟,刘凤霞,等.响应面法优化超高压提取黄精多糖工艺[J].精细化工, 2019(5):875-881.

[14]李彦坡,邹盈,李群和,等.超高压提取青钱柳多糖条件优化及抗氧化活性[J].食品工

业,2020,41(3):5-9.
[15]郭怡,于晶晶,肖萍.超高压法提取葛根多糖的工艺研究[J].天津农学院学报,2020,27(3):66-69.
[16]杨孝辉,郭君.响应面法优化超高压提取枸杞多糖工艺[J].食品工业科技,2020,41(17):187-192.
[17]付婷婷,李尊强,张学义,等.超高压法提取山杏多酚工艺优化[J].中国林副特产,2018(5):5-8.
[18]杨慧,吴樟强,林伯全.超高压技术提取花生壳多酚最佳条件研究[J].中兽医医药杂志,2017,36(4):61-65.
[19]严陇兵,刘邻渭,刘晓丽,等.超高压提取石榴皮多酚的工艺研究[J].中国食品学报,2012,12(9):41-49.
[20]彭雪萍,马庆一,王花俊,等.超高压提取苹果多酚的工艺研究[J].食品科技,2008,33(3):157-159.
[21]周志强,钱志伟,曹乐民.超高压萃取法提取山楂叶黄酮工艺研究[J].北方园艺,2020(7):116-123.
[22]靳学远,张培旗.辣木叶总黄酮超高压提取工艺条件的优化[J].轻工科技,2020(7):1-2+6.
[23]张翔,张华峰.淫羊藿黄酮的超高压提取工艺研究[J].食品科技,2019(4):250-254.
[24]孙协军,李秀霞,冯彦博,等.山楂黄酮超高压提取工艺研究[J].食品工业科技,2015,36(2):291-295+312.
[25]王居伟,马挺军,贾昌喜.超高压提取大豆皂苷的工艺优化及动力学模型[J].中国食品学报,2012,12(4):8-18.
[26]韩建军,宁娜,郁建生.响应面法对三七总皂苷超高压提取工艺的优化[J].湖北农业科学,2015,54(10):2455-2458+2551.
[27]韩燕燕,张瑞,姜涛,等.响应面法优化超高压提取人参花总皂苷工艺研究[J].特产研究,2019,41(3):1-7.
[28]王志娟,张炜,田格,等.超高压法提取藜麦皂苷的工艺研究[J].中国粮油学报,2020,35(6):45-50.
[29]孙协军,李秀霞,吕艳芳,等.山楂中总三萜酸超高压提取工艺研究[J].食品工业科技,2015,36(7):208-213.
[30]林海.超高压提取山茱萸中熊果酸优化工艺研究[J].南方农业学报,2013,44(6):1014-1017.
[31]骆晓沛,张守勤,董雯,等.超高压法提取山楂中熊果酸的最佳工艺研究[J].卷宗,2011(9):117-118.
[32]董海丽,陈怡平.超高压提取木瓜中齐墩果酸的研究[J].食品与发酵工业,2007,33(11):125-127.
[33]李尚泽,舒鑫,杨琳,等.超高压辅助提取沙棘籽油的工艺优化[J].中国油脂,2021,46(4):11-14.

[34]谷微微.超高压提取亚麻籽油的研究[J].食品科技,2015(5):205-209.
[35]王俊国,袁泰增,陈书曼,等.超高压提取月见草油工艺条件的优化及理化性质的研究[J].粮食与油脂,2019,32(11):26-30..

第 10 章　基于文献计量的超临界提取植物活性成分研究趋势分析

10.1　概述

超临界流体萃取是一种新型萃取分离技术。它利用超临界流体，即处于温度高于临界温度、压力高于临界压力的热力学状态的流体作为萃取剂。从液体或固体中萃取出特定成分，以达到分离目的[1-5]。用超临界萃取方法提取天然产物时，一般用 CO_2 作萃取剂。采用超临界 CO_2 萃取，具有操作条件温和、使用过程中稳定、无毒、不燃烧、安全、不污染环境，且可避免产品的氧化、萃取流程简单等优点，因此超临界 CO_2 萃取特别适合于对生物、食品、化妆品和药物等的提取和纯化[6-10]。

10.2　基于 CNKI 的超临界提取植物活性成分研究文献计量分析

在 CNKI 中用公式 TI=超临界+提取和发表时间“2000—2020 年”检索所有文献，对年度分布、研究机构、学科分类、期刊来源等进行研究分析，结果如下：

10.2.1　年度分布

对 2000—2020 年发表的超临界研究文献进行检索，共检出 847 篇，其不同年度发表的文献数量如图 10-1 所示。

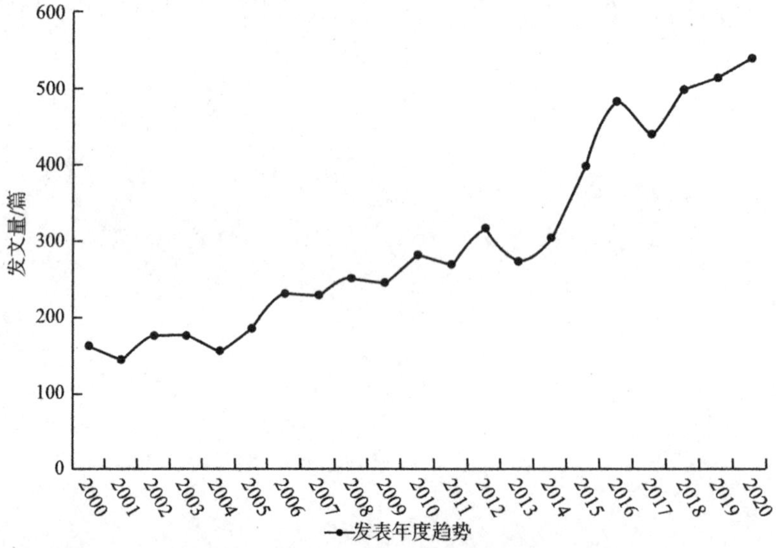

图 10-1　超临界研究文献数量变化趋势

由图 10-1 可见,从 2000 年开始,超临界研究文献发表数量总体持续增加,表明超临界研究文献发表仍然处在发展期。

10.2.2　主题分布

超临界研究的主题分布见图 10-2 。

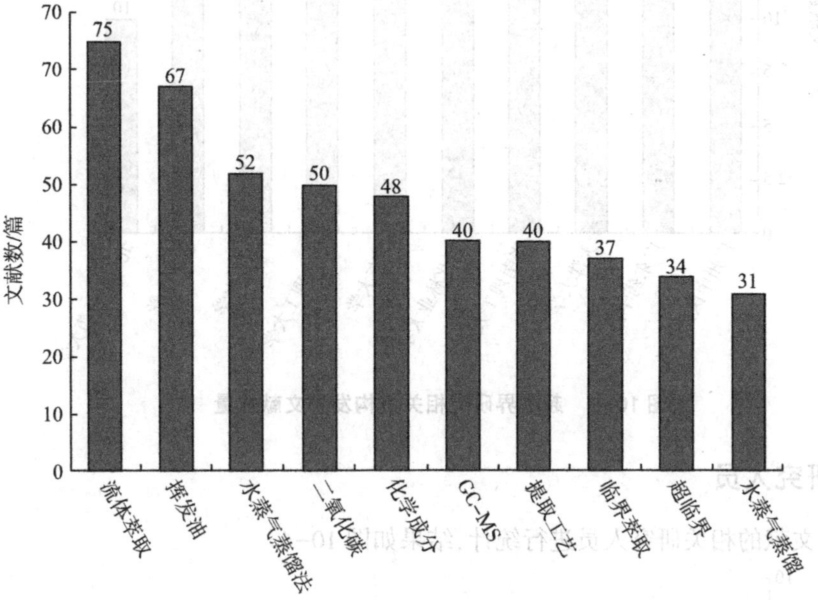

图 10-2　超临界研究主题分布

如图 10-2 可见,主题排名前 10 的主题主要涉及流体萃取(75 篇)、挥发油(67 篇)、水蒸气蒸馏法(52 篇)、二氧化碳(50 篇)、化学成分(48 篇)、GC-MS(40 篇)、提取工艺(40 篇)、临界萃取(37 篇)、超临界(34 篇)、水蒸气蒸馏(31 篇)。表明对超临界研究主题主要是在提取工艺方面,同时,提取的对象主要为挥发性成分较多。

10.2.3　研究机构

对发表文献前 10 名的相关研究机构进行统计,结果如图 10-3。

发表文献前 10 名的相关研究机构分别为广州中医药大学(19 篇)、广东药学院(18 篇)、天津大学(14 篇)、华南理工大学(14 篇)、东北林业大学(13 篇)、山东大学(12 篇)、浙江大学(11 篇)、华东理工大学(11 篇)、南昌大学(11 篇)、北京中医药大学(10 篇)。这些研究机构,都为涉医药院校和理工院校。

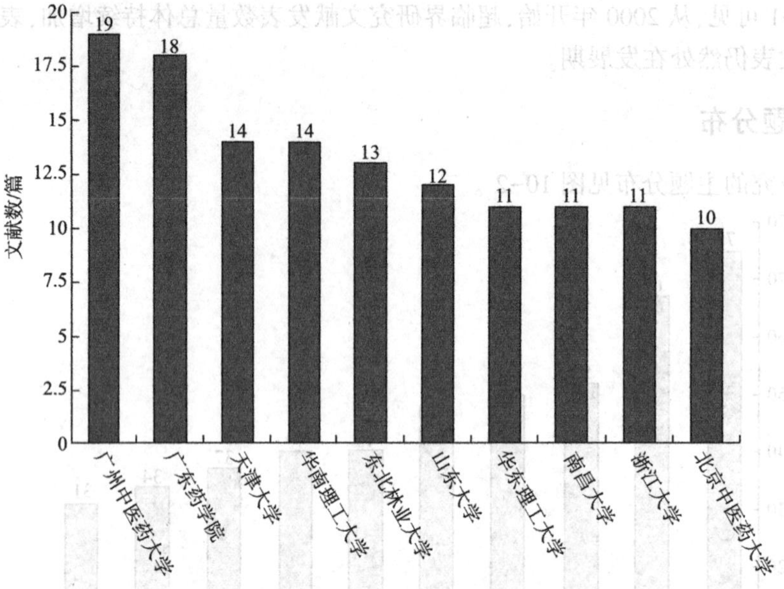

图 10-3 超临界研究相关机构发表文献数量

10.2.4 研究人员

对发表文献的相关研究人员进行统计,结果如图 10-4。

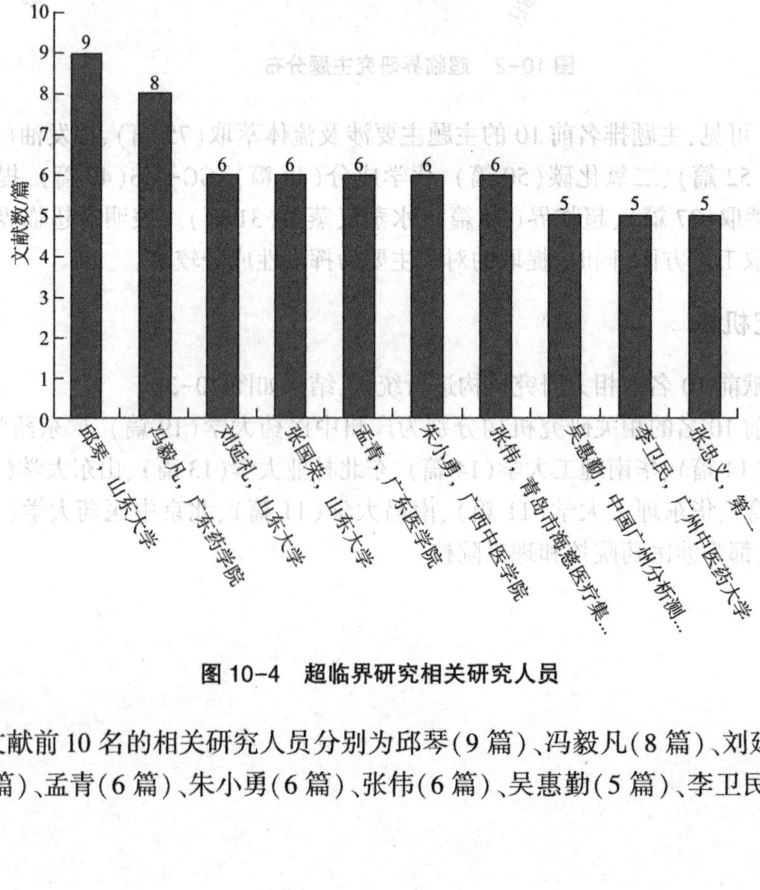

图 10-4 超临界研究相关研究人员

发表文献前 10 名的相关研究人员分别为邱琴(9 篇)、冯毅凡(8 篇)、刘廷礼(6)篇、张国英(6 篇)、孟青(6 篇)、朱小勇(6 篇)、张伟(6 篇)、吴惠勤(5 篇)、李卫民(5 篇)、张忠义(5 篇)。这是因为这些研究者基本为上述前 10 名研究机构的科研人员。

10.2.5　学科分类分析

对发表文献涉及的相关学科进行统计,结果如图 10-5。

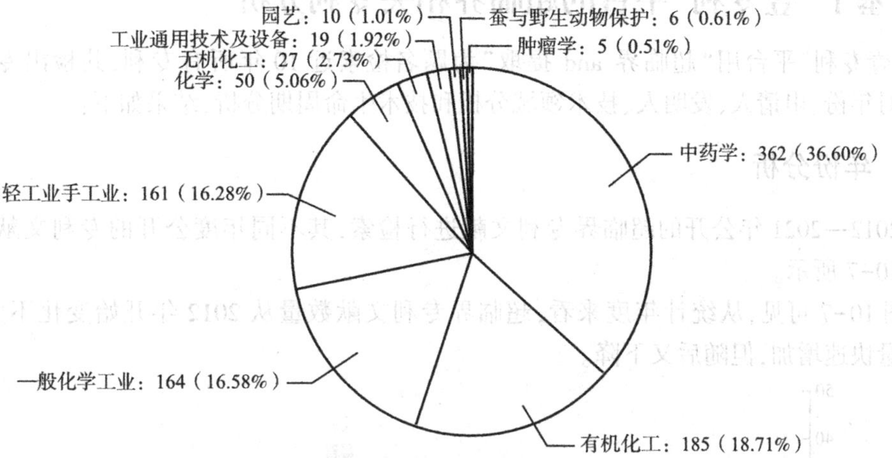

图 10-5　超临界研究相关学科

发表文献前 10 名的学科分别为中药学(362 篇)、有机化工(185 篇)、一般化学工业(164 篇)、轻工业手工业(161 篇)、化学(50 篇)、无机化工(27 篇)、工业通用技术及设备(19 篇)、园艺(10 篇)、蚕蜂与野生动物保护(6 篇)、肿瘤学(5 篇)。其中中药学发表文献数量占绝对优势,表明对天然产物成分的超临界的提取应用研究是近年来的研究热点。

10.2.6　期刊来源分布分析

对发表文献涉及的期刊来源进行统计,结果如图 10-6。

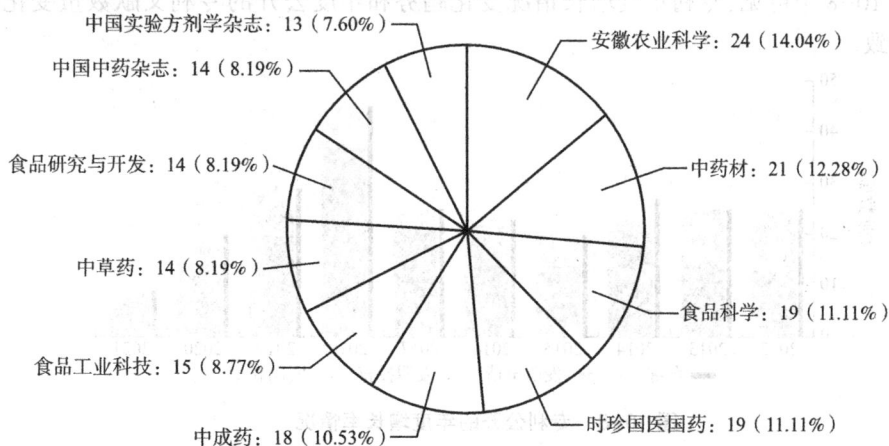

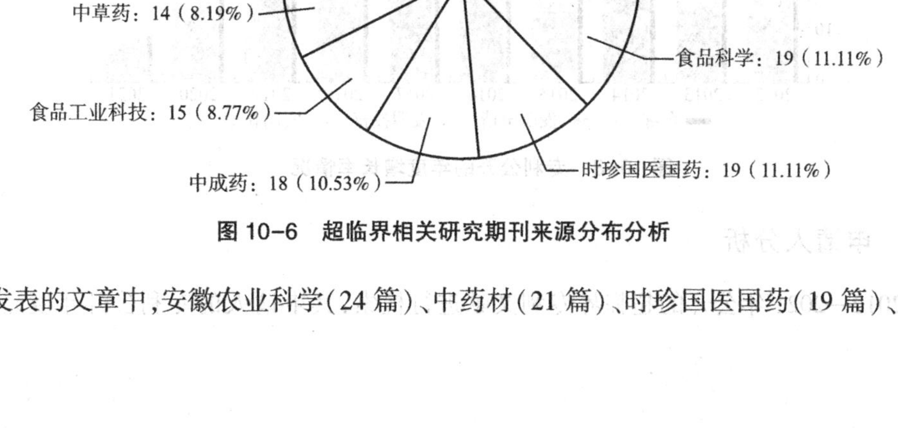

图 10-6　超临界相关研究期刊来源分布分析

发表的文章中,安徽农业科学(24 篇)、中药材(21 篇)、时珍国医国药(19 篇)、食品科学(19 篇)、中成药(18 篇)、食品工业科技(15 篇)、食品研究与开发(14 篇)、中国中药杂志(14)篇、中草药(14 篇)、中国实验方剂学杂志(13 篇)为发文数量前 10 名,表明农业、医药类、食品类杂志是该领域发表文章的主要期刊。

10.3 基于"壹专利"平台的超临界相关专利分析

在"壹专利"平台用"超临界 and 提取"为题名检索近 10 年所有专利,共检出专利 409 条,对年份、申请人、发明人、技术领域分析和技术生命周期分析,结果如下:

10.3.1 年份分析

对 2012—2021 年公开的超临界专利文献进行检索,其不同年度公开的专利文献数量如图 10-7 所示。

由图 10-7 可见,从统计年度来看,超临界专利文献数量从 2012 年开始变化不大,2018 数量快速增加,但随后又下降。

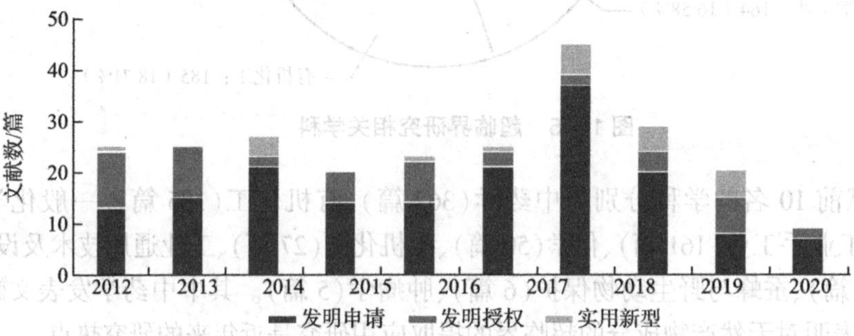

图 10-7 超临界专利公开的年度趋势

2012—2021 年公开的超临界专利年度增长情况如图 10-8。

从图 10-8 中可见,专利年度增长情况变化趋势和年度公开的专利文献数量变化趋势基本一致。

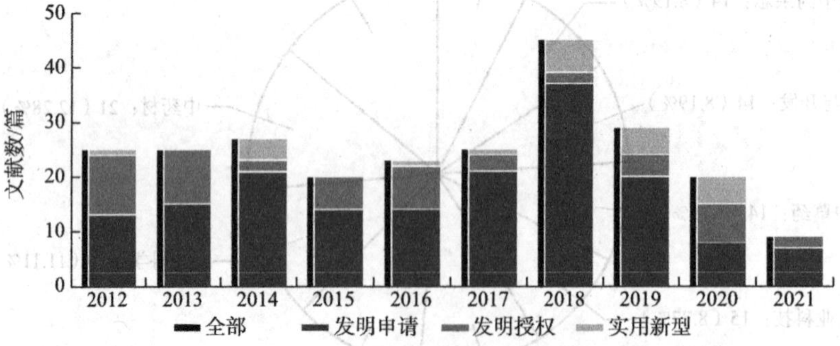

图 10-8 专利公开的年度增长率情况

10.3.2 申请人分析

对 2012—2021 年公开的超临界专利文献进行检索,其申请人的专利公开年度趋势如图 10-9 所示。

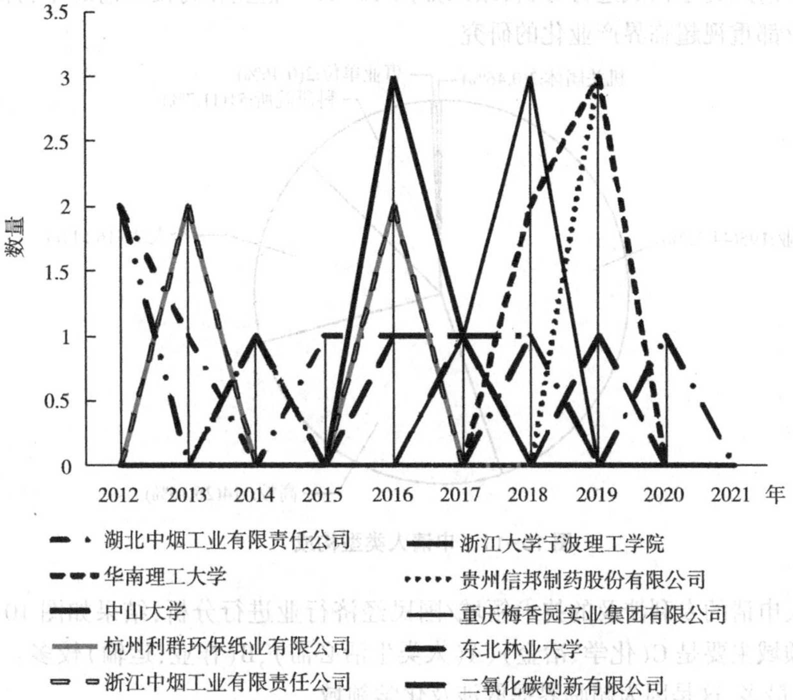

图 10-9　申请人的专利公开年度趋势

对这些申请人公开的专利进行分析，其申请专利数量排名如图 10-10。湖北中烟工业有限责任公司、华南理工大学、中山大学、杭州利群环保纸业有限公司、浙江中烟工业有限责任公司、浙江大学宁波理工学院、贵州信邦制药股份有限公司、重庆梅香园实业集团有限公司、东北林业大学、二氧化碳创新有限公司申请的专利分别排名前 10。这些单位中，多为从事天然产物生产和科研的单位和个人，其中烟草企业较多，表明超临界化合物在烟草调香领域有广泛应用。

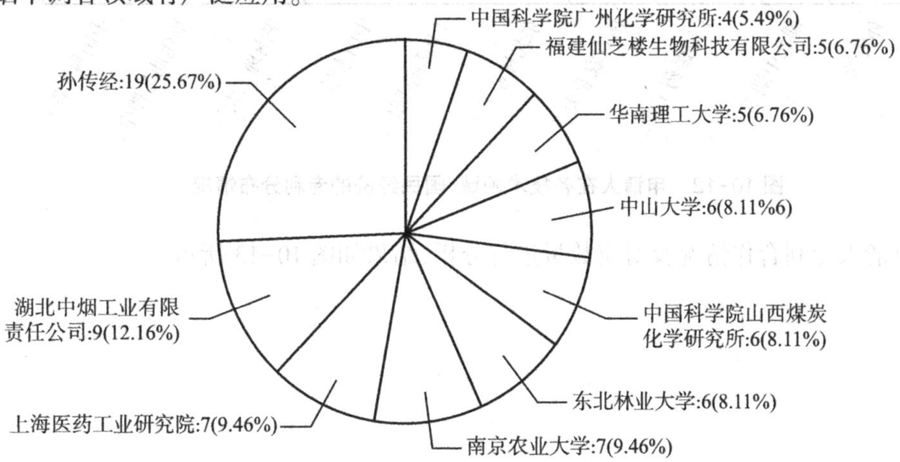

图 10-10　申请专利数量排名

对这些申请人类型构成进行分析,结果如图 10-11。企业和高校申请的专利较多,表明高校和企业都重视超临界产业化的研究。

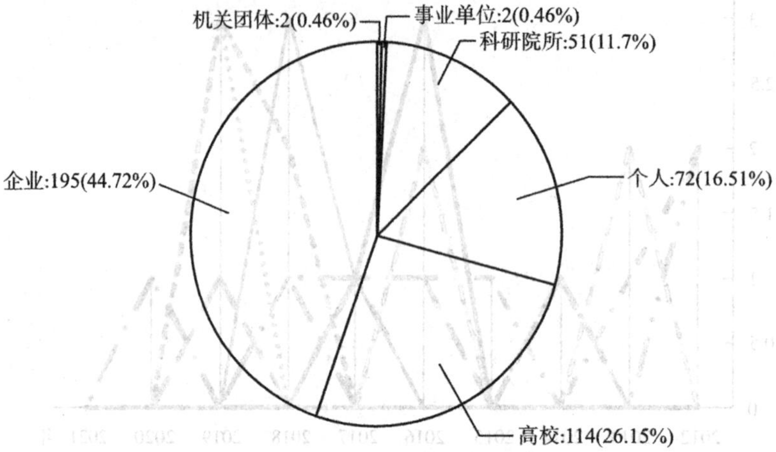

图 10-11　申请人类型构成

对申请人申请的专利涉及的技术领域/国民经济行业进行分析,结果如图 10-12 所示。涉及的领域主要是 C(化学、冶金)、A(人类生活必需)、B(作业;运输)较多。其中 C(化学、冶金)最多,这是因为超临界提取涉及化学领域。

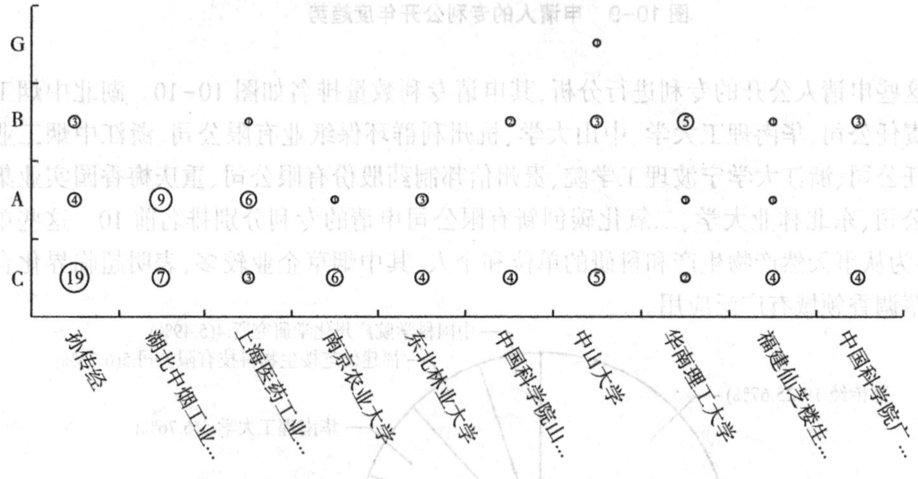

图 10-12　申请人在各技术领域/国民经济的专利分布情况

对申请人专利合作情况及对应数量进行分析,结果如图 10-13 所示。

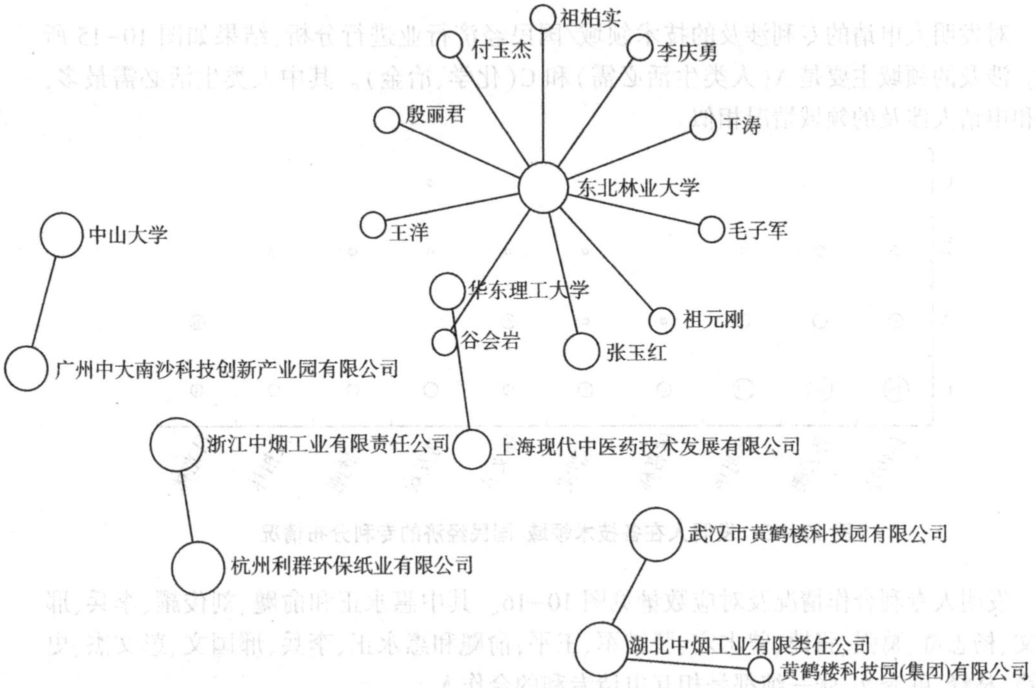

图 10-13　申请人专利合作情况及对应数量

从申请人合作关系看,合作申请人一般为本行业的合作高校、企业和个人。

10.3.3　发明人分析

对 2012—2021 年公开的超临界专利文献进行检索,并对这些发明人公开的专利进行分析,其申请专利数量排名如图 10-14。其中发明数量较多的发明人为惠永正、胡松华、俞飚、姜浩奎、马兴元、何克江、周泉城、朱伯荣、杨义和杨凌。这些都是申请专利较多的科研院所和高校的科研人员。

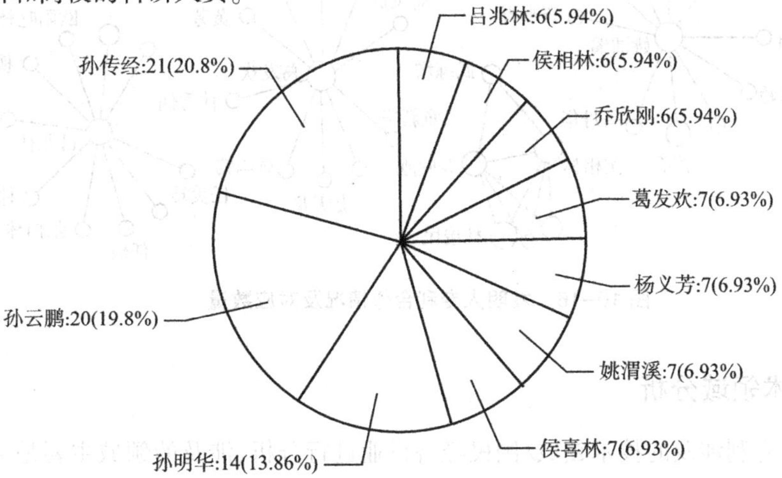

图 10-14　按发明人的专利数量统计的排名情况

对发明人申请的专利涉及的技术领域/国民经济行业进行分析,结果如图 10-15 所示。涉及的领域主要是 A(人类生活必需)和 C(化学、冶金)。其中人类生活必需最多,这和申请人涉及的领域情况相似。

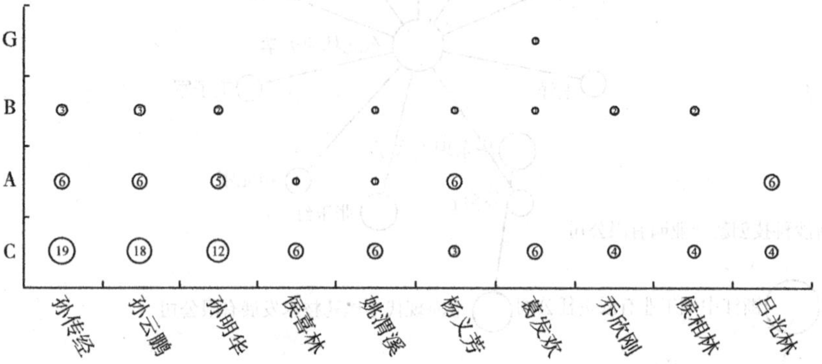

图 10-15　发明人在各技术领域/国民经济的专利分布情况

发明人专利合作情况及对应数量见图 10-16。其中惠永正和俞飚、刘俊耀、李兵、邢国文、杨志奇、葛强、张捷、曾志宏、滕继军、王平;俞飚和惠永正、李兵、邢国文、彭文杰、史炳锋、林峰、韩秀文、张一纯都是相互申请专利的合作人。

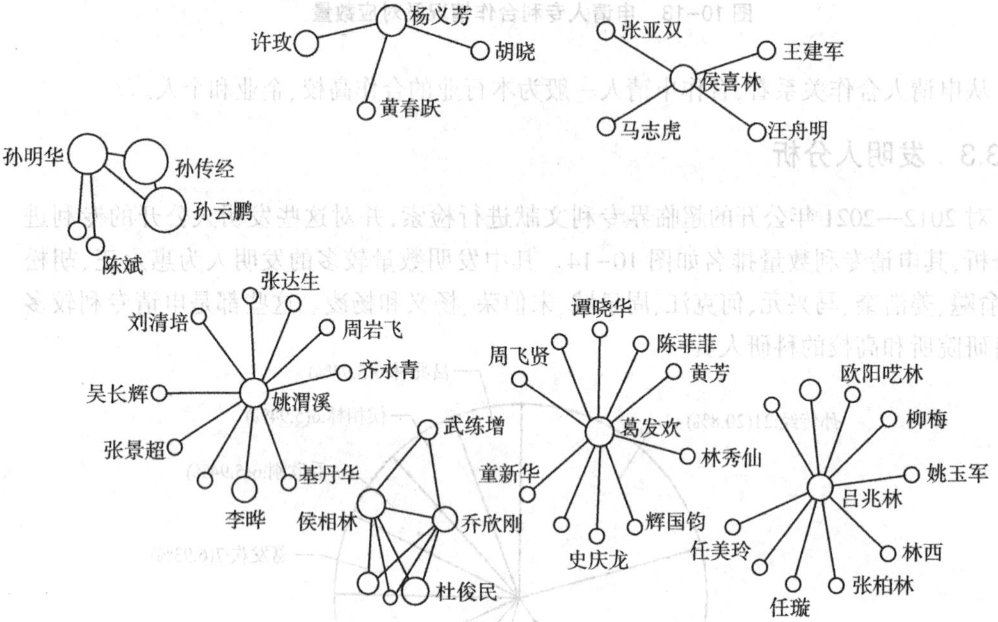

图 10-16　发明人专利合作情况及对应数量

10.3.4　技术领域分析

对申请的专利涉及的技术领域/国民经济行业进行分析,涉及的领域主要是 A(人类生活必需)、C(化学和冶金)。各涉及的领域排名情况见图 10-17,其中化学领域最多。

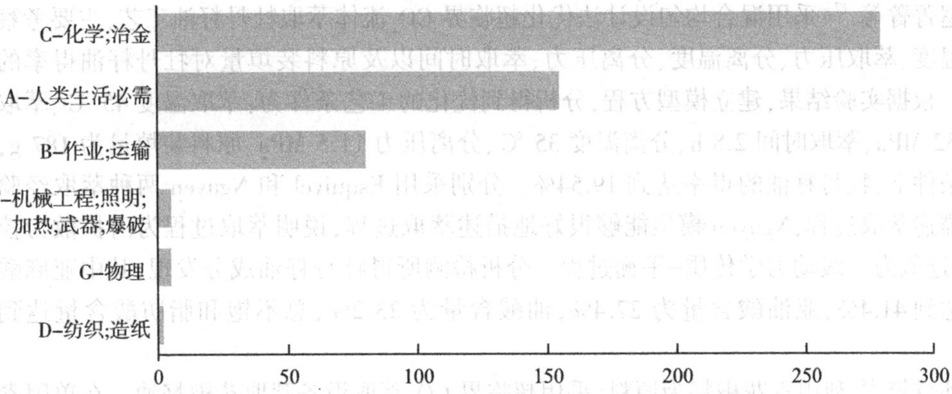

图 10-17　按照 IPC 的专利数量统计的 IPC 排名情况

10.3.5　技术生命周期分析

超临界专利技术生命周期分析见图 10-18。2019 年前,超临界专利技术生命周期属于发展期,每年数量都在增加,但 2017 年后,快速发展到下降期,专利数量下降较快。

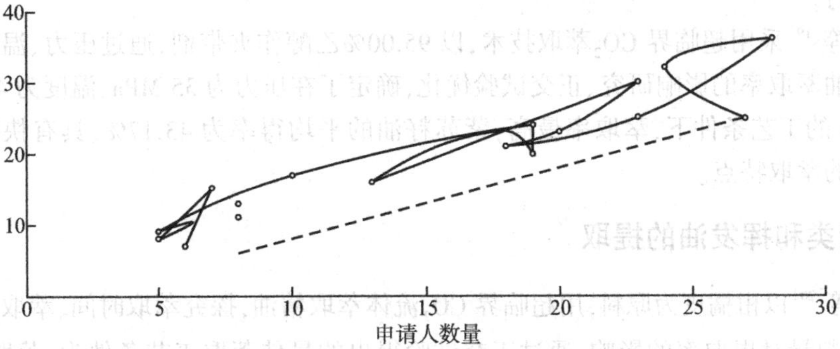

图 10-18　超临界专利技术生命周期分析

10.4　植物活性成分的超临界提取进展

近年来,人们采用超临界萃取技术对具有高附加值的植物活性成分提取进行了广泛的研究[11-15]。超临界流体应用在油脂、萜类和挥发油、黄酮类、生物碱类、皂苷及多糖、醌类化合物、氨基酸、蛋白质、酶等许多成分的提取上。

10.4.1　油脂的提取

董振山等[16]采用超临界 CO_2 取柏叶油,通过单因素实验考察萃取条件对萃取率的影响,通过正交试验可知,萃取柏叶油最佳的工艺条件为:萃取压力 35 MPa、萃取温度 35 ℃、CO_2 流量 20 L/h、萃取时间 2.0 h。采用气相色谱-质谱对其成分进行分析,结果共检测出柏叶油 70 种成分,其中烃类 31 种、酯类 14 种、酮类 9 种、醇类 8 种。柏油叶中萜烯类物质有 18 种,质量分数为 18.65%。

赵菁菁等[17]采用混合均匀设计法优化超临界 CO_2流体萃取牡丹籽油工艺，主要考察萃取温度、萃取压力、分离温度、分离压力、萃取时间以及原料装填量对牡丹籽油得率的影响。根据实验结果，建立模型方程，分析得到优化的工艺条件为：萃取温度 45 ℃、萃取压力 32 MPa、萃取时间 2.8 h、分离温度 35 ℃、分离压力 11.5 MPa、原料装填量为 187 g，在此条件下，牡丹籽油的得率达到 19.54%。分别采用 Esquivel 和 Nguyen 两种萃取经验模型描述萃取过程，Nguyen 模型能够很好地描述萃取过程，说明萃取过程为内扩散为控制，可近似为一级动力学传质-平衡过程。分析检测所得牡丹籽油成分发现，其中亚麻酸含量达到 41.4%，亚油酸含量为 27.4%，油酸含量为 23.2%，总不饱和脂肪酸含量达到 92.3%。

孙睿等[18]利用青花椒籽为原料，采用超临界 CO_2萃取设备萃取花椒籽油。在单因素试验的基础上，以花椒籽的提油率和 α-亚麻酸含量为考察指标，利用响应面法对提油率和 α-亚麻酸含量萃取工艺进行同时优化。根据响应面法，绘制等高线图及响应曲面，采取同时优化，得到最佳条件：萃取压力为 30 MPa、萃取温度为 51 ℃、萃取时间为 90 min。在此条件下进行验证试验，得到花椒籽的提油率为 12.52%，α-亚麻酸含量为 4.45%，与回归模型计算预测值接近，说明响应面法同时优化超临界 CO_2萃取花椒籽油和 α-亚麻酸含量条件可行。

刘宪红等[19]采用超临界 CO_2萃取技术，以 95.00%乙醇作夹带剂，通过压力、温度、时间对紫苏籽油萃取率的影响研究、正交试验优化，确定了在压力为 35 MPa、温度为 45 ℃、时间为 2.5 h 的工艺条件下，萃取率最高，紫苏籽油的平均得率为 43.17%，具有快速、高效和无污染的萃取特点。

10.4.2 萜类和挥发油的提取

赵令江等[20]以柑橘皮为原料，用超临界 CO_2流体萃取精油，探究萃取时间、萃取压力、萃取温度、投料量对提取率的影响，通过正交试验得出的最佳萃取工艺条件为：萃取时间 90 min、萃取压力 15 MPa、萃取温度 36 ℃、投料量 120 g，此时橘皮精油提取率为 3.62%。

周凤等[21]为了探讨利用超临界 CO_2萃取法提取檀香精油的工艺，采用单因素和重复性验证实验方法，考察萃取时间、萃取压力、萃取温度以及药材是否浸泡等因素对超临界 CO_2萃取檀香精油提取率的影响。结果显示，该工艺具有操作简便、快速、提取率高等特点，是提取檀香精油的有效方法。

田媛等[22]采用超临界 CO_2萃取技术进行汉麻叶精油的提取，通过单因素实验和响应面法优化汉麻叶精油提取工艺，确定最佳提取工艺为萃取压力 29 MPa、萃取温度 49 ℃、萃取时间 3.4 h、CO_2流量 13 mL/min。汉麻叶精油萃取率为 0.283%，与理论值 0.281%相接近，预测值与真实值的实际偏差为-0.71%。综上，超临界 CO_2 萃取法在汉麻叶精油提取方面，具有实用和开发价值，可为以后汉麻叶精油的开发利用提供理论参考。

毕静等[23]以迷迭香为原料，采用超临界 CO_2萃取法，以乙醇为夹带剂，选取萃取时间、萃取温度和萃取压力 3 个对提取率影响较大的单因素进行响应面试验设计，优化超临界 CO_2萃取法提取迷迭香精油工艺，通过 Design-Expert 软件对试验数据进行回归分析，确定最佳工艺参数。结果表明：超临界 CO_2萃取法提取迷迭香精油的工艺条件为以乙醇为夹带剂，用量为原料的 20%，在萃取时间 3 h、萃取温度 50.5 ℃、萃取压力 17.5 MPa、CO_2流速 0.04 m^3/h 的条件下，迷迭香精油的平均提取率达 1.94%。

10.4.3　黄酮的提取

于蔓莉等[24]利用超临界 CO_2提取向日葵花盘中总黄酮，通过正交优化法研究了萃取温度(A)、萃取压力(B)、萃取时间(C)对开花期向日葵花盘总黄酮提取率的影响。结果表明，最佳提取条件是葵花盘粉碎为 200 目、萃取温度为 60 ℃、萃取压力 40 MPa、反应时间 2 h。此实验条件总黄酮平均提取率为 1.93%。

鲍玲玲等[25]以废弃物菠萝蜜果皮为原材料，采用超临界 CO_2萃取技术提取果皮中具有功能性的黄酮类化合物，确定最优工艺条件为提取温度 60 ℃、提取压力 30 MPa、提取时间 2.5 h、夹带剂流量 0.6 mL/min，此条件下黄酮的提取率为 14.96%。

高世会等[26]为解决罗布麻韧皮纤维传统脱胶工艺中黄酮化合物的浪费问题，在 40~50 ℃，15~25 MPa 的条件下对罗布麻韧皮纤维进行超临界 CO_2脱胶预处理，提取了罗布麻韧皮中的黄酮有效成分。在此基础上建立了超临界 CO_2流体萃取黄酮的传质模型，计算出各条件下的传质系数，反映了各个操作因素对萃取过程的影响。模型计算值与试验值吻合效果良好，对萃取过程的工业放大具有重要指导意义。

10.4.4　生物碱类的提取

刘红等[27]对超临界 CO_2萃取槟榔生物碱的三个主要影响因素：萃取温度、萃取压力和时间进行研究。试验结果表明：萃取温度对超临界流体萃取槟榔生物碱的影响显著，萃取压力和时间与槟榔生物碱萃取量成正比关系，但对其影响不显著。通过正交试验分析确定最佳萃取工艺：超临界萃取压力为 60 MPa、萃取温度为 60 ℃、萃取时间为 90 min。并通过高效液相色谱分析检测槟榔萃取物中槟榔碱的百分含量。结果表明：在此工艺条件下，槟榔生物碱萃取量平均为 5 884.64 μg/g，所得萃取物中槟榔碱的百分含量平均为 29.77%。

王颖滢等[28]采用超临界 CO_2流体萃取技术研究荷叶总生物碱的提取工艺条件。以萃取温度、萃取压力、夹带剂流速、萃取时间为工艺参数，通过单因素试验和正交试验相结合的方法，确定超临界 CO_2流体萃取荷叶总生物碱的最佳工艺，即萃取温度 55 ℃、萃取压力 20 MPa、夹带剂流速 0.2 mL/min、萃取时间 2 h。各因素影响荷叶总生物碱得率的次序为：萃取温度>萃取时间>萃取压力>夹带剂流速。最佳工艺验证试验的荷叶总生物碱得率为 318.45 μg/g。

佟若菲等[29]研究黄连中生物碱的超临界 CO_2萃取工艺。采用单因素和正交实验的方法，考查萃取压力、萃取温度、萃取时间和物料粒度等因素对黄连中生物碱超临界 CO_2萃取物得率的影响。结果超临界 CO_2萃取黄连中生物碱影响因素从高到低依次为萃取压力、萃取温度、萃取时间。最佳萃取工艺条件为：萃取压力 30 MPa、物料粒度 40~60 目、萃取温度 60 ℃、萃取时间 1.5 h。此条件下黄连中生物碱萃取率为 14.24%。

卢琴芳等[30]采用微波联用超临界 CO_2萃取菊三七生物碱，将菊三七粉末用乙醇水溶液浸泡、微波辐照处理后，再用超临界 CO_2萃取，对乙醇浓度、浸泡时间和微波辐照时间等实验条件进行单因素实验，得出浸泡液乙醇浓度为 90%，浸泡时间为 10 h，微波处理时间为 2 min 为优化条件,并与单一采用超临界 CO_2萃取的试验进行了比较。结果表明,微波联用超临界萃取技术用于菊三七生物碱的提取效率优于单一采用超临界萃取技术。

10.4.5 皂苷的提取

魏福祥等[31]采用超临界 CO_2流体萃取技术从穿山龙中提取薯蓣皂苷元,对提取工艺、条件进行了研究。选择穿山龙水解物粒度为 40 目,夹带剂为体积分数 95%的乙醇,通过正交实验确定了萃取压力 35 MPa、萃取温度 55 ℃、CO_2流量 40~45 kg/h 和提取时间 3.0 h,粗品薯蓣皂苷元的提取率为 4.44%,粗品中薯蓣皂苷元的质量分数为 54.65%。

李辉等[32]采用超临界 CO_2 提取黄姜中薯蓣皂苷元,考察了夹带剂、萃取时间、萃取温度、萃取压力及解析温度对黄姜皂素得率的影响并以正交实验考察了超临界 CO_2提取黄姜中薯蓣皂苷元的最佳工艺条件:以体积分数 95%的乙醇作夹带剂,提取时间 3 h、萃取压力 20 MPa、萃取温度 60 ℃、解析温度 50 ℃;各工艺参数对提取效果的影响排序为:提取时间>萃取温度>萃取压力>解析温度。最佳工艺条件下皂素得率可达 19.35%,同传统工艺(得率为 15.6%)相比增加了 24%,且产品溶剂残留少,熔点高。

盛桂华等[33]以瓜篓为实验材料,通过四因素三水平的响应曲面实验设计,对超临界 CO_2萃取瓜篓皂苷最佳条件进行确定。最佳提取条件为萃取压力 29.8 MPa、萃取温度54 ℃、携带剂乙醇浓度 55%、携带剂用量 4.35 mL/100 g,此条件下瓜篓皂苷得率为4.13%。李超等[34]利用萃取罐体积为 1 L 的超临界 CO_2萃取设备,采用琥珀酸二(2-乙基己基)酯磺酸钠(AOT)/乙醇/水/超临界 CO_2反相微乳对人参皂苷的萃取进行了研究。结果表明:最优萃取参数为萃取温度 55 ℃、萃取时间 3 h、加水量 36 mL/100 g 人参、萃取压力 30 MPa 和 AOT 添加量 0.06 mol/100 g 人参,此时人参皂苷的得率为 0.757%。

此外,超临界流体萃取还应用在醌类化合物、氨基酸、蛋白质、酶等许多成分的提取上[35-36]。超临界流体萃取植物活性成分具有许多优点,成为一种具有相当发展潜力的高新提取分离技术。随着技术的发展,超临界萃取技术将具有广阔的发展空间。

参考文献

[1] Pokrovskii O I, Markoliya A A, Lepeshkin F D, et al. Extraction of linear furocoumarins from Ammi Majus seeds by means of supercritical fluid extraction and supercritical fluid chromatography[J]. Russian Journal of Physical Chemistry B, 2009, 3: 1165-1171.

[2] Ivahnov A D, Skrebets T E, Bogolitsyn K G. Supercritical fluid extraction of chlorophylls and carotenoids from White Sea algae[J]. Russian Journal of Physical Chemistry B, 2016, 10: 1244-1247.

[3] Gyeongchan Jeon, Jung-Yun Ko, Myung-Jae Mun, et al. Effect of melanin reduction by extracts from Ulmus davidiana by supercritical fluid extraction[J]. Toxicology and Environmental Health Sciences, 2020, 12: 325-329.

[4] Ustinovich K B, Prokopchuk D I, Pokrovskiy O I, et al. A Small Volume Cyclone Separator

for Supercritical Fluid Extraction[J].Russian Journal of Physical Chemistry B,2018,12:1306-1309.

[5]杨岩,肖佳妹,易子漾,等.厚朴超临界 CO_2 提取工艺优化及提取物抗氧化活性研究[J].中草药,2020(2):381-386.

[6]Amosova A S,Ivakhnov A D,Skrebets T E, et al.Supercritical fluid extraction of carotenoids from shantane carrot[J].Russian Journal of Physical Chemistry B,2014,8:963-966.

[7]Hossein Rostamian,Mohammad Nader Lotfollahi & Ali Mohammadi.Preparation,optimization,and in-vitro evaluation of aspirin/PEG solid dispersions using subcritical CO_2 by response surface methodology[J]. Korean Journal of Chemical Engineering, 2020, 37: 2295-2306.

[8]Thibault Lefebvre,Emilie Destandau & Eric Lesellier.Evaluation of the extraction and stability of chlorophyll-rich extracts by supercritical fluid chromatography[J].Analytical and Bioanalytical Chemistry,2020,412:7263-7273.

[9]Gilciane Américo Albuquerque,Fernanda Wariss Figueiredo Bezerra,Mozaniel Santana de Oliveira,et al.Supercritical CO_2 Impregnation of Piper divaricatum Essential Oil in Fish (Cynoscion acoupa) Skin Gelatin Films[J].Food and Bioprocess Technology,2020,13:1765-1777.

[10]孟雨东,马宇翔,汪学德,等.超临界 CO_2流体提取 3 种河南木本油料油脂工艺的研究[J].粮食与油脂,2021,34(5):47-50+67.

[11]Ahmad Hazim Abdul Aziz,Nicky Rahmana Putra,Helen Kong,et al.Supercritical Carbon Dioxide Extraction of Sinensetin,Isosinensetin,and Rosmarinic Acid from Orthosiphon stamineus Leaves: Optimization and Modeling[J].Arabian Journal for Science and Engineering,2020,45:7467-7476.

[12]温荣城,贾金艳,李霞,等.金喉健配方超临界提取工艺产物体外抗病毒研究[J].中国民族民间医药,2021,30(3):15-18.

[13]Pooya Davoodi,Seyyed Mohammad Ghoreishi, Ali Hedayati.Optimization of supercritical extraction of galegine from Galega officinalis L.: Neural network modeling and experimental optimization via response surface methodology[J].Korean Journal of Chemical Engineering,2017,34:854-865.

[14]Abel Valverde,Jesús Alvarez-Florez, Francesc Recasens.Hybrid nonlinear autoregressive neural network-Weibull statistical model applied to the supercritical extraction of lanolin from raw wool[J].SN Applied Sciences,2020,2,1651-1562.

[15]尹春光,宋文路,李明丽,等.石榴皮总黄酮超临界萃取及萃余物黄色素提取[J].食品研究与开发,2021,42(1):80-87.

[16]董振山,张欣敏,李德裕,等.超临界 CO_2 萃取柏叶油及成分分析[J].化学试剂,2021,43(3):335-338.

[17]赵菁菁,田刚,姜天宇,等.超临界 CO_2 流体萃取牡丹籽油工艺的研究[J].中国粮油学报,2021,36(1):131-135+154.

[18]孙睿,张永涵,刘婧玮,等.响应面法优化超临界萃取花椒籽油及α-亚麻酸的工艺研究[J].中国调味品,2021,46(1):51-56.
[19]刘宪红,王超君.紫苏籽油的超临界 CO_2 萃取工艺研究[J].现代盐化工,2020,47(5):17-18+38.
[20]赵令江,莘海亮,杨梅花,等.超临界 CO_2 萃取柑橘皮精油工艺研究[J].凯里学院学报,2019,37(3):32-35.
[21]周凤,平措南加,左谷,等.超临界 CO_2 萃取檀香精油工艺研究[J].中国高新科技,2020(22):150-152.
[22]田媛,孙宇峰,张正海,等.响应面法优化超临界 CO_2 萃取汉麻叶精油工艺[J].食品工业科技,2021,42(8):158-163.
[23]毕静,叶荷生.响应面试验优化超临界 CO_2 萃取迷迭香精油工艺[J].中国调味品,2021,46(6):132-135.
[24]于蔓莉,郝宝成.超临界 CO_2 萃取向日葵花盘中总黄酮工艺研究[J].甘肃科技纵横,2020,49(8):39-40+46.
[25]鲍玲玲,黄仁富.超临界 CO_2 萃取法提取菠萝蜜果皮中黄酮的工艺研究[J].现代食品,2020(18):111-113+116.
[26]高世会.超临界 CO_2 萃取罗布麻黄酮的传质模型[J].上海纺织科技,2019,47(7):10-12+46.
[27]刘红,曾凡逵,许春梅,等.超临界 CO_2 萃取槟榔生物碱的工艺研究[J].中国食品工业,2011(1):53-54.
[28]王颖滢,蒋益虹,陈杰华,等.超临界 CO_2 流体萃取荷叶总生物碱工艺研究[J].中国食品学报,2011,11(6):35-41.
[29]佟若菲,张秋爽,朱雪瑜.黄连中生物碱的超临界 CO_2 萃取工艺研究[J].天津药学,2010,22(5):71-73.
[30]卢琴芳,徐常龙,潘丽芳,等.微波联用超临界萃取菊三七生物碱工艺的实验研究[J].江西师范大学学报:自然科学版,2014,38(5):481-484.
[31]魏福祥,王焕.用超临界 CO_2 萃取技术从穿山龙中提取薯蓣皂苷元[J].精细化工,2006,23(10):963-966.
[32]李辉,倪晋仁,张歆,等.超临界 CO_2 提取黄姜中薯蓣皂苷元[J].精细化工,2008,25(11):1079-1082+1096.
[33]盛桂华,周泉城.超临界 CO_2 萃取瓜篓皂苷研究[J].食品研究与开发,2008,29(9):56-58.
[34]李超,王卫东,郑义,等.超临界 CO_2 反相微乳萃取人参皂苷的研究[J].食品科学,2009(14):41-46.
[35]刘迪,宋晓宇,李婧,等.超临界二氧化碳萃取核桃青皮多酚及其体内抗氧化性[J].食品工业,2019(5):144-148.
[36]顾仁勇,陈晓娟.超临界 CO_2 萃取牡丹籽粕多酚工艺及其抗氧化性评价[J].中国粮油学报,2020,35(4):71-76.